应用技能型院校“十四五”规划教材 · 会计精品系列
校企合作项目化教材 · 课程思政系列教材

基础会计（第三版）

DISANBAN

JICHUKUAIJI

主编　张凤明　马健　杨力华

图书在版编目(CIP)数据

基础会计/张凤明,马健,杨力华主编. -- 3 版.
上海：立信会计出版社，2025. 3. -- ISBN 978-7-5429-7815-8

Ⅰ. F230

中国国家版本馆 CIP 数据核字第 20252FH767 号

策划编辑　孙　勇
责任编辑　孙　勇
美术编辑　吴博闻

基础会计(第三版)

JICHU KUAIJI

出版发行	立信会计出版社		
地　　址	上海市中山西路 2230 号	邮政编码	200235
电　　话	(021)64411389	传　　真	(021)64411325
网　　址	www. lixinaph. com	电子邮箱	lixinaph2019@126. com
网上书店	http://lixin. jd. com		http://lxkjcbs. tmall. com
经　　销	各地新华书店		
印　　刷	上海万卷印刷股份有限公司		
开　　本	787 毫米×1092 毫米	1/16	
印　　张	15		
字　　数	384 千字		
版　　次	2025 年 3 月第 3 版		
印　　次	2025 年 3 月第 1 次		
书　　号	ISBN 978-7-5429-7815-8/F		
定　　价	45.00 元		

第三版前言

“基础会计”是会计专业的入门与核心课程，主要讲授会计的基本原理、基本方法和技能。本教材是“基础会计”课程的配套教材。本教材根据高等职业院校会计专业人才培养方案确定的人才培养目标和就业岗位要求以及中小企业实务进行编写。本教材是湖南省卓越高等职业技术学院建设的子项目，项目名称为：“基础会计”课程资源建设（项目编号：Z1423201704）。

本教材主要介绍会计的基本理论、基础知识和基本方法。本书共9章，主要内容包括总论、会计科目与账户、会计等式与复式记账、制造业企业主要经济业务的核算、会计凭证、会计账簿、财产清查、财务报表、账务处理程序。本教材可作为高等院校会计学、财务管理及经济管理专业的教材，还可作为会计人员和经济管理人员的参书。

与其他同类教材相比，本教材具有以下特点：

(1) 以《企业会计准则》为依据。本教材所依据的会计规范为财政部2006年发布的《企业会计准则》，以及财政部分别在2017年、2018年和2020年对准则的修订情况，特别是其中变动较大的会计科目名称、科目核算内容、会计报表等。

(2) 图表真实。基于奠定初学者基本认识的需要，教材中的凭证、账簿、报表等会计资料，都取材于企业实际工作。因此，本教材能使读者更直观地认识会计凭证与账表，从而缩减从理论学习到实际操作的距离，更快适应会计工作。

(3) 情境仿真。本教材着眼于实际，以同一企业素材，贯穿始末，从而展示一个系统连贯的核算体系。

(4) 体现职业教育的特色。本教材充分体现了高等职业教育会计教学的特点，紧紧围绕会计职业能力的要求，深入浅出地介绍了会计的基本原理，引用了大量浅显易懂的案例，以明晰的实例讲解和示范阐释难点、疑点。

(5) 融入课程思政。本教材各章配有课程思政案例。

本次改版仍保留了原教材的内容结构，承续了原教材的编写风格，对思政案例做了完善，根据最新会计法和会计准则调整了部分内容，替换了部分练习题，根据教师使用的反馈意见修改了部分瑕疵。

本教材由长沙民政职业技术学院张凤明副教授组织具有丰富教学经验和实践经验的老师编写而成。张凤明、马健、杨力华担任教材主编。具体分工如下：张凤明负责拟订编写提纲和对全书进行总纂，编写第二章、第三章及第五章；杨力华负责编写教材第四章和第六章；王峰负责编写第一章和第八章；马健负责编写第七章和第九章。在本教材编写过程中，有关领导和同行给予了大力帮助和支持，并提出了宝贵的修改意见，在此致以诚挚的谢意！在本教材编写过程中，我们还得到了湖南信得税务师事务所有限公司朱赫婷，湘能卓信会计师事务所有限公司李艳平、曾九思的鼎力帮助和支持，在此深表谢意。

本教材不仅适用于高等职业院校会计专业的教学所需，同时也可用于会计培训和企业经济管理人员及社会人员进行自学及考证。

由于会计法规的不断修正完善，加之编者水平有限，本教材难免存在不当之处，敬请广大读者批评指正，以利今后修订。

编　者

2025 年 3 月

目　　录

第一章　总　　论

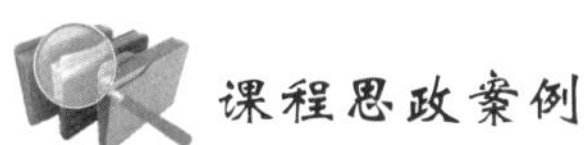

孟晚舟："如果信念有颜色，那一定是中国红！"

2021年9月25日晚，孟晚舟在结束加拿大方面近3年的非法拘押后，乘坐中国政府包机抵达深圳宝安国际机场，顺利回到祖国。

孟晚舟是华为公司首席财务官。2018年12月1日，她过境加拿大时被加拿大政府非法扣押，背后始作俑者则是美国。这场前后长达1 028天的无端拘押是一起由美国一手策划、加拿大帮助实施的针对中国公民的政治迫害事件。法庭上，面对捏造的"欺诈"指控，无论对方如何软硬兼施，孟晚舟始终昂着头，斩钉截铁地说："我不认罪！"这充分彰显了她的信念和气节。

在党中央坚强领导下，经中国政府不懈努力和坚决斗争，美国司法部与孟晚舟签署延缓起诉协议，美方向加拿大撤回引渡申请。当地时间9月24日，孟晚舟在不认罪、不支付罚金的情况下离开加拿大，踏上返回祖国的征程。踏上日夜思念的故土，她情绪激动地说："有五星红旗的地方，就有信念的灯塔。如果信念有颜色，那一定是中国红！"

第一节　会计的发展历程、概念与特征

一、会计的发展历程

会计是随着人类社会生产的发展和经济管理的客观需要而产生和发展的，它的产生和发展经历了漫长的历史时期。一般认为，会计的发展主要经历了古代会计、近代会计和现代会计三个阶段。

（一）古代会计阶段

古代会计阶段是指从旧石器时代的中晚期到14世纪末期。在我国，"会计"一词最早产生于西周时代，当时朝廷就设有专门核算官方财赋收支的官职——司会，司会掌管赋税收入、钱银支出等财务工作，并对财物收支采取"月计岁会"的方法进行核算。东汉时期，出现了名为"计簿"或"簿记"的账册，用以登记会计事项；唐宋两代是我国封建社会的繁荣时期，会计也得到了发展，其间突出的成就是发明了"四柱清册"的结账和报账方法，四柱是指"旧管""新收""开除""实在"，这四者之间有着数量的平衡关系：旧管＋新收－开除＝实在，相当于现代会计的：期初余额＋本期增加额－本期减少额＝期末余额。在这一阶段，会计主要是对财产物资的收支结余情况进行单一的记录、计量和分析，此时的记

账是一种简单的单式记录。

(二) 近代会计阶段

近代会计阶段是指1494年到20世纪40年代这一阶段。1494年,意大利数学家卢卡·帕乔利(Luca Pacioli)出版了《算术、几何、比及比例概要》一书。这部著作第一次全面系统地总结了复式记账方法,并从理论上给予了必要的阐述。因此,卢卡·帕乔利被誉为"近代会计之父""近代会计的奠基人"。这一成果被认为是近代会计发展史上的第一个里程碑。通过此书的宣传,复式记账法率先在欧洲得到了广泛传播,后来又传入美国、日本等国家,从而在资本主义国家得到普遍应用。1853年,世界上第一个会计师协会——英国的爱丁堡会计师协会成立。这一事件被认为是近代会计发展史上的第二个里程碑。

在我国,到了明末清初(公元1600年左右)出现了"龙门账",这是我国最早出现的复式记账法。"龙门账"的出现和应用,对中国会计由单式记账法向复式记账法转变起着重要作用。15世纪中叶之后,中国政治、经济发展滞后,直到清末民初才从日本引进借贷记账法。

在这一阶段,会计在方法和内容上有两个重大的突破和发展:一是复式记账法的不断完善发展和推广;二是成本会计的产生和迅速发展。

(三) 现代会计阶段

现代会计阶段是指20世纪50年代至今。在20世纪50年代以后,随着电子计算机技术的推广运用,会计与电子计算机出现了融合趋势,即会计电算化出现了。另外,由于"标准成本""预算控制"理论的应用和"泰罗管理制"的进一步推广,传统的会计逐渐形成了相对独立的两大分支:财务会计和管理会计。所以说,管理会计的诞生是会计发展史上的第三个里程碑。

二、会计的概念

会计是以货币为主要计量单位,以凭证为依据,运用一系列专门的技术和方法,对某一特定单位或组织的经济活动进行全面、连续、系统、综合的核算和监督的一项经济管理活动。

这里所指的特定单位或组织是指政府机关、社会团体、公司、企业、事业单位和其他单位或组织的统称。本书所阐述的内容主要是以《企业会计准则》为依据,对工业企业的经济业务(经济业务仅指能以货币形式计量的经济活动,也称会计业务或会计事项)进行的会计处理。

三、会计的特征

从上述对会计概念的表述中,可以总结出会计具有如下几个基本特征。

(一) 会计是一种经济管理活动

会计是随着人类社会生产的发展和经济管理的客观需要而产生、发展并不断完善的。会计人员直接或间接地参与企业管理,为企业的经营管理服务,会计表现为一种经济管理活动。

(二) 会计是一个经济信息系统

会计通过参与企业经济管理活动,将企业经济活动所产生的经济信息资料进行收集和分类整理,形成关于企业的财务状况、经营成果以及现金流量的经济信息,为会计信息的使用者(包括政府有关管理机关、投资者、债权人、企业管理者和社会公众)等提供其所关注的经济信息,为企业的管理者提供各种数据支持和决策参考建议。

(三) 会计以货币为主要计量单位

货币具有一般等价物的特性，是衡量商品价值的共同物尺度，能方便地对各类经济业务中的各种财产物资、劳务消耗进行记录、计算、分析、比较，可以把不同性质的经济业务加以综合，总括地反映所有经济业务的发生和结果，保证不同经济业务之间的可比性。例如，企业在采购原材料时，会计记账就要同时记录所采购原材料的数量、单价和金额，这时就运用到实物计量(如千克、吨、米、台、件等)和货币计量两种方式；又如，企业在核算职工工资时，就要同时运用劳动量度(如劳动日、工时等)和货币计量方式；再如，企业在核算应付账款时，就只要运用货币计量方式。

因此，会计在日常核算时以货币(如元、角、分等)为主要计量单位对会计事项进行确认、计量、记录和报告，必要时辅之以实物量度(如千克、吨、米、台、件等)和劳动量度(如劳动日、工时等)等。

(四) 会计要以有效合法的凭证作为核算的依据

企业对所发生的任何经济业务，都必须及时填制或取得凭证手续，以证明经济业务发生的有效性和合法性。例如，企业核算职工工资时就要填制“职工工资核算汇总表”。又如，在采购原材料时，企业要向供货商索取发票。

(五) 会计具有核算和监督的基本职能

会计核算职能就是对企业所发生的经济活动进行确认、计量和报告；会计的监督职能是指根据会计相关法律法规和企业会计制度的相关规定，对企业的经济活动的合法合理性进行审查，确保会计资料的合法合理和真实。

(六) 会计在核算过程中要运用一系列专门的方法

会计是一项专门的经济管理活动，在对经济活动进行确认、计量和报告时都有相应的具体要求。在长期的发展过程中，会计形成了一套独特的方法体系，其主要包括会计核算方法、会计检查方法、会计分析方法、会计预测方法和会计决策方法等。

第二节　会计的对象

一、会计对象的定义

会计的对象即会计核算和监督的具体内容，是指在社会再生产过程中能以货币表现、会引起资金形态变化或位移的经济活动，即资金运动。

凡是不能引起资金形态变化或位移的经济活动就不是会计的对象，如拟订采购计划、签订经济合同、召开经济会议就不属于会计对象。

二、资金运动

不同单位经济活动的具体内容不同，因此，会计对象的具体内容也会有比较大的差异。在社会再生产过程中，工业企业、商品流通企业、行政事业单位与其他经济组织由于其所处的地位和任务不同，其经济活动的具体内容和方式不同，资金表现形式各有特点，会计所要核算和监督的具体内容也就不一样，本教材主要阐述工业企业的资金运动过程。

工业企业的资金运动分为资金投入、资金的循环和周转以及资金退出三个环节。

(一) 资金投入

资金投入是工业企业资金运动的起点。工业企业要进行生产经营活动就需要一定的“本钱”,即资金来源。工业企业的资金来源主要有两个渠道:一是投资者投入,二是向债权人借入。

(二) 资金的循环和周转

资金的循环和周转就是资金在企业中的具体运用。工业企业的生产经营活动过程主要包括供应过程、生产过程和销售过程。

供应过程是生产的准备过程,在这一过程中企业用货币资金购买材料物资,支付相关采购费用,为生产进行必要的物资储备,资金的形态由货币资金转化为储备资金。生产过程是企业利用厂房机器设备,将物料及人力投入生产并加工成产品的过程,也是材料物资等的耗费和产品生产成本的形成过程,资金的形态由储备资金转化为生产资金。产品加工制造完成后,生产资金又转化为成品资金。销售过程是产品价值的最后实现过程,企业将产品销售出去,同时取得销售收入收回货款,资金的形态由成品资金又变为货币资金。在企业生产经营活动过程中,我们把企业资金通过上述三个过程,按照“货币资金→储备资金→生产资金→成品资金→货币资金”不断循环和转化的过程,称为资金循环和周转。我们把企业资金循环和周转一次称为一个营业周期,一般来说,工业企业的营业周期会在1年以内,但部分工业企业的一个营业周期会超过1年,如大型造船厂。

(三) 资金退出

资金退出是指资金退出企业生产经营活动过程,其主要包括清偿债务、上缴各项税金、向投资者分配所实现的利润以及按照法定程序减少投资者的资本金等。

工业企业的资金运动是随着企业的主要经营过程而不断循环周转的,不同的资金运动形态在空间上同时存在,在时间上依次变化,周而复始循环运行。

第三节　会计的职能与任务

一、会计的职能

会计的职能是指会计在经济管理过程中所具有的功能,其可以分为基本职能和拓展职能。

(一) 会计的基本职能

会计的基本职能包括核算职能和监督职能。

1. 会计的核算职能

会计的核算职能又称反映职能,是会计最基本的职能。会计核算职能是指以货币为主要计量单位,对特定单位或组织的经济活动进行确认、计量和报告,其也就是我们通常所讲的记账、算账和报账。确认是指运用特定的会计方法来确定所发生的经济活动是否应该进行会计处理以及在何时采取何种方法进行会计处理。计量是指以货币为主要计量单位,对已经确认的某一交易(企业对外单位进行的经济业务称为交易)或事项(企业内部的各个部门之间的经济业务称为事项)确定其金额的会计程序,也就是通常所说的记账和算账。报

告是在确认和计量的基础上，通过编制财务会计报告的形式向有关各方面提供企业的财务状况、经营成果和现金流量等会计信息。

《中华人民共和国会计法》第10条规定，下列经济业务事项，应当办理会计手续，进行会计核算：

(1) 资产的增减和使用；

(2) 负债的增减；

(3) 净资产(所有者权益)的增减；

(4) 收入、支出、费用、成本的增减；

(5) 财务成果的计算和处理；

(6) 需要办理会计手续、进行会计核算的其他事项。

2. 会计的监督职能

会计的监督职能又称控制职能。它是对企业的经济活动和核算工作的真实性、合法性和合理性进行的监察和审核，是一种事后监督。会计监督贯穿于会计工作的全过程，包括事前监督、事中监督和事后监督。会计监督的核心就是要干预经济活动，使之遵守国家法律、法规，保证财经制度的贯彻执行。与此同时，其还要从本单位的经济效益出发，对每项经济活动的合理性、有效性进行事前和事中监督。为提高监督的有效性，现代企业越来越重视事前监督。

会计核算和会计监督贯穿于会计工作的始终，两者关系十分密切、相辅相成。核算是监督的基础，监督是核算的质量保证。没有核算就无法进行监督，只有正确地核算，监督才有真实可靠的依据；而监督则是核算的继续，如果只有核算而不进行监督，就不能发挥会计应有的作用，只有严格地进行监督，核算所提供的数据资料才能做到真实可靠，才能在经济管理中发挥更大的作用。

(二) 会计的拓展职能

随着经济的不断发展，会计在企业管理中的作用也更加重要，其职能也在不断地拓展。会计除了上述两个基本职能以外，还具有预测经济前景、参与经济决策和评价经营业绩的职能等。

二、会计的任务

会计工作应当贯彻落实党和国家路线方针政策、决策部署，维护社会公共利益，为国民经济和社会发展服务。会计的任务又称会计的目标或目的，其在于为信息使用者提供有用的会计信息，我国《企业会计准则》中明确规定：企业提供的会计信息应当与财务会计报告使用者的经济决策需要相关，有助于财务会计报告使用者对企业过去、现在或者未来的情况做出评价或者预测。这一规定可以从下面两个方面去理解。

一是反映管理层受托责任的履行情况。在现代公司制下，企业所有权与经营权相分离，企业的管理者是受投资者的委托经营管理企业，对企业的各项资产负有受托责任。企业的投资是否科学合理、企业的资金运行是否合理有效、企业的管理者是否得力，这些都是投资者和债权人要关注的，所以说会计的根本目标是反映企业的受托者责任的履行情况，为企业的投资者和债权人进行决策提供直接可靠的帮助。

二是向财务会计报告信息的使用者提供经济决策的相关信息。财务会计报告信息的使用者包括投资者、债权人、政府及其有关部门和社会公众等。会计向会计信息的使用者提供企业财务状况、经营成果和现金流量等会计信息，有助于会计信息使用者进行科学决策。

第四节 会计核算的基本前提与方法

一、会计核算的基本前提

会计核算的基本前提是会计核算工作的前提条件，又称会计假设，其主要包括会计主体、持续经营、会计分期和货币计量。

(一) 会计主体

会计主体是指会计人员所核算和监督的特定单位和组织，会计主体明确界定核算和监督工作是“站在谁的立场为谁而做”的问题。这个前提的意义在于将特定主体的经济活动与其他主体及该主体所有者和职工个人的经济活动区别开来，明确了会计确认、计量和报告的空间范围。例如，张总投资 50 万元开办了一个公司，这个公司就是一个会计主体。张总招待客户就餐的开销就可以作为该公司的开支，而张总为家人购买的生活物资就不能作为其所开办公司的支出。

我们要注意的是，会计主体与法律主体(即法人)是两个不同的概念。法律主体是指具有民事权利能力和民事行为能力，依法独立享有民事权利和承担民事义务的组织。法律主体必定是会计主体，但会计主体不一定都是法律主体。例如，某企业集团由若干个具有法人资格的企业组成，各个企业是独立的会计主体，但为了反映整个集团的财务状况和经营成果，还应编制该集团的合并会计报表，这里的企业集团是会计主体，但不是一个独立的法律主体。

(二) 持续经营

持续经营是指会计主体在可预见的未来，将根据现有的经营方针和既定的经营目标持续经营下去。即假设该会计主体不会破产清算，也不会大规模减少其经营业务，其所持有的资产将正常营运，所欠的债务将正常偿还。这样，才能保证会计核算方法的稳定性。

然而任何企业都有自己的生命周期，持续经营只是一种假设，一旦企业进入破产清算，其原有会计核算和监督的方法就将被破产清算会计处理方法所取代。持续经营前提为企业资产正常计价、摊销或折旧、收益的确认等提供了基础。

(三) 会计分期

在持续经营的前提条件下，企业的生产经营活动将按现行的方针和目标持续不断地经营下去。为了能及时获取会计信息，充分发挥会计核算和监督对经济管理的促进作用，将持续不断的经营期间人为地划分为若干个连续相等的时间段，以便分期结清账目和编制财务会计报告，这就是会计分期。会计分期为会计核算确定了具体的时间范围。

我国《企业会计准则——基本准则》第七条第二款规定：“会计期间分为年度和中期。中期是指短于一个完整的会计年度的报告期间。”会计中期包括半年度、季度和月度。我国的会计年度自公历每年的1 月1 日起到 12 月 31 日。有了这一前提，就界定了会计核算工作的时间段落，产生了前期、当期和后期的差别，才有权责发生制和收付实现制的划分，出现应收、应付、预收、预付、摊销等会计处理的方法。

(四) 货币计量

货币计量就是指在会计核算的过程中，应当以货币作为统一的计量标准。货币计量作

为会计核算和监督的前提条件,包含两层含义:一是根据《中华人民共和国会计法》(以下简称《会计法》)第十二条的规定:"会计核算以人民币为记账本位币。业务收支以人民币以外的货币为主的单位,可以选定其中一种货币作为记账本位币,但编制的财务会计报告应当折算为人民币。"采用人民币作为记账本位币,就能把企业所发生的经济业务用一个统一的标准来衡量;二是会计人员在进行核算和监督时不考虑货币的时间价值,即假设货币的币值不变。

二、会计核算的方法

会计核算的方法,是指对会计对象进行连续、系统、全面、综合的确认、记录和报告所应用的方法。其一般包括设置会计科目和账户、复式记账、填制和审核会计凭证、登记会计账簿、成本计算、财产清查和编制财务会计报告等七个方面。会计核算方法能为经营管理者提供必要的信息,且贯穿于整个经济活动全过程。

(一) 设置会计科目和账户

设置会计科目和账户是对会计对象的具体内容进行归类、反映和监督的一种专门方法。会计科目是对会计核算的具体经济内容的科学分类,账户是以会计科目为基础,根据会计科目设置的具有一定格式和结构,用以连续记录经济业务的载体。

(二) 复式记账

复式记账就是在经济业务发生后,都必须以相等的金额在两个或两个以上的有关账户中相互联系地进行登记的方法。采用这种方法记账,可以清晰反映每项经济业务所涉及的两个或两个以上的账户之间的对应关系和每项经济业务的来龙去脉,便于检查账簿记录的正确性。

(三) 填制和审核会计凭证

会计凭证是记录经济业务、明确经济责任的书面证明,是登记账簿的依据。填制和审核会计凭证是指对于已经发生或完成的经济业务,都要由经办人员或有关单位填制并审核凭证,并签名盖章以明确责任。所有的会计凭证都要经过审核确认无误后才能据以登记会计账簿。填制和审核会计凭证是会计核算工作的起点。

(四) 登记会计账簿

登记会计账簿简称记账。会计账簿是由具有专门格式的账页所组成,用来开设账户,以连续、系统、完整地记录各项经济业务的簿籍。登记账簿就是以审核无误的会计凭证为依据,将会计凭证中记录的经济业务的内容在账簿上进行全面、连续、系统记录的一种专门方法。账簿所记录的资料是编制财务会计报告的依据。企业发生的各项经济业务事项应当在依法设置的账簿上登记核算,不得违反国家统一的会计制度规定,私设会计账簿登记、核算。

(五) 成本计算

成本计算是对生产经营过程中所发生的各种费用,按照一定对象和标准进行归集和分配,以计算确定各该对象的总成本和单位成本的一种专门方法。

(六) 财产清查

财产清查就是通过对企业货币资金和实物进行盘点,对债权债务和往来款项进行核对,从而检查账簿记录与实存数是否相符的一种方法。

(七) 编制财务会计报告

财务会计报告是指企业对外报送的反映企业某一特定时日的财务状况和某一特定

时期的经营成果、现金流量等会计信息的文件。财务会计报告由会计报表、会计报表附注和财务情况说明书组成。编制财务会计报告的目的是定期对日常分散的核算资料进行综合汇总，反映企业财务状况、经营成果、现金流量等的信息。

上述七种会计核算方法是相互联系、紧密配合的，形成一个完整的会计核算方法体系。经济业务发生后，会计人员首先对原始凭证进行归类整理，将审核无误后的原始凭证按照设置的会计科目和账户，依据复式记账法填制记账凭证。其次依据审核无误后的记账凭证登记账簿；在凭证和账簿登记的基础上对企业的各项支出进行成本计算；通过财产清查核对账存和实存数，以确保账簿记录的真实可靠性。最后在会计期末依据凭证和账簿有关资料编制财务会计报表。我们将上述会计核算方法在会计具体核算工作当中的运用称之为会计循环。从会计工作的流程来看，会计循环又由确认、计量和报告等环节组成。

第五节　我国的会计法律法规与会计信息质量要求

一、我国的会计法律法规

（一）会计法

《会计法》是由全国人民代表大会及其常务委员会经过一定立法程序制定的有关会计工作的法律，是会计法律制度中层次最高的法律规范，是指导会计工作的最高准则。《中华人民共和国会计法》是1985年颁布实施的，1993年12月29日第八届全国人民代表大会常务委员会第五次会议进行了第一次修正，1999年10月31日第九届全国人民代表大会常务委员会第十二次会议进行了第一次修订。2017年11月4日第十二届全国人民代表大会常务委员会第三十次会议《关于修改〈中华人民共和国会计法〉等十一部法律的决定》对会计法进行了第二次修正。为适应新形势的需要，切实提高会计信息质量，促进会计行业更好地服务经济社会发展，2024年6月28日第十四届全国人民代表大会常务委员会第十次会议《关于修改〈中华人民共和国会计法〉的决定》对会计法进行第三次修改，自2024年7月1日起施行。

（二）会计准则

会计准则是会计人员从事会计工作的规则和指南。按其使用单位的经营性质，会计准则可分为营利组织的会计准则和非营利组织的会计准则。我国已颁布的会计准则主要包括《企业会计准则》《小企业会计准则》和《事业单位会计准则》。

1. 企业会计准则

2006年2月15日，财政部颁布了《企业会计准则》，自2007年1月1日起在上市公司范围内施行，并鼓励其他企业执行。我国《企业会计准则》包括基本准则、具体准则、应用指南和解释公告等。

2. 小企业会计准则

为了规范小企业会计确认、计量和报告行为，促进小企业可持续发展，发挥小企业在国民经济和社会发展中的重要作用，2011年10月18日，财政部发布了《小企业会计准则》，要

求符合适用条件的小企业自2013年1月1日起执行。

《小企业会计准则》中的小企业一般具有规模小、投资少、市场反应灵活、环境适用能力强、管理水平较低的特点，针对这些企业发布的专门规则，大大简化了小企业核算的方法与手续，有利于小企业的发展。

二、我国的会计信息质量要求

我国《企业会计准则——基本准则》对会计信息质量有具体的规定，为使得企业提供的会计信息达到规定的要求，会计人员在进行会计核算过程中必须遵循可靠性、相关性、明晰性、可比性、实际重于形式、重要性、谨慎性、及时性原则。

（一）可靠性原则

可靠性原则又称客观性原则，其要求企业应当以实际发生的交易或者事项为依据进行会计确认、计量和报告，如实反映符合确认和计量要求的各项会计要素及其他相关信息，保证会计信息真实可靠、内容完整。

（二）相关性原则

相关性原则要求企业提供的会计信息应当与财务会计报告使用者的经济决策需要相关，有助于财务会计报告使用者对企业过去、现在或者未来的情况做出评价或者预测。

相关性是以可靠性为基础的，企业所提供的会计信息应该在客观真实的情况下，尽量做到与财务报告使用者的决策需要相关。

（三）明晰性原则

明晰性原则又称为可理解性原则，其要求企业提供的会计信息应当清晰明了，便于财务会计报告使用者理解和使用。在这一原则的要求下，企业会计凭证的填制、账簿的登记应该清晰准确，账户之间的对应关系明确；财务会计报告的内容应该完整，各个项目之间的钩稽关系应该清晰明了。

（四）可比性原则

可比性原则要求企业提供的会计信息应当相互可比，包含如下两层含义：

一是纵向可比，即同一企业不同时期发生的相同或者相似的交易或者事项，应当采用一致的会计政策，不得随意变更。但是，如果按规定或在会计政策变更后为了提供更加可靠和更加相关的会计信息，的确需要变更会计政策的，应当在附注中说明。

二是横向可比，即不同企业同一会计期间发生的相同或者相似的交易或者事项，应当采用规定的会计政策，确保会计信息口径一致、相互可比。

（五）实际重于形式原则

实际重于形式原则是指企业应当按照交易或者事项的经济实质进行会计确认、计量和报告，不应仅以交易或者事项的法律形式为依据。

例如，甲企业向乙企业融资租入了一台设备，设备的使用期为6年，实际租赁期为5.5年。双方约定，由甲企业每年年底向乙企业支付融资租赁款，租赁期满后，甲企业可优先按与乙企业协商的价格购买该设备。在这笔业务当中，甲企业虽然从法律形式上来说对该租赁的设备没有所有权，但其对该设备的使用期限几乎等同于其寿命期，在其使用过程中对该设备拥有实质的控制权。所以甲企业在遵循实质重于形式的原则下，在取得该项设备时就应将该设备纳入其自有的固定资产一样进行会计处理。

(六) 重要性原则

重要性原则要求企业提供的会计信息应当反映与企业财务状况、经营成果和现金流量等有关的所有重要交易或者事项。

(七) 谨慎性原则

谨慎性原则要求企业对交易或者事项进行会计确认、计量和报告应当保持应有的谨慎,不应高估资产或者收益、低估负债或者费用。例如,针对企业的应收账款计提坏账准备就是坚持谨慎性原则的具体运用。

(八) 及时性原则

及时性原则要求企业对于已经发生的交易或者事项,应当及时进行会计确认、计量和报告,不得提前或者延后。这一原则要求会计人员在日常工作中要及时收集、及时处理和及时传递会计信息。

以上八项原则,可靠性原则要求会计信息必须真实可靠,相关性原则要求会计信息必须满足会计信息使用者的决策需要,可靠性原则要求企业所提供的会计信息必定要反复地核实,这样就会影响及时性,因此及时性原则对相关性原则和可靠性原则起着制约的作用。

本章练习题

一、单项选择题

1. 会计所使用的主要计量尺度是(　　)。

A. 实物量度　　B. 劳动量度　　C. 货币量度　　D. 数量量度

2. 会计的基本职能是(　　)。

A. 核算和管理　　B. 控制和监督　　C. 核算和监督　　D. 核算和分析

3. 会计主体假设规定了会计核算的(　　)。

A. 时间范围　　B. 空间范围

C. 期间费用范围　　D. 成本开支范围

4. 会计分期从(　　)上对会计核算进行了有效界定。

A. 空间　　B. 时间　　C. 内容　　D. 空间和时间

5. 下列方法中,能为经营管理者提供必要的信息,且贯穿于整个经济活动全过程的会计方法是(　　)。

A. 会计核算　　B. 会计分析　　C. 会计监督　　D. 会计审查

6. 下列选项中,不属于工业企业资金的循环与周转阶段的是(　　)。

A. 供应过程　　B. 生产过程　　C. 分配过程　　D. 销售过程

7. 下列各项中,不属于会计信息质量要求的是(　　)。

A. 会计主体　　B. 及时性　　C. 相关性　　D. 实质重于形式

8. 企业在财务报告中为了达到事先设定的结果,通过选择列示部分有关会计信息,以影响会计报告使用者的决策和判断,这种做法违背了(　　)的要求。

A. 相关性　　B. 可靠性　　C. 可理解性　　D. 谨慎性

9. 企业对可能发生的资产减值损失计提资产减值准备、对应收账款计提坏账准备等,体现了会计核算的(　　)原则要求。

A. 相关性　　B. 及时性　　C. 谨慎性　　D. 重要性

10. 下列各项中,不属于反映会计信息质量要求的是(　　)。
    A. 会计核算方法一经确定不得随意更改
    B. 会计核算应该以货币为主要计量单位
    C. 会计核算应当注意交易和事项的实质
    D. 会计核算应当以实际的交易或事项为依据

二、多项选择题

1. 企业在组织会计核算时,应作为会计核算基本前提的有(　　)。
   A. 会计主体　B. 持续经营　C. 货币计量　D. 会计分期
2. 下列各项目中不属于会计基本职能的有(　　)。
   A. 会计核算与会计预测　B. 会计预算与会计决策
   C. 会计核算与会计监督　D. 会计分析与会计决策
3. 下列各项中,可以作为一个会计主体进行核算的有(　　)。
   A. 事业单位　B. 分公司　C. 总公司　D. 医院
4. 下列各项中,属于会计核算方法的有(　　)。
   A. 复式记账　B. 填制和审核凭证
   C. 登记账簿　D. 编制会计报表
5. 企业资金运动的过程包括(　　)。
   A. 资金投入　B. 资金循环　C. 资金周转　D. 资金退出
6. 资金退出主要包括(　　)。
   A. 上缴税金　B. 向投资者分配利润
   C. 偿还债务　D. 经法定程序减少资金
7. 会计分期包括(　　)。
   A. 月份　B. 季度　C. 半年度　D. 年度
8. 下列关于会计核算原则表述正确的有(　　)。
   A. 可比性原则要求企业采用相同的会计政策
   B. 及时性对相关性和可靠性起着制约的作用
   C. 实质重于形式的原则要求企业不应仅以交易或事项的法律形式为依据
   D. 重要性原则要求企业提供的会计信息应当反映与企业财务状况及经营成果和现金流量有关的所有重要交易或者事项

三、判断题

1. 会计只对已经发生和已经完成的经济业务进行计量、记录和监督。(　　)
2. 评价经营业绩也是会计的一项职能。(　　)
3. 会计监督是对特定主体经济活动和相关会计核算的真实性、合法性和合理性所实施的审查。(　　)
4. 会计是以货币为唯一计量单位的。(　　)
5. 可比性原则要求所有企业应当采用一致的会计政策,不得随意变更。(　　)

第二章　会计科目与账户

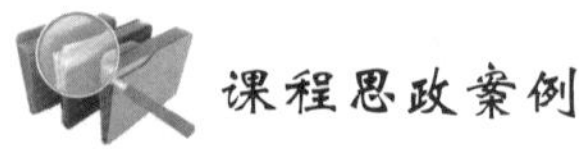

“信以立志,信以守身,信以处事,信以待人,毋忘‘立信’,当必有成”

——“中国现代会计之父”潘序伦先生

潘序伦先生是发展我国会计事业和培养我国会计人才的先驱,他创建了会计师事务所、会计学校、会计出版社“三位一体”的立信会计事业,他主张“没有信用,也就没有会计”,被誉为“中国现代会计之父”。

潘序伦出身书香门第,他先后获得哈佛大学企业管理学硕士、哥伦比亚大学政治经济学博士学位。学成归国后,他怀揣“教育救国”和“实业救国”的愿望,创办会计师事务所。1927 年,深感我国会计人才匮乏的潘序伦在上海设立了簿记训练班。1937 年 4 月15 日,他筹集 17 万元创设立信会计专科学校。从 1937 年开始,潘序伦先生先后在桂林、重庆、南京、广州、天津等地设立分所。而立信会计专科学校的品牌,发展成为如今的“上海立信会计金融学院”。全国各地的立信会计专科学校都有这么一条校规:考试作弊者一律开除学籍。

潘序伦先生主张,“立信,乃会计之本。没有信用,也就没有会计”,他将诚信作为会计教育事业的核心。他倡导的“信以立志,信以守身,信以处事,信以待人,毋忘‘立信’,当必有成”的诚信原则成为影响中国几代会计人精神之灵魂。他治学办校严谨,重视教育质量;主张会计教育学验并重,倡导诚信文化。在潘序伦先生的带领下,立信培养出数十万财经人才。

第一节　会 计 要 素

会计对象是企业生产经营的资金活动,而在会计实务中,必须将会计对象具体化,进行细分。会计要素是对会计对象的具体分类,是会计核算和监督内容的具体化。

会计要素是设定会计报表结构和内容的依据,也是进行会计确认和计量的依据。会计要素包括如下六个要素:资产、负债、所有者权益(净资产)、收入、费用和利润。其中,资产、负债和所有者权益是组成资产负债表的会计要素,也称资产负债表要素,反映企业一定日期的财务状况;收入、费用和利润是组成利润表的会计要素,也称利润表要素,反映企业一定时期的经营成果。

一、资产

（一）资产的定义

资产是指企业过去的交易或者事项形成的、由企业拥有或控制的、预期会给企业带来经济利益的资源。

（二）资产的特点

1. 资产是由于过去交易或事项所形成的

资产的这一特征强调，资产必须是现实的资产，而不是预期的资产。过去的交易或事项包括购买、生产、建造或者其他交易或事项。预期在未来发生的交易或事项不形成资产。

案例：

202×年6月，云龙公司与恒远钢铁公司签订合同，双方约定于当年7月，云龙公司向恒远钢铁公司签购入钢板1吨。那么，在合同签订的当天，云龙公司不能依据采购合同，将该钢板纳入本企业的资产中。

2. 资产必须为企业拥有或控制

这里所说的“拥有”是指企业对该资产具有所有权；“控制”是指虽然对该资产不具有所有权，但能够支配该资产。

案例：

202×年12月，云龙公司与华银租赁公司签订融资租赁合同，云龙公司从华银租赁公司租入某大型生产设备，租赁期限为9年，该设备的寿命期为10年，租赁期满后，该设备的所有权归云龙公司所有。

虽然云龙公司不具备生产设备的所有权，但是能支配该资产，并能控制该资产所带来的经济利益，所以，该公司应当将其确认为资产。

3. 资产能够给企业带来经济利益

资产能够给企业带来经济利益，是指资产能够直接或间接导致现金和现金等价物流入企业的潜力。没有交换价值和使用价值、不能给企业带来经济利益的资源都不能确认为资产。

案例：

202×年12月，云龙公司在盘点库存原材料时，发现某一材料已经严重毁损，已经不能用来生产产品，也不能够进行出售，已经不能为企业带来任何经济利益。因此该材料不能再作为资产出现在资产负债表中。

(三) 资产的分类

资产按照变现能力或者耗用时间可以分为流动资产和非流动资产。

1. 流动资产

流动资产是指可以在1年以内(含1年)或者超过1年的一个营业期内变现或者耗用的资产,其主要包括库存现金、银行存款、应收账款和存货等。库存现金是指存放在企业财务部门由出纳经管的现金,可随时用于支付。银行存款是指企业存放在开户银行的存款。应收账款是指企业对外销售商品、材料及提供劳务而应向购货方或接受劳务方应收取的款项。存货是指企业在日常活动中持有以备出售的产成品或商品、处在生产过程中的在产品、生产或提供劳务准备耗用的材料和物料等,包括各种原材料、燃料、包装物、在产品、产成品和商品等。

2. 非流动资产

非流动资产是指流动资产以外的资产。其主要包括长期股权投资、固定资产、无形资产等。长期股权投资是企业投出的期限在1年以上(不含1年)的各种股权性质的投资。固定资产是指企业为生产商品、提供劳务、经营管理而持有的,使用寿命超过一个会计年度的有形资产。无形资产指企业拥有的或控制的、没有实物形态的可辨认非货币资产,其包括专利权、非专利技术、商标权、著作权、土地使用权、特许权等。

资产要素的构成内容如图2-1所示。

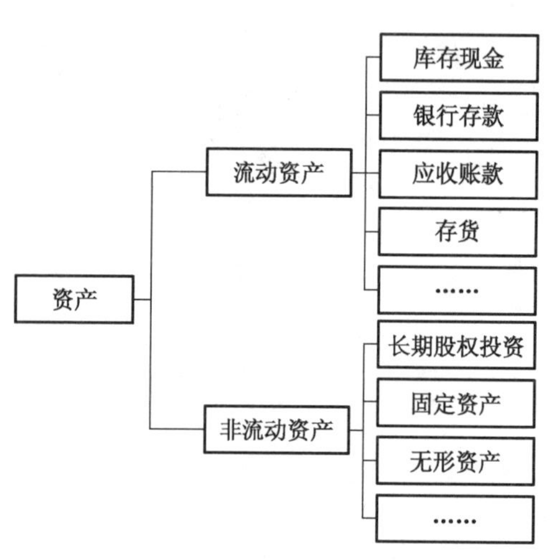

图2-1 资产要素的构成内容

二、负债

(一) 负债的定义

负债是指由过去的交易或事项所形成的,预期会导致经济利益流出企业的现时义务。

(二) 负债的特点

1. 负债是企业承担的现时义务

这里的现时义务是企业在现行条件下已承担的义务。未来的交易或事项所形成的义务不属于现时义务,不应当确认为负债。

> **案例:**
>
> 云龙公司从恒远钢铁公司购入材料,材料已经验收入库,材料符合合同规定,双方约定,购料货款将于1个月后支付。由于恒远公司已经履行相关的合同义务,云龙公司的偿债义务已经产生。

这里的义务可以是法定义务,也可以是推定义务。其中法定义务是具有约束力的合同或者法律、法规规定的义务。例如,企业按照税法规定应当缴纳税款等。推定义务是指根据企业的习惯做法、公开的承诺或者公开的经营政策而导致企业将承担的责任。

案例：

云龙公司对销售的产品提供售后服务，本年度销售收入 4 000 万元，根据历史数据估计，预计未来的维修费用为销售收入的 1‰～2‰。

2. 负债预期会导致经济利益的流出

负债的履行，导致经济利益流出企业的形式是多样的。常见的形式有，使用现金或银行存款进行偿还，或者劳务偿还，以及使用实物抵债等。

3. 负债是企业过去的交易或事项形成的

企业只有过去的交易或事项才形成负债。企业在未来性的承诺、签订的合同等交易事项不形成负债。

案例：

202×年 8 月，云龙公司为其业务单位联华公司提供担保，具体内容如下：联华公司向银行借入 3 年期借款 2 000 万元，到期不能偿还时，云龙公司承担连带责任。因为该义务是否会发生还需要以未来的事项予以证实，所以不能在 202×年确认为负债。

(三) 负债的分类

负债按照其偿还速度或偿还时间的长短可以分为流动负债和非流动负债。

1. 流动负债

流动负债指在 1 年以内(含 1 年)或者超过 1 年的一个营业期内偿还的债务。其主要包括短期借款、应付及预收款项、应付职工薪酬、应交税费等。

短期借款是指企业向银行或其他金融机构借入的偿还期限在 1 年以下(含 1 年)的各种借款。

应付及预收款项，是指企业在日常生产经营过程中发生的各种债务，包括应付票据、应付账款、预收账款等。

应付职工薪酬是指企业根据有关规定应付给职工的各种薪酬，其包括职工工资、奖金、津贴和补贴、职工福利等。

应交税费是指企业按照税法规定计算应向国家缴纳的各种税费，其包括增值税、消费税、所得税等。

2. 非流动负债

非流动负债是指偿还期在 1 年以上的债务。其主要包括长期借款、应付债券和长期应付款等。长期借款是指企业向银行或其他金融机构借入的期限在 1 年以上(不含 1 年)和各种借款。应付债券是指企业为筹集资金而发行的、期限在1 年以上的债券。长期应付款是指企业除了长期借款、应付债券以外的各种长期应付款项。负债要素的构成内容如图 2-2

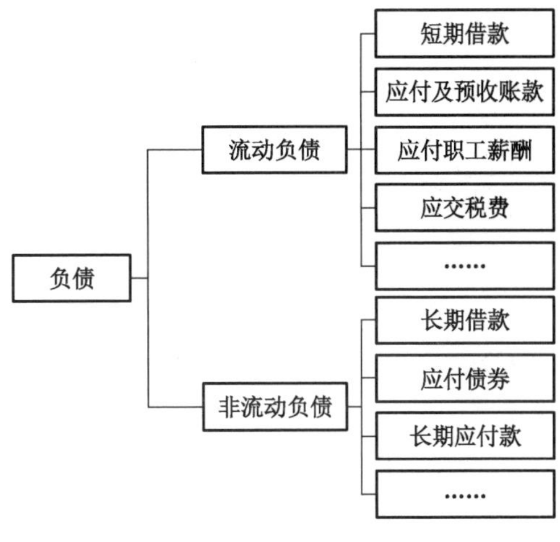

图 2-2　负债要素的构成内容

所示。

三、所有者权益

（一）所有者权益的定义

所有者权益(净资产)是指企业资产扣除负债后由所有者享有的剩余权益。在股份制企业又称为股东权益,是企业投资人对企业净资产的所有权。它受总资产和总负债变动的影响而发生增减变动,由实收资本、资本公积、其他综合收益、盈余公积和未分配利润等构成。

（二）所有者权益的特点

1. 所有者权益是一种剩余权益

当企业注销时,应当优先清偿债务,只有存在剩余财产时,才能返还给所有者。

2. 所有者权益是企业所有者参与企业经营管理与分享利润的依据

投资者能够分享企业利润,而债权人只能按约定的条件获取利息,不能参与企业利润的分配。

3. 所有者权益具有长期特性

企业筹入的负债,具有偿还期,到期后必须还本付息;而所有者投入的资金,可以在企业经营期内供企业长期、持续使用,企业不需要向投资者偿还资本金。

（三）所有者权益的构成

所有者权益通常由实收资本(或股本)、其他权益工具、资本公积、其他综合收益、专项储备和留存收益等构成。

1. 实收资本

实收资本是指企业按照章程规定或合同、协议约定,接受投资者投入企业的资本。实收资本的构成比例或股东的股份比例,是确定所有者在企业所有者权益中所占份额的基础,也是企业进行利润或股利分配的主要依据。

2. 资本公积

资本公积是企业收到投资者出资额超出其在注册资本(或股本)中所占份额的部分,以及其他资本公积等。资本公积包括资本溢价(或股本溢价)和其他资本公积。

3. 留存收益

留存收益是指企业从历年实现的利润中提取的留存于企业的内部积累,其包括盈余公积和未分配利润。

(1) 盈余公积,是指企业按照国家有关规定从净利润中提取的存留于企业内部、具有特定用途的收益积累,其包括法定盈余公积和任意盈余公积。盈余公积可以可用于以下三个方面:弥补亏损、转增资本、发放现金股利或利润等。

(2) 未分配利润,是指企业待分配或留待以后年度分配的利润。

相对所有者权益的其他部分来讲,企业对于未分配利润的使用有较大的自主权。未分配利润除可用于提取盈余公积外,还可用于向股东进行现金股利的分配,转增资本及弥补亏损等。

从数量上来讲,未分配利润是期初未分配利润,加上本年实现的净利润,减去本年提取的盈余公积和分出利润后的余额。

所有者权益的构成内容如图 2-3 所示。

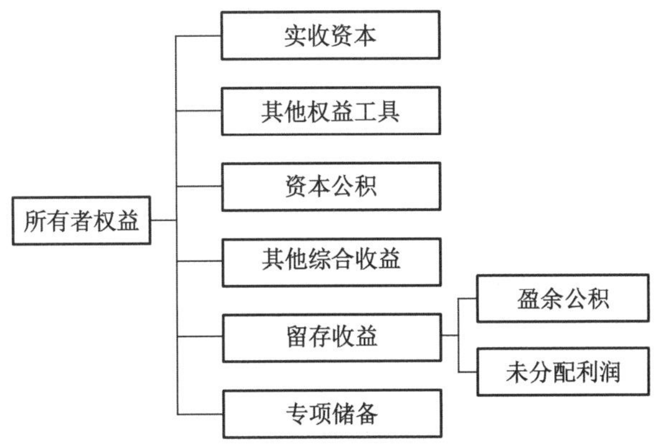

图 2-3 所有者权益的构成内容

四、收入

(一) 收入的定义

收入是企业日常活动中形成的，会导致所有者权益增加的，与所有者投入资本无关的经济利益总流入。

(二) 收入的特点

1. 收入是日常活动中形成的

日常活动不是偶然性的活动，它是指企业为完成经营目标所从事的经常性的活动以及与之相关的活动。如制造企业的生产和销售活动，商品流通企业的购销活动，建筑企业的房屋建筑行为，金融企业的存、贷款业务，租赁公司租赁资产等，这些都是企业的日常活动。

案例：

202×年 8 月，云龙公司有两项经济业务：出售生产用设备一台；根据合同约定，向违约方收到违约金。

以上两项经济业务具有偶然性，都不是企业的日常活动。

2. 收入会导致所有者权益增加

收入所导致的经济利益流入会导致所有者权益的增加。但并不是所有经济利益的流入都会导致所有者权益增加，不会导致所有者权益增加的经济利益的流入不符合收入的定义，不应确认为收入。

案例：

202×年 8 月，云龙公司预收客户订金 50 000 元；

预收客户订金会导致经济利益的增加，但是不会导致所有者权益的增加，不能纳入 8 月份的收入。

3. 收入是与所有者投入无关的经济利益的总流入

所有者投入企业的资本,是经济利益的增加,不能确认为收入,而是应当确认为所有者权益。

(三) 收入的分类

收入按其来源,可以分为主营业务收入和其他业务收入。

1. 主营业务收入

主营业务收入又称基本业务收入,是指企业主要生产经营活动所产生的收入,如制造企业销售产品的收入;建筑企业的提供建筑劳务所取得的收入;保险公司提供签发保单,所取得的收入等。

2. 其他业务收入

其他业务收入是指企业在主营活动以外的经营活动中所产生的收入。如制造企业将多余的原材料出售所取得收入,闲置资产出租的收入,出让专利使用权的收入等。

(四) 收入的确认

当企业与客户之间的合同同时满足下列条件时,企业应当在客户取得相关商品控制权时确认收入:

(1) 合同各方已批准该合同并承诺将履行各自义务。

(2) 该合同明确了合同各方与所转让商品或提供劳务相关的权利和义务。

(3) 该合同有明确的与所转让商品或提供劳务相关的支付条款。

(4) 该合同具有商业实质,即履行该合同将改变企业未来现金流量的风险、时间分布或金额。

(5) 企业因向客户转让商品或提供劳务而有权取得的对价很可能收回。

五、费用

(一) 费用的定义

费用是日常活动中形成的、会导致所有者权益减少的、与向所有者分配利润无关的经济利益总流出。

(二) 费用的特点

1. 费用是企业日常活动形成的

费用必须是企业日常活动中形成的,其中所指的日常活动与收入定义涉及的日常活动的界定一致。因日常活动所产生的费用通常包括销售成本、日常的经营管理费用、利息费用等。将费用界定为日常活动中形成的,目的是将其与损失相区分。企业非日常活动活动所形成的经济利益的流出不能确认为费用。

案例:

202×年8月,因为转产,云龙公司将一项无形资产转让,取得收入500 000元,其账面价值为520 000元。本项转让行为是企业的非日常活动,所产生的净损失20 000元,不能确认为费用。

2. 费用会导致所有者权益的减少

与费用相关的经济利益的流出应当会导致所有者权益的减少,不会导致所有者权益减

少的经济利益的流出不符合费用的定义，

案例：

202×年8月5日，云龙公司使用银行存款80 000元购入原材料一批。本业务中，虽然企业的经济利益流出了80 000元，但资产同时增加，所有者权益没有变化。因此不能确认为费用。

3. 费用是与向所有者分配利润无关的经济利益的总流出

企业向所有者分配利润，一方面会导致经济利益的流出，另一方面是所有者权益的减少，不应确认为费用。

(三) 费用的分类

费用主要包括营业成本、税金及附加和期间费用等。

1. 营业成本

营业成本是指销售商品或提供劳务所发生的成本耗费，其包括主营业务成本和其他业务成本。

2. 税金及附加

税金及附加是指企业经营活动应负担的相关税费，其包括消费税、城市维护建设税、教育费附加、资源税、土地增值税、房产税、环境保护税、城镇土地使用税、车船税和印花税等。

3. 期间费用

期间费用是指本期发生的、不能直接或间接归入营业成本，而是直接计入当期损益的各种费用。其包括管理费用、销售费用和财务费用等。

(1) 管理费用是企业为组织和管理企业生产经营所发生的费用。如行政管理部门的工资、业务招待费、办公经费、董事会费及研究费用等。

(2) 财务费用是企业为筹集生产经营所需资金等发生的筹资费用。其包括利息支出(减利息收入)、汇兑损益、相关的手续费及购买银行票据的工本费等。

(3) 销售费用是企业在销售商品和提供劳务的过程中发生的各种费用。其包括销售过程中由企业负担的运输费、装卸费、包装费、保险费、商品维修费、展览费和广告费以及为销售本企业商品而专设的销售机构的职工薪酬、业务费、折旧费、物料消耗和其他费用。

费用的构成内容如图2-4所示。

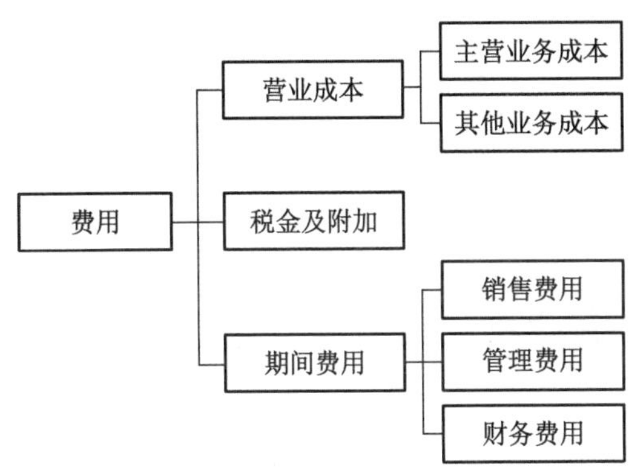

图2-4　费用的构成内容

(四) 费用的确认

费用的确认至少要符合如下三个条件：

(1) 与费用相关的经济利益应当很可能流出企业。

(2) 经济利益流出企业的结果会导致资产的减少或者负债的增加。

(3) 经济利益的流出额能够可靠地计量。

六、利润

(一) 利润的定义

利润是指企业一定会计期间的经营成果。通常情况下，如果企业实现了利润，所有者权益增加；反之，如果企业发生了亏损(利润为负数)，表明企业所有者权益将减少。利润是评价企业管理层业绩情况的一项重要指标，也是投资者、债权人等财务信息使用者进行投资决策时的重要参考指标。

(二) 利润的来源构成

利润包括收入减去费用后的净额、直接计入当期利润的利得和损失等。其中，收入减去费用后的净额反映的是企业日常活动的经营业绩；直接计入当期利润的利得和损失反映的是企业非日常活动的经营业绩。收入减去费用后的净额是企业长期的、主要的利润来源。

利得是由企业非日常活动所形成的、会导致所有者权益增加的、与所有者投入资本无关的经济利益的流入。其包括直接计入当期利润的利得和直接计入所有者权益的利得。

损失是由企业非日常活动所发生的、会导致所有者权益减少的、与向所有者分配利润无关的经济利益的流出。其包括直接计入当期利润的损失和直接计入所有者权益的损失。

利润的构成内容如图 2-5 所示。

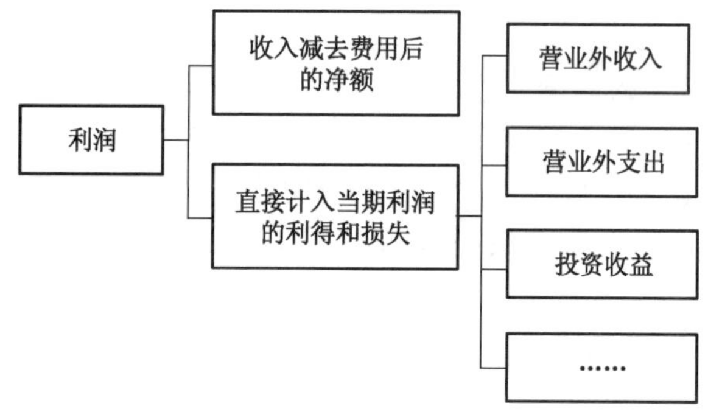

图 2-5　利润的构成内容

第二节　会 计 科 目

一、会计科目的概念和意义

(一) 会计科目的概念

会计要素分为资产、负债、所有者权益、收入、费用和利润六个要素，但要详细反映企业的资金运动，仍显过于粗略。为了满足经营管理以及有关方面对会计信息的质量要求，必

须对会计要素进行细化。

对会计要素的具体内容进行分类核算的项目，就是会计科目。

图 2-6 是会计要素与会计科目之间的关系。

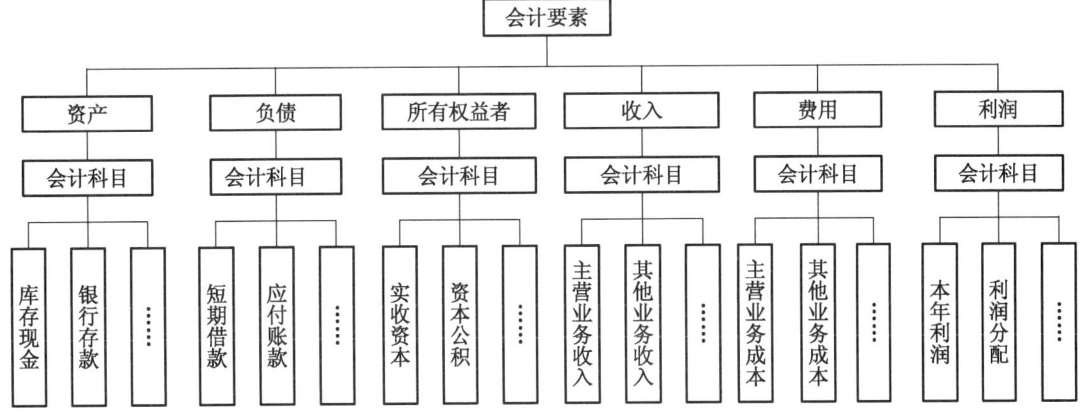

图 2-6　会计要素与会计科目的关系

(二) 设置会计科目的意义

会计科目在会计核算中具有重要的意义，主要体现在以下几个方面。

1. 会计科目是复式记账的基础

复式记账要求每一笔经济业务在两个或两个以上的账户中进行登记，以反映经济业务的来龙去脉，而账户是在会计科目的基础上设置的。

2. 会计科目是编制记账凭证的基础

记账凭证是登记账簿的依据。而在记账凭证的填制中，有一项重要的工作，就是确定每一笔经济业务应记入哪个会计科目。

3. 会计科目为成本计算与财产清查提供了前提条件

会计科目的设置，有助于成本核算，使各种成本计算成为可能；而账面记录与实际结存的核对，又为财产清查、保证账实相符提供了必备的条件。

4. 会计科目为编制会计报表提供了方便

会计报表是提供会计信息的主要手段，为保证会计信息的质量及其提供的及时性，会计报表中的许多项目与会计科目是一致的，并根据会计科目的本期发生额或期末余额填列。

二、会计科目的分类

(一) 按其归属的会计要素分类

会计要素包括资产、负债、所有者权益、收入、费用、利润六个要素，会计科目按其反映的经济内容分类，可以按六个会计要素来划分。但是，企业所获得的利润将使所有者权益增加，因此，反映企业本年度实现的净利润的会计科目“本年利润”以及反映企业净利润分配的会计科目“利润分配”，可以并入所有者权益类。企业收入减去费用等于利润，收入类和费用科目都是用来计算损益的，可以合并称为损益类科目。而生产性企业中有一部分费用构成生产成本，不能全部计入当期损益。因此，企业的会计科目一般分为五类，即资产类、负债类、所有者权益类、成本类和损益类。工业企业常用的会计科目如表 2-1 所示。

表 2-1　　工业企业常用会计科目表

顺序号	编号	会计科目名称	顺序号	编号	会计科目名称
		一、资产类	29	1513	其他权益工具投资
1	1001	库存现金	30	1521	投资性房地产
2	1002	银行存款	31	1522	投资性房地产累计折旧
3	1012	其他货币资金	32	1523	投资性房地产减值准备
4	1101	交易性金融资产	33	1531	长期应收款
5	1121	应收票据	34	1532	未实现融资收益
6	1122	应收账款	35	1601	固定资产
7	1123	预付账款	36	1602	累计折旧
8	1131	应收股利	37	1603	固定资产减值准备
9	1132	应收利息	38	1604	在建工程
10	1221	其他应收款	39	1605	工程物资
11	1231	坏账准备	40	1606	固定资产清理
12	1401	材料采购	41	1701	无形资产
13	1402	在途物资	42	1702	累计摊销
14	1403	原材料	43	1703	无形资产减值准备
15	1404	材料成本差异	44	1801	长期待摊费用
16	1405	库存商品	45	1811	递延所得税资产
17	1406	发出商品	46	1901	待处理财产损溢
18	1407	商品进销差价			二、负债类
19	1408	委托加工物资	47	2001	短期借款
20	1411	周转材料	48	2101	交易性金融负债
21	1471	存货跌价准备	49	2201	应付票据
22	1472	合同资产	50	2202	应付账款
23	1473	合同资产减值准备	51	2203	预收账款
24	1501	债权投资	52	2204	合同负债
25	1502	债权投资减值准备	53	2211	应付职工薪酬
26	1503	其他债权投资	54	2221	应交税费
27	1511	长期股权投资	55	2231	应付利息
28	1512	长期股权投资减值准备	56	2232	应付股利

（续表）

顺序号	编号	会计科目名称	顺序号	编号	会计科目名称
57	2241	其他应付款	76	5406	合同履约成本减值准备
58	2501	长期借款	77	5407	合同取得成本
59	2502	应付债券	78	5408	合同取得成本减值准备
60	2701	长期应付款			六、损益类
61	2702	未确定融资费用	79	6001	主营业务收入
62	2801	预计负债	80	6051	其他业务收入
63	2901	递延所得税负债	81	6101	公允价值变动损益
		三、共同类（略）	82	6111	投资收益
		四、所有者权益类	83	6112	资产处置损益
64	4001	实收资本	84	6113	其他收益
65	4002	资本公积	85	6301	营业外收入
66	4003	其他综合收益	86	6401	主营业务成本
67	4101	盈余公积	87	6402	其他业务成本
68	4103	本年利润	88	6403	税金及附加
69	4104	利润分配	89	6601	销售费用
70	4201	库存股	90	6602	管理费用
		五、成本类	91	6603	财务费用
71	5001	生产成本	92	6701	资产减值损失
72	5101	制造费用	93	6702	信用减值损失
73	5201	劳务成本	94	6711	营业外支出
74	5301	研发支出	95	6801	所得税费用
75	5405	合同履约成本	96	6901	以前年度损益调整

（二）按所提供信息的详略程度不同分类

会计科目按所提供的核算信息的详细程度及其统驭关系的不同，可分为总分类科目和明细分类科目。

1. 总分类科目

总分类科目亦称一级科目或总账科目，它是对会计要素的具体内容进行总括分类核算而设置的科目，是进行总分类核算的依据，也是开设总分类账户所依据的科目。总分类科目的名称、编号和核算内容由统一会计制度规定。表 2-1 所示的会计科目都是总分类科目。

2. 明细分类科目

明细分类科目也称为明细科目，它是对总分类科目所属经济内容进行详细分类的类别名称。它是详细反映会计要素具体核算内容的科目。明细分类科目按其提供指标的详细程度不同,可进一步分为二级、三级乃至四五级。

例如,工业企业可在"原材料"总账科目下设置"原料及主要材料""辅助材料""外购半成品"等子目,然后再依据材料规格、品种或型号等设置明细科目。图 2-7 是某企业原材料账户总分类设置和明细分类设置。

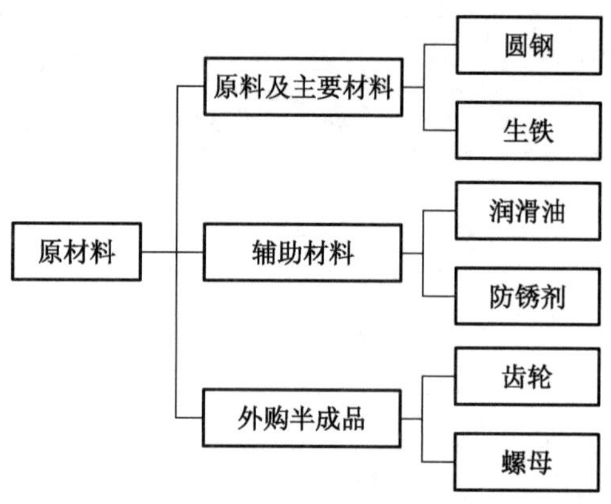

图 2-7 某企业原材料账户的明细设置

3. 总分类科目与明细分类科目的关系

总分类科目对其所属的明细分类科目具有统驭和控制的作用,而明细分类科目是对其所属的总分类科目的补充和说明。总分类科目及其所属的明细分类科目,共同反映经济业务总括或详细的情况。

某企业原材料账户的明细设置如图 2-7 所示,查阅总分类账户,可以获悉企业在某个时点上原材料的总金额。但要取得每一具体材料的详细数据,就必须查阅各明细分类账户。

思考:

某企业 202×年 9 月初开业,9 月 30 日有关财产物资的存在形态及使用分布情况为:

(1) 存放在成品仓库的各种产成品 930 万元。

(2) 存放在财会部门保险柜的现金 0.3 万元。

(3) 存在银行的各种款项 150 万元。

(4) 因销售商品应收取的款项 85.7 万元。

要求:分析指出这些财产物资的占用形态,分别涉及哪类会计要素和会计科目。

第三节 账　户

一、账户的定义

账户是根据会计科目开设的,用于连续、分类、系统地记录经济业务引起的各会计要素的增减变化情况及结果的,具有一定格式和结构的记账实体。

会计科目是对会计对象的具体内容进行分类的项目,但它并不能反映会计事项发生所引起的各项会计要素的增减变动情况及其结果。为了将经济业务系统地、分门别类地登记到会计账簿中去,就必须在账簿中开设账户。账户是记录经济业务的记账实体,也是核算经济业务的载体。账户由账户名称和账户结构两部分组成。

二、账户的基本结构

账户的结构就是指账户的格式,用以记录经济业务的发生。为了全面清晰地记录各项经济业务,每一个账户既要有明确的经济内容,又必须有一定的结构。

账户具体包括账户名称(会计科目)、记录经济业务的日期、所依据记账凭证编号、经济业务摘要、增减金额(借方金额、贷方金额)、余额等。账户的格式内容见“总分类账”,如图 2-8 所示。

总　　账

科目:库存现金

202×年		凭证		摘　要	借方											贷方											借或贷	余额										
月	日	字	号		亿	千	百	十	万	千	百	十	元	角	分	亿	千	百	十	万	千	百	十	元	角	分		亿	千	百	十	万	千	百	十	元	角	分
12	1			承前页																							借							5	0	0	0	0
	1	记	2	提现备用						3	0	0	0	0	0																							
	2	记	4	预借差旅费																	2	0	0	0	0	0												
	19	记	28	报销差旅费																			4	0	0	0												
	19	记	29	报销业务招待费																		5	2	0	0	0												
	22	记	30	支付职工困难补助																		5	0	0	0	0												
	31			本月合计						3	0	0	0	0	0						3	0	6	0	0	0	借							4	4	0	0	0

图 2-8　总分类账

上列账户格式中的借方和贷方,一方登记增加,另一方登记减少。账户记录的金额可以提供期初余额、本期增加发生额、本期减少发生额、期末余额四个核算指标。四个指标的关系,可以用下列等式表示:

期末余额 = 期初余额 + 本期增加发生额 − 本期减少发生额

账户的格式还可以简化为“丁”字或“T”字形账户,这种格式多在教学中使用或在实际工作中做计算试算的草稿使用。图 2-8 可用“丁”或“T”字形账户表示如图 2-9 所示。

借方	库存现金		贷方
期初余额	500.00		
②	3 000.00		
		2 000.00	④
		40.00	㉘
		520.00	㉙
		500.00	㉚
本期发生额	3 000.00	3 060.00	**本期发生额**
期末余额	440.00		

图 2-9　T 型账户

三、账户的分类

每一个账户只能记录企业经济活动的某一个方面，不可能对企业的全部经济业务加以记录。账户分类就是研究这个账户体系中各账户之间存在的共性，寻求其规律，探明每一账户在账户体系中的地位和作用，以便加深对账户的认识，更好地运用账户对企业的经济业务进行反映。本书主要介绍以下两种常见的分类方法。

（一）按所反映的经济内容分类

账户按其所反映的经济内容不同，分为资产类账户、负债类账户、所有者权益类账户、成本类账户、损益类账户等。

（二）按其所提供信息的详细程度及其统驭关系分类

账户按提供信息的详细程度及其统驭关系分类，分为总分类账户（简称总账）和明细分类账户（简称明细账）。总分类账户是对企业经济活动的具体内容进行总括核算的账户，它能够提供某一具体内容的总括核算指标，它是根据一级会计科目开设的；明细分类账户是对企业某一经济业务进行明细核算的账户，它能够提供某一具体经济业务的详细核算指标，是依据明细科目设置的。

四、账户与会计科目的联系及区别

（一）会计科目与账户的联系

（1）会计科目与账户都是对会计要素具体内容进行的分类。

（2）会计科目与账户两者相互依存，会计科目既是账户的名称，也是设置账户的依据，两者核算的内容与性质是一致的。账户是会计科目的具体运用，没有账户就无法发挥会计科目的作用。

（二）会计科目与账户的区别

（1）会计科目没有结构，并且只规定了核算的经济内容的性质。

（2）账户具有一定的结构和格式，用来记录某一特定经济内容的增减变化及其结果，通过账户的记录，能提供动态和静态的指标。

本章练习题

一、简答题

1. 会计要素有哪些？其含义和特点分别是什么？
2. 什么是会计科目？会计科目与会计要素是什么关系？
3. 会计科目按其归属的会计要素可以分为哪几类？
4. 会计科目按所提供信息的详略程度可以分为哪几类？
5. 什么是账户？会计科目与账户关系如何？

二、单选题

1. 会计科目是（　　）。

A. 账户的名称　　B. 账簿的名称

C. 报表项目的名称　　D. 会计要素的名称

2. 以下属于资产类账户的是（　　）。

A.“应付账款” B.“实收资本”
C.“其他应收款” D.“预收账款”

3. 账户余额一般与( )在同一方向。
A. 增加额 B. 减少额 C. 借方发生额 D. 贷方发生额

4. 登记总账与所属明细账的原则是( )。
A. 根据总账记明细账 B. 根据明细账记总账
C. 根据凭证分别登记 D. 先记总账后记明细账

5. 以下属于负债类账户的是( )。
A.“预付账款” B.“预收账款”
C.“应收股利” D.“应收账款”

6. 以下属于损益类账户的是( )。
A.“制造费用” B.“长期待摊费用”
C.“主营业务成本” D.“生产成本”

7. 所有者权益在数量上等于( )。
A. 全部资产加上全部负债 B. 全部资产扣除全部负债
C. 全部资产扣除长期负债 D. 全部资产扣除流动负债

8. 某企业10月初负债总额为150万元,11月份收回应收账款15万元存入银行,用存款归还借款20万元,预付购货款10万元,赊购原材料30万元。则11月末负债总额为( )万元。
A. 170 B. 160 C. 145 D. 135

9. 反映企业经营成果的最终要素是( )。
A. 资产 B. 收入 C. 利润 D. 所有者权益

10. 下列属于流动资产的是( )。
A. 银行存款 B. 厂房 C. 机器设备 D. 长期投资

三、多选题

1. 账户中的各项金额包括( )。
A. 期初余额 B. 本期增加额 C. 本期减少额 D. 期末余额
E. 本期发生额

2. 下列会计科目中属于债权类科目的是( )。
A.“应收账款” B.“销售费用”
C.“预收账款” D.“盈余公积”
E.“预付账款”

3. 总分类账和明细账的关系是( )。
A. 总分类账提供总括资料,明细账提供详细资料
B. 总分类账和明细分类账平行登记
C. 总分类账统驭、控制所属明细账
D. 所有总分类账必须附设明细分类账
E. 明细分类账补充说明与其相关的总分类账

4. 下列会计科目中属于流动资产的有( )。

A. “原材料” B. “银行存款”
C. “周转材料” D. “预收账款”

5. 期间费用一般包括(　　)。
A. “财务费用” B. “管理费用” C. “制造费用” D. “销售费用”

6. 下列属于所有者权益科目的有(　　)。
A. “本年利润” B. “利润分配” C. “盈余公积” D. “实收资本”

7. 下列账户中,(　　)属于收入类账户。
A. “营业外收入” B. “本年利润”
C. “主营业务收入” D. “其他业务收入”

8. 会计科目的意义有(　　)。
A. 它是复式记账的基础 B. 它是编制记账凭证的基础
C. 为成本计算与财产清查提供条件 D. 为编制会计报表提供方便

9. 下列各项中,反映留存收益的科目有(　　)。
A. “盈余公积” B. “本年利润”
C. “资本公积” D. “利润分配”

10. 企业所有者权益按照其来源看,主要包括(　　)。
A. 所有者投入的资本 B. 直接计入所有者权益的利得
C. 直接计入所有者权益的损失 D. 留存收益

四、业务题

某企业2×21年9月初开业,9月30日有关财产物资的存在形态及来源渠道情况如下:

1. 各类房屋和建筑物1 830万元;
2. 生产车间各类机器设备1 020万元;
3. 存放在材料仓库的各种材料810万元;
4. 正在生产车间生产加工的产品120万元;
5. 存放在成品仓库的各种产成品930万元;
6. 存放在保险柜的现金0.3万元;
7. 存放在银行的款项150万元;
8. 因销售商品应收取的款项85.7万元;
9. 投资者投入资本3 500万元;
10. 从银行取得的短期借款400万元;
11. 从银行取得的长期借款600万元;
12. 因购买材料应支付的款项98万元;
13. 应付未付的借款利息5万元;
14. 应付给职工的各种工资福利42万元;
15. 应交纳的各种税金7万元;
16. 企业当期实现的净利润294万元。

要求:正确划分各项目的类别(资产、负债或所有者权益),并将各项目的金额填入表2-2,并计算资产、负债及所有者权益金额的合计数,并填入表中。

表 2-2　　会计要素分析表

单位:元

项目内容	金额		
	资产	负债	所有者权益
例:各类房屋和建筑物	18 300 000.00		
合　计			

第三章　会计等式与复式记账

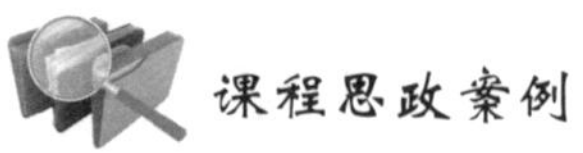

“四柱结算法”

——我国在会计等式上的贡献

唐宋时期，我国会计理论与方法得到进一步发展。首先，产生了《元和国计簿》《太和国计簿》《会计录》等具有代表性的会计著作。其中，《会计录》是一种按照国家规定的财计体制和财政收支项目归类整理财政收支，并加以会计分析的经济文献。其内容可分为两大部分：一是会计、统计经济资料部分，包括户籍记账方面的资料和当年财政收支的实际数额；二是会计、统计经济资料的分析比较部分，也可称为会计分析部分。其次，创立了“四柱结算法”。所谓“四柱”，是指旧管（上期结余）、新收（本期收入）、开除（本期支出）和实在（本期结存）四个栏目。这种结算法把一定时期内财物收付的记录，通过“旧管＋新收＝开除＋实在”这一平衡公式加以总结，既可检查日常记录的正确性，又可分类汇总日常会计记录，使之起到系统、全面和综合的反映作用；可以说，“四柱结算法”的发明把我国的簿记发展提到了一个较为科学的高度。四柱结算法中四柱平衡关系形成了会计上的方程式，这不仅成为我国传统的中式记账法（中式簿记）的一个特色，而且在世界范围内也一直沿用下来。

第一节　会计等式

一、会计等式的含义

会计等式也称会计平衡公式，或会计恒等式。它是运用数学方程的原理描述会计要素之间数量关系的表达式。它是制定各项会计核算方法的理论基础。

案例：

1. 云龙公司于 2020 年 1 月由两位投资者成立，其中，长海公司投入银行存款 55 万元；天一公司投入专利权一项，作价 10 万元（与市场价格一致）。

2. 2020 年 2 月，云龙公司以银行存款购入机器设备一台，买价 20 万元。借入三年期银行借款 10 万元。假定不考虑相关税费问题。

要求：分析 1 月末与 2 月末云龙公司的资产、负债和所有者权益情况。

（一）静态会计等式

企业为了独立地进行的生产经营活动，都必须拥有一定数量和种类的资产。企业资产最初表现为库存现金、银行存款、存货、固定资产、无形资产等，资产的构成表明资源在企业存在、分布的状态；这些资产有的属于投资者的投入资本（所有者权益），有的属于债权人的借入资金（负债），所有者权益和负债统称为权益。权益表示企业资金取得或形成的来源渠道。

所以资产与权益是资金（财产资源）这个同一体的两个不同侧面，一个是指资产表现的形态，一个是指对这些资产所拥有的权利，两者是相互依存相互制约的关系。从数量上看，企业的资产总额与权益总额必定相等。这种关系可以表述为：

资产＝权益

＝负债＋所有者权益

该公式在任何时点均成立，称为会计恒等式。它反映了资产、负债及所有者权益三个会计要素之间的内在联系和基本数量关系。这种数量关系表明了企业在某一时点上的财务状况，因此又称为静态会计等式。这一会计等式是设置会计账户、进行复式记账和编制资产负债表的理论基础。同时，资产、负债及所有者权益是构成资产负债表的三个基本要素。

表 3-1 为云龙公司 2020 年 12 月 31 日的资产负债表，它反映了企业在这个时点上的资产、负债和所有者权益状况。

在 2020 年 12 月 31 日，公司的资产主要有：货币资金 150 000 元（库存现金 2 000 元、银行存款 148 000 元），应收账款 150 000 元，存货 510 000 元（原材料 250 000 元，库存商品 260 000 元），固定资产 200 000 元，以及无形资产 100 000 元，资产总额为 1 110 000 元；公司的资产的来源可分为两个部分：第一，是负债部分。有从银行借入的短期借款 96 000 元，长期借款 190 000，以及欠供应商的货款 174 000 元；第二是所有者权益，即所有者投入的资本共计 650 000 元，其中包括实收资本 500 000 元和资本公积 150 000 元。负债和所有者权益共计 1 110 000 元。

表 3-1　　**资 产 负 债 表**

编制单位：云龙公司　　2020 年 12 月 31 日　　单位：元

资产	金额	负债及所有者权益	金额
货币资金	150 000	短期借款	96 000
应收账款	150 000	应付账款	174 000
存货	510 000	长期借款	190 000
固定资产	200 000	实收资本	500 000
无形资产	100 000	资本公积	150 000
合　计	1 110 000	合　计	1 110 000

可见，在这一时点上，资产＝负债＋所有者权益＝1 110 000 元。

小思考：

小明是位新入校的大学生，他从家里带来 7 000 元现金，这 7 000 元中有 5 000 元是父母给的，2 000 元是向亲戚借的。

请你帮小明将会计恒等式表达出来。

如果小明在入校当天，用其中 300 元购入日常生活用品，6 200 元存入银行。会计恒等式又会是怎样的呢？

（二）动态会计等式

企业的目标是从生产经营活动中获取收入，实现盈利，而企业取得收入的同时，必然发生相应的费用。通过收入与费用的比较，企业可以计算确定一定期间的盈利水平。收入与费用之间的差额即为利润。收入、费用和利润之间的关系可表示为：

$$收入-费用=利润$$

这一等式反映企业某一时期收入、费用和利润的恒等关系，表明了企业某一会计期间所取得的经营成果，因此我们称之为动态会计等式，它是编制利润表的理论依据。

【例 3-1】 云龙公司 2020 年 12 月销售产品共计取得收入 450 000 元，该批产品成本为 220 000 元，发生管理费用 22 000 元，销售费用 40 000 元，财务费用 18 000 元。假设无其他收入和费用。

则根据“利润＝收入－费用”，得

$$当月利润=450\ 000-(220\ 000+22\ 000+40\ 000+18\ 000)=150\ 000(元)$$

（三）静态等式与动态等式之间的关系

企业的利润一般都是归投资者所有，因此可以将静态等式与动态等式结合，得到如下等式

$$资产=负债+所有者权益+利润$$

$$资产=负债+所有者权益+(收入-费用)$$

每期期初（如月初），企业的利润为零，所以“资产＝负债＋所有者权益”；而在期末（如月末），在经过一段时间的经营后，企业取得了相应的收入，也发生了相应的费用，所以有“资产＝负债＋所有者权益＋(收入－费用)”。但是企业取得的利润是归投资者所有的，是企业投入的资本的增值，所以在期末，利润将转入所有者权益。因此依然可以列示为“资产＝负债＋所有者权益”。

小思考：

小李是一位在校的大学生，他共有现金 1 000 元，全部是自己所有。请你帮小李将会计恒等式表达出来。

他利用课余时间从事勤工俭学。用现金 500 元购入学习用品在学校跳蚤市场出售，全部售完，共取得现金收入 620 元。

请问小李在这次跳蚤市场销售中，赚了多少钱，钱归谁所有？在这次勤工俭学之后，小李一共有多少资产，资产归谁所有，请帮小李列出将静态会计等式。

二、经济业务对会计等式的影响

经济业务也称会计事项，是指企业在生产经营过程中发生的能以货币计量的，并能引

起会计要素发生增减变化的事项。

随着经济业务的发生，会计要素必然不断发生变化。但不论怎样变化，都不会破坏会计等式各要素之间的平衡关系。

(一) 经济业务对“资产＝权益”等式的影响

企业在生产经营过程中发生的经济业务错综复杂，但从其对“资产＝权益”等式中各项会计要素引起的变化来讲，归纳起来主要有四种类型：

(1) 资产内部有增有减，总额不变。

(2) 权益内部有增有减，总额不变。

(3) 资产与权益同时增加，增加的金额相等。

(4) 资产与权益同时减少，减少的金额相等。

下面对这 4 种情况举例说明。

1. 资产内部有增有减，总额不变

【例 3-2】 承表 3-1 中数据，2021 年 1 月 3 日，云龙公司从大华公司收回应收账款，取得银行存款 50 000 元。

这笔经济业务，云龙公司货币资金(银行存款)增加 50 000 元，同时，应收账款减少 50 000 元，资产的总额不变。因此没有改变等式的平衡关系，如表 3-2 所示。

表 3-2　　**资 产 负 债 表**

编制单位:云龙公司　　2021 年 1 月 3 日　　单位:元

资　产	金　额	负债及所有者权益	金　额
货币资金	200 000	短期借款	96 000
应收账款	100 000	应付账款	174 000
存　货	510 000	长期借款	190 000
固定资产	200 000	实收资本	500 000
无形资产	100 000	资本公积	150 000
合　计	1 110 000	合　计	1 110 000

2. 权益内部有增有减，总额不变

【例 3-3】 承[例 3-2]，2021 年 1 月 15 日，云龙公司应支付宇田公司的 90 000 元转换为公司资本，其中 80 000 元转为实收资本，10 000 元转为资本公积。

这笔经济业务公司应付账款减少 90 000 元，即权益减少 90 000 元；实收资本增加 80 000元，资本公积增加 10 000 元，即权益增加 90 000 元。所以，权益总额不变，没有改变等式的平衡关系，如表 3-3 所示。

表 3-3　　**资 产 负 债 表**

编制单位:云龙公司　　2021 年 1 月 15 日　　单位:元

资　产	金　额	负债及所有者权益	金　额
货币资金	200 000	短期借款	96 000
应收账款	100 000	应付账款	84 000

（续表）

资　产	金　额	负债及所有者权益	金　额
存　货	510 000	长期借款	190 000
固定资产	200 000	实收资本	580 000
无形资产	100 000	资本公积	160 000
合　计	1 110 000	合　计	1 110 000

3. 资产与权益同时增加，增加的金额相等

【例 3-4】 承[例 3-3]，2021 年 1 月 22 日，云龙公司从海天公司购入原材料一批，金额为 20 000 元，款项尚未支付。假设不考虑相关税费。

这笔经济业务，云龙公司存货（原材料）增加 20 000 元，同时，应付账款增加 20 000 元。资产和负债同时增加 20 000 元。因此没有改变等式的平衡关系，如表 3-4 所示。

表 3-4 **资产负债表**

编制单位：云龙公司　　2021 年 1 月 22 日　　单位：元

资　产	金　额	负债及所有者权益	金　额
货币资金	200 000	短期借款	96 000
应收账款	100 000	应付账款	104 000
存　货	530 000	长期借款	190 000
固定资产	200 000	实收资本	580 000
无形资产	100 000	资本公积	160 000
合　计	1 130 000	合　计	1 130 000

4. 资产与权益同时减少，减少的金额相等

【例 3-5】 承[例 3-4]，2021 年 1 月 31 日，云龙公司以银行存款 50 000 元，偿还短期借款。

这笔经济业务，云龙公司货币资金（银行存款）减少 50 000 元，同时短期借款也减少 50 000元。资产和权益同时减少 50 000 元，没有改变等式的平衡关系，如表 3-5 所示。

表 3-5 **资产负债表**

编制单位：云龙公司　　2021 年 1 月 31 日　　单位：元

资　产	金　额	负债及所有者权益	金　额
货币资金	150 000	短期借款	46 000
应收账款	100 000	应付账款	104 000
存　货	530 000	长期借款	190 000
固定资产	200 000	实收资本	580 000
无形资产	100 000	资本公积	160 000
合　计	1 080 000	合　计	1 080 000

从以上四项经济业务可以看出，无论哪一项经济业务的发生，都不会改变会计等式的平衡关系。这四种变化，也可以用图 3-1 来表示。

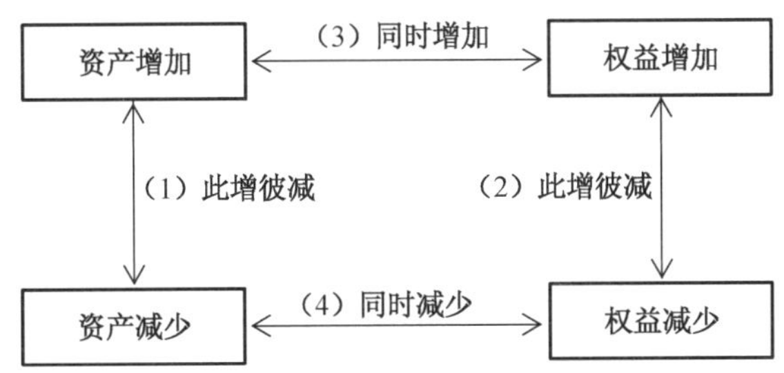

图 3-1 经济业务与会计要素的对应关系

(二) 经济业务对"资产=负债+所有者权益"等式的影响

经济业务对会计等式"资产=负债+所有者权益"的影响,可以归纳为九种情况,如表 3-6 所示。

表 3-6 经济业务对"资产=负债+所有者权益"影响的九种情况

经济业务类型	资产	负债	所有者权益
1	增加	增加	
2	增加		增加
3	减少	减少	
4	减少		减少
5	增加、减少		
6		增加、减少	
7			增加、减少
8		减少	增加
9		增加	减少

虽然经济业务纷繁多样,但是无论发生什么经济业务,也不管这些业务是怎样引起会计要素的变化,但也不外乎表 3-6 的九种情况。经济业务的发生也不会破坏会计等式的平衡情况:在任何时点上,资产都等于负债加所有者权益。

第二节 复 式 记 账

一、记账方法的概念

记账方法是指经济业务发生后采用一定的记账符号和计量单位,利用文字和数字,将其所引起的会计要素的增减变化在有关账户中进行记录的一种方法。在会计发展的历史进程中,记账方法曾经历了从单式记账法到复式记账法的发展过程。

二、记账方法的种类

按照记录经济业务方式的不同,记账方法可以分为单式记账法和复式记账法。

(一) 单式记账法

单式记账法是指对发生的每一笔经济业务只在某一账户中做出单方面记录的一种方法。早期的经济活动比较简单,人们主要关注货币资金本身的运动情况以及人欠、欠人等情况,因此这种记账方法重点强调现金、银行存款的收付,以及人欠、欠人等债权、债务的结算,而其他财产物资的增减变化则不被重视。

【例 3-6】 某企业购入原材料 500 千克,单价为 3 元/千克,总计金额为 1 500 元,以银行存款支付。

本例如果采用单式记账法,则只会做如下登记:银行存款减少 1 500 元。而对原材料则不做登记或简单登记。

由此可见,在单式记账法下,虽然手续简便,但账户的记录是不完整的,不能全面系统地反映经济活动过程及其来龙去脉;账户记录的数字之间缺乏必然的联系,没有相互平衡的概念,不便于检查账户记录的正确性。单式记账法是一种不严密、不科学的记账方法。随着社会经济活动的不断发展,经济业务的内容也更趋复杂,单式记账法已不能满足经济业务发展与经济管理的需要,逐渐被复式记账法取代。

(二) 复式记账法

复式记账法是以资产与权益平衡关系作为记账基础,对每一项经济业务,都以相等的金额,同时在相互联系的两个或两个以上的账户中进行登记的一种方法。

【例 3-7】 承[例 3-6],如果采用复式记账法,可以做如下登记:原材料增加 1 500 元,银行存款减少 1 500 元。

与单式记账法相比较,复式记账法具有以下特点:

(1) 对发生的每一项经济业务都要在两个或两个以上相互联系的账户中进行记录。这样,在将全部经济业务记入有关账户后,通过账户记录可以反映出经济活动的过程和结果。

(2) 每项经济业务发生后,都要以相等的金额在有关账户中进行记录,因而可以进行试算平衡,便于检查账户记录的正确性。

> **小思考:**
>
> 小明从邻居家中借入 2 000 元,买回来电脑一台,若采用复式记账法,小明应当如何表示?

三、复式记账法的种类

复式记账法按其记账符号、记账规则的不同,可以分为借贷记账法、增减记账法和收付记账法。上述三种方法,在我国都曾经使用过。其中,增减记账法是以"增"和减作为记账符号的一种复式记账方法。收付记账法是以"收"和"付"作为记账符号的一种复式记账方法。现这两种记账方法,在我国都已废弃不用。

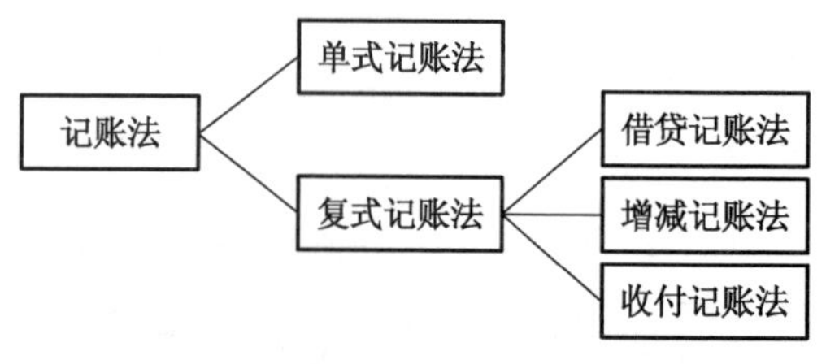

图 3-2 记账方法的种类

记账方法的种类具体如图 3-2 所示。

第三节　借贷记账法

一、借贷记账法的概念

（一）借贷记账法的含义

借贷记账法是指以“借”和“贷”作为记账符号，反映经济业务增减变化的一种复式记账法。借贷记账法是建立在“资产＝负债＋所有者权益”会计等式的基础上，以“有借必有贷，借贷必相等”作为记账规则，反映会计要素增减情况及结果的一种复式记账法。

（二）借贷记账法的记账符号

在借贷记账法下，每一个账户都可以分为借方和贷方两个基本部分。账户的左方一般称为借方，右方一般称为贷方。借贷记账法下“T”形账户结构如图 3-3 所示。

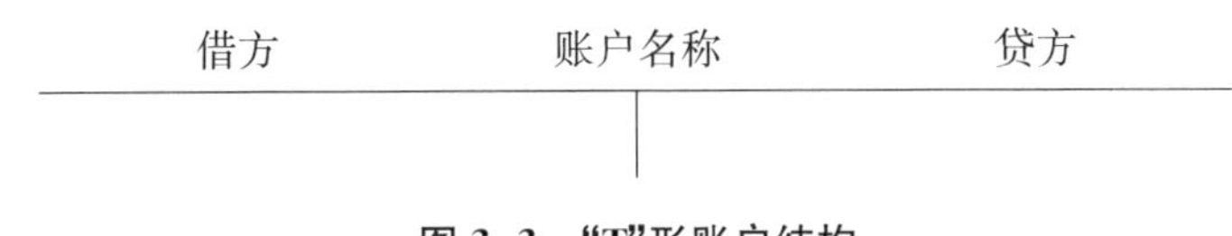

图 3-3　“T”形账户结构

在借贷记账法下，账户的借贷两方必须做相反方向的记录，即对于每一账户而言，如果规定借方用来登记增加额，则贷方就用来登记减少额；如果规定借方用来登记减少额，则贷方就用来登记增加额。究竟哪方用来登记增加额，哪方用来登记减少额，取决于账户所反映的经济业务内容和账户的性质。不同性质的账户，结构也不相同。

二、借贷记账法的账户结构

（一）资产类账户的结构

资产类账户的结构如图 3-4 所示：借方记录资产的增加额，贷方登记资产的减少额，如有余额在借方。

借方　　　　资产类账户	贷方
期初余额	
本期增加额	本期减少额
本期发生额合计	本期发生额合计
期末余额	

图 3-4　资产类账户

资产类账户的内部关系如下：

资产类账户期末余额 ＝ 期初借方余额 ＋ 本期借方发生额 － 本期贷方发生额

（二）负债类账户的结构

负债类账户的结构如图 3-5 所示：借方记录负债减少额，贷方登记负债增加额，如有余额在贷方。

借方	负债类账户 贷方
	期初余额
本期减少额	本期增加额
本期发生额合计	本期发生额合计
	期末余额

图 3-5 负债类账户

负债类账户的内部关系如下：

负债类账户期末余额 = 期初贷方余额 + 本期贷方发生额 − 本期借方发生额

(三) 所有者权益类账户的结构

所有者权益账户的结构如图 3-6 所示：借方登记所有者权益减少额，贷方登记所有者权益增加额，如有余额在贷方。

借方	所有者权益类账户 贷方
	期初余额
本期减少额	本期增加额
本期发生额合计	本期发生额合计
	期末余额

图 3-6 有者权益类账户

所有者权益类账户的内部关系如下：

所有者权益类账户期末余额 = 期初贷方余额 + 本期贷方发生额 − 本期借方发生额

(四) 成本类账户的结构

成本类账户如有余额则表示期末尚未完工的在产品成本，性质属资产。所以，成本类账户的结构与资产类账户基本相同：借方登记成本的增加数，贷方登记成本的减少数或结转数，期末余额在借方，表示尚未完工产品的生产成本。成本类账户的结构如图 3-7 所示。

借方	成本类账户 贷方
期初余额	
本期增加额	本期减少额
本期发生额合计	本期发生额合计
期末余额	

图 3-7 成本类账户

(五) 损益类账户的结构

损益类账户包括收入类账户和费用类账户。

1. 收入类账户的结构

收入的增加可以增加利润，从而引起所有者权益的增加，因此，收入类账户与所有者权益类账户的结构相同。收入类账户的结构如图 3-8 所示：借方记录收入的减少数或结转

数，贷方登记收入的增加额。在期末结转后该类账户无余额。

借方 收入类账户	贷方
本期减少额	本期增加额
本期发生额合计	本期发生额合计
	（无期末余额）

图 3-8　收入类账户

2. 费用类账户的结构

费用的增加会减少利润，从而引起所有者权益的减少，因此，费用类账户与所有者权益类账户的结构相反。费用类账户的结构如图 3-9 所示：借方记录费用的增加数，贷方登记费用的减少额或结转数。在期末结转后该类账户无余额。

借方 费用类账户	贷方
本期增加额	本期减少额
本期发生额合计	本期发生额合计
（无期末余额）	

图 3-9　费用类账户

现将各类账户借、贷两方登记的增、减情况归纳如表 3-7 所示。

表 3-7　各类账户的基本结构

账户类别	借方登记	贷方登记	账户期末余额
资产类账户	增加	减少	借方
负债类账户	减少	增加	贷方
所有者权益账户	减少	增加	贷方
成本类账户	增加	减少	借方
收入类账户	减少	增加	期末无余额
费用类	增加	减少	期末无余额

注：收入类账户、费用类账户平时有余额，期末结转后应无余额。

三、借贷记账法的记账规则

记账规则，是指记录经济业务时所应遵循的规则。

运用借贷记账法记账，要求对发生的每一笔经济业务，都要以相等的金额，借贷相反的方向，在两个或两个以上相互联系的账户中进行连续、分类的登记。即记入一个或几个有关账户的借方，同时记入一个或几个有关账户的贷方，记入借方的金额同记入贷方的金额必须相等。这就形成了借贷记账法的记账规则："有借必有贷，借贷必相等"。借贷记账法的记账规则是建立在会计恒等式的基础上，即"资产＝权益"，具体如图 3-10 所示。

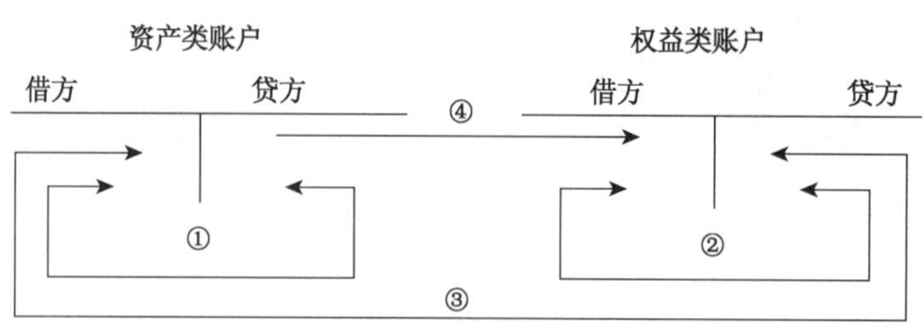

图 3-10　借贷记账法的登记

如[例 3-2],云龙公司从大华公司收回应收账款,取得银行存款 50 000 元。一方面,“银行存款”账户增加,记入该账户的借方;另一方面,“应收账款”账户减少,记入该账户的贷方。

如[例 3-3],云龙公司应支付宇田公司的 90 000 元转换为公司资本,其中 80 000 转为实收资本,10 000 元转为资本公积。一方面,云龙公司的“应付账款”账户减少,记入该账户的借方;另一方面,云龙公司的“实收资本”和“资本公积”账户增加,分别记入这两个账户的贷方。

如[例 3-4],云龙公司从海天公司购入原材料一批,金额为 20 000 元,款项尚未支付。一方面,“原材料”账户增加,记入该账户的借方;另一方面,“应付账款”账户增加,记入该账户的贷方。

如[例 3-5],云龙公司以银行存款 50 000 元,偿还短期借款。一方面,“短期借款”账户减少,记入该账户的借方;另一方面,“银行存款”账户减少,记入该账户的贷方。

四、账户的对应关系

在借贷记账法下,每项经济业务发生后都要在两个或两个以上账户的借方和贷方相互联系地进行记录,这样就使有关账户间形成应借、应贷的相互关系,这种关系称为账户的对应关系。发生对应关系的账户,称为对应账户。

如在[例 3-2]中,“银行存款”账户与“应收账款”账户互为对应账户;[例 3-3]中,“应付账款”账户与“实收资本”账户、“资本公积”账户这两个账户互为对应关系;[例 3-4]中,“原材料”账户与“应付账款”账户互为对应账户;[例 3-5]中,“短期借款”账户与“银行存款”账户互为对应账户。

五、会计分录

(一) 会计分录的含义

会计分录是指对某项经济业务事项标明其应借应贷账户及其金额的记录,简称分录。

会计分录包括三个要素:记账方向(借、贷),账户名称(会计科目)和金额。

(二) 会计分录的分类

按照所涉及账户的多少,会计分录分为简单会计分录和复合会计分录。简单会计分录指只涉及一个账户借方和另一个账户贷方的会计分录,即一借一贷的会计分录;复合会计分录指由两个以上(不含两个)对应账户所组成的会计分录,即一借多贷、一贷多借或多借多贷的会计分录。

(三) 会计分录的书写格式

在借贷记账法下,编制会计分录应当按照如下格式:

（1）先借后贷，分行列示，“借”和“贷”字后均加冒号，其后紧跟会计科目，各科目的金额列在其后适当位置。“贷”字与借方科目的首个文字对齐，贷方金额与借方金额适当错开。

（2）在复合会计分录中，“借”“贷”通常只列示在第一个借方科目和第一个贷方科目前，其他科目前不再列示“借”或“贷”。所有借方、贷方一级科目的首个文字各自保持对齐；所有借方、贷方金额的个位数各自保持右对齐。

（3）当分录中需要列示明细科目时，应按科目级次高低从左向右列示，二级科目前加破折号，三级科目放在一对小圆括号中，即“一级科目——二级科目（三级科目）”。如：“应交税费——应交增值税（销项税额）”

（四）会计分录的编制步骤

（1）分析经济业务事项涉及的是资产（成本、费用）还是权益（收入）；

（2）确定涉及哪些账户，是增加还是减少；

（3）确定记入哪个（或哪些）账户的借方、哪个（或哪些）账户的贷方；

（4）确定应借应贷账户是否正确，借贷方金额是否相等。

【例 3-8】 承[例 3-2]，云龙公司从大华公司收回应收账款，取得银行存款50 000元。

可编写如下会计分录：

借：银行存款	50 000	
贷：应收账款——大华公司		50 000

【例 3-9】 承[例 3-3]，云龙公司应支付宇田公司的 90 000 元转换为公司资本，其中 80 000 转为实收资本，10 000 元转为资本公积。

可编写如下会计分录：

借：应付账款——宇田公司	90 000	
贷：实收资本——宇田公司		80 000
资本公积		10 000

【例 3-10】 承[例 3-4]云龙公司购入原材料 20 000 元，货款尚未支付。

可编写如下会计分录：

借：原材料	20 000	
贷：应付账款——海天公司		20 000

【例 3-11】 承[例 3-5]云龙公司以银行存款 50 000 元，偿还短期借款。

可编写如下会计分录：

借：短期借款	50 000	
贷：银行存款		50 000

六、借贷记账法的试算平衡

（一）试算平衡的含义

试算平衡是指根据资产与权益的恒等关系以及借贷记账法的记账规则，检查所有账户记录是否正确的过程，其包括发生额试算平衡法和余额试算平衡法两种方法。

（二）发生额试算平衡

根据借贷法的记账规则，每一笔会计分录中，借贷两方的金额完全相等，因此，一定时期内汇总全部经济业务的所有会计分录的发生额，必然形成全部账户的借方发生额之和等于全部账户的贷方发生额之和。这就是借贷记账法下发生额试算平衡的依据。用公式表示为：

全部账户本期借方发生额之和 = 全部账户本期贷方发生额之和

根据表 3-1，2021 年 1 月 1 日，云龙公司各账户的期初余额如表 3-8 所示。

表 3-8 **期初余额表**

2021 年 1 月 1 日

会计科目	期初余额	
	借方	贷方
库存现金	2 000.00	
银行存款	148 000.00	
应收账款	150 000.00	
原材料	250 000.00	
库存商品	260 000.00	
固定资产	200 000.00	
无形资产	100 000.00	
短期借款		96 000.00
应付账款		174 000.00
长期借款		190 000.00
实收资本		500 000.00
资本公积		150 000.00
合　计	1 110 000.00	1 110 000.00

根据[例 3-2]～[例 3-5]业务，编制的相关会计分录见[例 3-8]～[例 3-11]，并可编制如下 T 型账户，如图 3-11 所示。

借方	库存现金		贷方
期初余额	2 000.00		
本期发生额			本期发生额
期末余额	2 000.00		

借方	银行存款		贷方
期初余额	148 000.00		
[例 3-8]	50 000.00		
		50 000.00	[例 3-11]
本期发生额	50 000.00	50 000.00	本期发生额
期末余额	148 000.00		

借方	应收账款		贷方
期初余额	150 000.00		
		50 000.00	[例 3-8]
本期发生额		50 000.00	本期发生额
期末余额	100 000.00		

借方	原材料		贷方
期初余额	250 000.00		
[例 3-10]	20 000.00		
本期发生额	20 000.00		本期发生额
期末余额	270 000.00		

借方		库存商品	贷方
期初余额	260 000.00		
本期发生额			本期发生额
期末余额	260 000.00		

借方		固定资产	贷方
期初余额	200 000.00		
本期发生额			本期发生额
期末余额	200 000.00		

借方		无形资产	贷方
期初余额	100 000.00		
本期发生额			本期发生额
期末余额	100 000.00		

借方		短期借款	贷方
		96 000.00	期初余额
[例 3-11]	50 000.00		
本期发生额	50 000.00		本期发生额
		46 000.00	期末余额

借方		应付账款	贷方
		174 000.00	期初余额
[例 3-9]	90 000.00	20 000.00	[例 3-10]
本期发生额	90 000.00	20 000.00	本期发生额
		104 000.00	期末余额

借方		长期借款	贷方
		190 000.00	期初余额
本期发生额			本期发生额
		190 000.00	期末余额

借方		实收资本	贷方
		500 000.00	期初余额
		80 000.00	[例 3-9]
本期发生额		80 000.00	本期发生额
		580 000.00	期末余额

借方		资本公积	贷方
		150 000.00	期初余额
		10 000.00	[例 3-9]
本期发生额		10 000.00	本期发生额
		160 000.00	期末余额

图 3-11 T 型账户登记

并可汇总上述发生额，编制如下发生额试算平衡表，如表 3-9 所示。

表 3-9 **本期发生额试算平衡表**

2021 年 1 月 31 日

会计科目	本期发生额	
	借方	贷方
银行存款	50 000.00	50 000.00
应收账款		50 000.00
原材料	20 000.00	
短期借款	50 000.00	
应付账款	90 000.00	20 000.00

（续表）

会计科目	本期发生额	
	借方	贷方
实收资本		80 000.00
资本公积		10 000.00
合　计	210 000.00	210 000.00

（三）余额试算平衡

余额试算平衡是根据本期所有账户借方余额合计与贷方余额合计的恒等关系，检验本期账户记录是否正确的方法。根据余额时间不同，其又分为期初余额平衡与期末余额平衡两类。期初余额平衡是期初所有账户借方余额合计与贷方余额合计相等，期末余额平衡是期末所有账户借方余额合计与贷方余额合计相等，这是由“资产＝负债＋所有者权益”的恒等关系决定的。公式为：

全部账户的借方期初余额合计 = 全部账户的贷方期初余额合计

全部账户的借方期末余额合计 = 全部账户的贷方期末余额合计

在实际工作中，余额试算平衡通过编制试算平衡表方式进行。

根据表 3-8 和表 3-9，可编制云龙公司 2021 年 1 月份的期末余额表如表 3-10 所示。

表 3-10　　**期末余额表**

2021 年 1 月 31 日

会计科目	期末余额	
	借方	贷方
库存现金	2 000.00	
银行存款	148 000.00	
应收账款	100 000.00	
原材料	270 000.00	
库存商品	260 000.00	
固定资产	200 000.00	
无形资产	100 000.00	
短期借款		46 000.00
应付账款		104 000.00
长期借款		190 000.00
实收资本		580 000.00
资本公积		160 000.00
合　计	1 080 000.00	1 080 000.00

根据表 3-8、表 3-9 及表 3-10，可编制如下试算平衡表如表 3-11 所示。

表 3-11

试算平衡表

2021 年 1 月 31 日

会计科目	期初余额		本期发生额		期末余额	
	借方	贷方	借方	贷方	借方	贷方
库存现金	2 000.00				2 000.00	
银行存款	148 000.00		50 000.00	50 000.00	148 000.00	
应收账款	150 000.00			50 000.00	100 000.00	
原材料	250 000.00		20 000.00		270 000.00	
库存商品	260 000.00				260 000.00	
固定资产	200 000.00				200 000.00	
无形资产	100 000.00				100 000.00	
短期借款		96 000.00	50 000.00			46 000.00
应付账款		174 000.00	90 000.00	20 000.00		104 000.00
长期借款		190 000.00				190 000.00
实收资本		500 000.00		80 000.00		580 000.00
资本公积		150 000.00		10 000.00		160 000.00
合　计	1 110 000.00	1 110 000.00	210 000.00	210 000.00	1 080 000.00	1 080 000.00

通过试算平衡，我们可以看出，全部账户本期借方发生额合计数与全部账户本期贷方发生额合计数是相等的，金额均为 210 000 元；全部账户期初借方余额合计数与全部账户期初贷方余额合计数是相等的，金额都是 1 110 000 元；全部账户期末借方余额合计数与全部账户期末贷方余额合计数也是相等的，都是 1 080 000 元。因此，通过试算平衡可以有效地为我们验证记账工作的正确性和准确性。

本章练习题

一、简答题

1. 什么是复式记账法？复式记账法的主要优点有哪些？

2. 什么是借贷记账法？借贷记账法的基本内容是什么？

3. 在借贷记账法下，资产类账户的结构、负债类账户的结构以及所有者权益账户的结构是怎样的？

4. 什么是会计分录？会计分录的基本要素是什么？编制会计分录的一般程序是怎样的？

二、单选题

1. 按照借贷记账法，下列四组账户中，增加额均记在贷方的是(　　)。

A. 成本类和损益类　　B. 资产类和负债类
C. 负债类和所有者权益类　　D. 损益类中的收入和支出类

2. 按照借贷记账法,下列账户中,账户的借方登记增加额的是(　　)。
A. “资本公积”　　B. “应付职工薪酬”
C. “所得税费用”　　D. “累计折旧”

3. 按照借贷记账法,下列账户中,账户的贷方登记增加额的是(　　)。
A. “库存现金”　　B. “应收票据”
C. “原材料”　　D. “应交税费”

4. 按照借贷记账法,下列项目中,记录在账户的贷方的是(　　)。
A. 负债的减少额　　B. 所有者权益的减少额
C. 费用的增加额　　D. 收入的增加额

5. 目前,(　　)是我国各单位广泛使用的一种复式记账法。
A. 单式记账法　　B. 借贷记账法　　C. 增减记账法　　D. 收付记账法

6. 发生额试算平衡的理论依据是(　　)。
A. 资产=负债+所有者权益　　B. 收入-费用=利润
C. “有借必有贷,借贷必相等”　　D. 账户的基本结构

7. 企业购入一台设备,价值 80 000 元(假设不考虑增值税),已用银行存款支付 60 000 元,余款暂欠,此业务应编制的会计分录属于(　　)类型。
A. 一借一贷　　B. 一借多贷　　C. 一贷多借　　D. 多借多贷

8. 在借贷记账法中,究竟哪一方登记增加额,用哪一方登记减少额,主要由账户的(　　)来决定。
A. 名称　　B. 结构　　C. 经济性质　　D. 复杂程度

9. 下列(　　)错误会影响试算平衡。
A. 重记某笔经济业务　　B. 漏记某笔经济业务
C. 所借所贷科目相互颠倒　　D. 漏记某笔业务的借方发生额

三、多选题

1. 复式记账法可分为(　　)。
A. 借贷记账法　　B. 分类记账法　　C. 增减记账法　　D. 收付记账法

2. 下列属于复合会计分录的有(　　)。
A. 一借一贷　　B. 一借多贷　　C. 一贷多借　　D. 多借多贷

3. 构成会计分录的基本要素有(　　)。
A. 账户的名称　　B. 记账方向
C. 经济业务内容摘要　　D. 账户的发生额

4. 按照借贷记账法,期末余额一般在账户借方的有(　　)。
A. 资产类账户　　B. 负债类账户
C. 所有者权益账户　　D. 成本类账户
E. 损益类账户

5. 按照借贷记账法,期末余额一般在账户贷方的有(　　)。
A. 资产类账户　　B. 负债类账户

C. 所有者权益账户　　　　　　　　D. 成本类账户
E. 损益类账户

6. 关于单式记账和复式记账的区别，下列表达不正确的有(　　)。
A. 单式记账只记一笔账，复式记账记两笔账
B. 单式记账在一个账户中登记，而复式记账在两个或两个以上的账户中进行登记
C. 单式记账只记增加或只记减少，而复式记账既记增加也记减少
D. 单式记账有平衡概念，复式记账没有反映来龙去脉

7. 下列账户中，期末余额可能在借方也可能在贷方的有(　　)。
A. 短期借款　　B. 应付利息　　C. 预付账款　　D. 预收账款

8. 下列错误中，不影响发生额试算平衡的有(　　)。
A. 某项经济业务漏记
B. 借贷双方同时多记了相等的金额
C. 只登记了贷方发生额，未登记借方发生额
D. 某项经济业务重记
E. 所借所贷的科目互相颠倒

9. 下列各项中，属于资产与负债同时增加的业务有(　　)。
A. 购买原材料 8 000 元，款项尚未支付
B. 向银行借入长期借款 100 000 元，存入银行
C. 以银行存款 60 000 元偿还前欠货款
D. 向某单位投资机器一台，价值 100 000 元

10. 对于会计分录的书写格式，下面说法中，正确的有(　　)。
A. 先借后贷
B. 借方在上，贷方在下
C. 在一借多贷和多借多贷的情况下，借方和贷方的文字要对齐
D. 在一借多贷和多借多贷的情况下，借方和贷方的数字要对齐

11. 某项经济业务涉及两个账户，已在一个资产账户中记借方，则有可能在(　　)。
A. 另一个资产类账户记贷方　　B. 另一个负债类账户记贷方
C. 另一个所有者权益类账户记贷方　　D. 另一个资产类账户记借方

12. 下列各项经济业务中，会使得企业资产总额和权益总额同时增加的有(　　)。
A. 向银行借入半年期的借款，已转入本企业银行存款账户
B. 赊购设备一台，设备已经交付使用
C. 使用银行存款支付前欠货款
D. 收到某投资者投资转入的一批材料，材料已验收入库

13. 经济业务发生后，引起会计要素增减变动的类型有(　　)。
A. 资产项目之间此增彼减，增减金额相等
B. 负债和所有者权益项目之间此增彼减，增减金额相等
C. 资产项目和负债及所有者权益项目同时增加，双方增加的金额相等
D. 资产项目和负债及所有者权益项目同时减少，双方减少的金额相等
E. 负债和所有者权益项目之间同增同减，增减金额相等

四、业务题

（一）目的：熟悉借贷法的应用。

资料：某企业2×21年2月发生以下经济业务：

1. 以现金购买日常办公用品800元；
2. 收到投资者投入原材料一批，共计价款150 000元，材料已验收入库，全部计入实收资本；
3. 从银行提现60 000元，以备发放工资；
4. 以现金发放职工工资60 000元；
5. 以银行存款支付广告费300 000元
6. 购入材料一批，价格65 000元，款未付，材料已验收入库；
7. 销售产品一批，价款共计180 000元，其中120 000元已收到存入银行，余款尚未收到。

要求：

1. 根据上述经济业务编制会计分录，不考虑相关税费。
2. 编制本月发生额试算平衡表。

（二）甲企业4月初有关账户余额如下（见表3-12中"期初余额"栏），本月发生下列业务，要求：熟悉借贷记账法下账户的基本结构。填写表3-12，不考虑相关税费。

1. 收到投资者投入资金80 000元存入银行，全部计入实收资本。
2. 取得短期借款50 000元存入银行。
3. 以银行存款40 000元购买原材料。
4. 购买原材料10 000元，货款尚未支付。
5. 从银行存款中提取现金1 000元。
6. 以现金800元偿还应付账款。

表3-12 **试算平衡表** 单位：元

会计科目	期初余额		本期发生额		期末余额	
	借方	贷方	借方	贷方	借方	贷方
银行存款	280 000					
库存现金	1 600					
原材料	120 000					
应付账款		91 600				
短期借款		100 000				
实收资本		210 000				
合　计	401 600	401 600				

第四章 制造业企业主要经济业务的核算

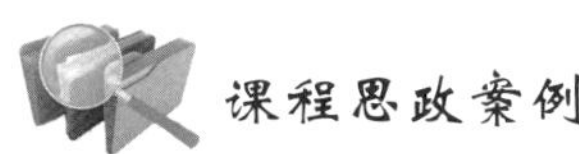
课程思政案例

朱镕基:“不做假账”是会计从业人员的基本职业道德和行为准则

中共中央政治局常委、国务院总理朱镕基于2001年10月30日考察北京国家会计学院时指出,一定要高起点、高水平地把国家会计学院办好,培养成千上万个职业道德好、业务素质高的会计人才,这是为发展社会主义市场经济奠基,也是现代化建设的根本大计。

朱镕基指出,事实、可靠的会计信息是企业科学管理和政府宏观经济决策的依据。虚假的会计信息必然会造成决策失误,经济秩序混乱。国有企业改革要获得成功,必须加强经营管理特别是财务管理。他明确要求,所有国有大中型企业、金融机构的财务主管,都必须到国家会计学院接受培训,达到合格要求才能上岗。

朱镕基强调,“不做假账”是会计从业人员的基本职业道德和行为准则,所有会计从业人员必须以诚信为本,操守为重,遵循准则,不做假账,保证会计信息的真实、可靠。

来源:http://www.cctv.com/news/financial/20011029/393.html。

第一节 制造业企业的主要经济业务内容和会计处理基础

一、制造业企业的主要经济业务内容

制造业企业也叫工业企业,是从事产品生产经营活动的经济实体,其主要任务是为社会提供合格产品,满足各方面的需要。相对于其他行业来说,制造业的经济活动复杂多样,生产经营过程发生的经济业务类型也比较典型。其主要经济业务包括筹资业务、生产准备业务、生产业务、产品销售业务和财务成果业务等。

(一) 筹资业务

企业要进行生产经营活动,首先要根据其生产经营、对外投资、调整资本结构的需要,筹集生产经营所需要的资金。其筹集方式主要包括接受投资人的投资和向债权人借入的各种款项。资金筹集业务的完成意味着资金投入企业,因而,企业就可以运用筹集到的资金开展正常的经营业务,进入供、产、销经营过程。

(二) 生产准备业务

企业筹集到的资金最初一般表现为货币资金形态,也可以说,货币资金形态是资金运

动的起点。接着是货币资金进入供应过程。供应过程是企业产品生产的准备过程，在这个过程中企业用货币资金购买机器设备等劳动资料形成固定资产，购买生产所需的原材料等劳动对象形成储备资金，为生产产品做好物资上的准备。这时货币资金分别转化为固定资产形态和储备资金形态。固定资产一旦完成购置，将长期供企业使用，因而供应过程的主要核算内容是用货币（或形成结算债务）购买原材料业务，其包括支付原材料价款和税款、发生采购费用、计算采购成本、材料验收入库、结转采购成本等。完成了供应过程，为生产产品做好了各项准备后，企业进入生产过程。

（三）生产业务

生产过程是工业企业经营过程的中心环节。在生产过程中，劳动者借用劳动资料对劳动对象进行加工，并生产出适合社会需要的产品，生产过程既是产品的加工制造过程，又是物化劳动和活劳动的消耗过程。在这一过程中，企业必须消耗所购入的原材料，同时厂房、机器、设备等固定资产也会因使用而发生磨损，企业职工的劳动报酬也需结算和支付。这些耗费构成了产品的生产成本（或称制造成本）。资金形态从固定资金、储备资金和一部分货币资金转化为生产资金形态。随着生产过程的不断进行，产品生产出来并验收入库之后，资金形态又转化为成品资金形态。生产费用的发生、归集和分配，以及完工产品生产成本的计算等就构成了生产过程核算的基本内容。产品生产出来还不是最终目的，还需要将产品销售出去，实现其价值，企业便进入销售过程。

（四）产品销售业务

销售过程是产品价值的实现过程。在销售过程中，企业销售产品并按照销售金额与购买单位办理各种款项的结算，收回货币资产，从而成品资金形态转化为货币资金形态，回到了资金运动的起点状态，完成一次循环。另外，企业在销售过程中，还会发生诸如运输费、广告宣传费等销售费用，计算并及时缴纳各种销售税金，结转销售成本，这些都属于销售过程的核算内容。企业的经营活动，经过以上几个过程，就完成了一个生产循环。

对于制造业企业而言，生产产品并销售是其主要的经营业务，除此之外，工业企业还会发生如销售材料、出租固定资产等业务；在对外投资活动中还会发生投资损益；在非日常活动中还会产生营业外的各项收支等。

（五）财务成果业务

为了及时总结企业在一定时期内的经营成果，企业需要将生产经营过程所获得的收入，抵偿它所付出的成本、费用，并计算取得的利润（或亏损）。如果是发生了亏损，未来还要按规定进行弥补。企业实现的利润，一部分要以所得税的形式上交国家，形成企业的一项费用。税后的剩余利润，一部分留存企业，以满足企业扩大生产经营需要，另一部分以利润（或股利）形式分派给投资者。

为了全面、连续、系统地反映和监督制造业企业上述经济活动的过程和结果，企业必须根据各项经济业务的具体内容和管理要求，相应地设置不同的会计科目，并运用借贷记账法，对各项经济业务进行账务处理，以提供管理上所需要的会计信息。

二、会计处理基础

企业在生产经营活动中不断地取得收入，也不断地发生成本、费用，将收入和相关费用相配比，就可以计算和确定企业生产经营活动中所产生的利润（或亏损）。因为企业生产经

营活动是连续的，而会计期间是人为划分的，所以难免有一部分收入和费用出现收支时间和应归属期间不相一致的情况。对这类经济业务，企业应正确选择合适的会计处理原则进行会计处理。可供选择的原则包括收付实现制和权责发生制。

(一) 收付实现制

收付实现制又称现金制或实收实付制。它是以款项的实际收付为标准来确认本期收入和费用的一种会计处理方法。其原则是：凡在本期收到款项的收入或支出款项的费用，不管其是否属于本期，都作为本期的收入或费用处理；相反，凡在本期未实际收到款项的收入或未支出款项的费用，即使应归属于本期，也不作为本期的收入或费用处理。可见，收付实现制在确定本期收入和费用时是以现金实际收付为准，不考虑应收、应付、预收及预付业务的存在。采用收付实现制对会计业务进行处理，其程序简单，但不符合配比原则，据此计算确认的当期损益缺乏准确性。目前，我国的行政事业单位和非企业性质的事业单位采用收付实现制。

(二) 权责发生制

权责发生制，也称应计制或应收应付制。它是以权利或责任的发生与否为标准，来确认收入和费用。不论是否有现金收付，均按其是否体现各个会计期间的经营成果和收益情况，确定其归属期。就是说，凡归属于本期的收入，不管其款项是否收到，都作本期收入；凡归属于本期负担的费用，不管其款项是否已付出，都作本期的费用。反之，凡不应归属本期的收入，即使款项在本期收到，也不作本期的收入；凡不应归属本期的费用，即使款项已经付出，也不作本期的费用。

采用权责发生制进行会计处理的优点是：可以正确反映各个会计期间所实现的收入和为实现收入所应负担的费用，从而可以把各期的收入与相关的费用、成本加以比较，正确确定各期的财务成果。其缺点是：实务处理烦琐，需要在期末对有关账簿记录进行账项调整。因为权责发生制能够恰当反映具体会计期间的经营成果，所以被大多数企业和企业性质的事业单位采用。

下面举例说明权责发生制和收付实现制的区别。

某公司 2020 年 6 月经济业务：

(1) 以银行存款支付本月水电费 5 000 元。

(2) 收到上月的销货款 50 000 元，存入企业存款户。

(3) 以银行存款预付下半年的房屋租金 3 000 元。

(4) 销售产品一批，货款 7 000 元，存入企业存款户。

(5) 赊销产品一批，货款 3 000 元，货款下月收取。

(6) 预收货款 20 000 元，存入企业存款户，下月交货。

(7) 本月应负担的长期借款利息 1 500 元，本月未支付。

以权责发生制和收付实现制为基础确认的 2020 年 6 月份的收入、费用的记账结果如表 4-1 所示。

表 4-1　　权责发生制与收付实现制之比较　　金额单位：元

业务序号	权责发生制		收付实现制	
	收入	费用	收入	费用
(1)		5 000		5 000
(2)			50 000	

（续表）

业务序号	权责发生制		收付实现制	
	收入	费用	收入	费用
(3)				3 000
(4)	7 000		7 000	
(5)	3 000			
(6)			20 000	
(7)		1 500		
合 计	10 000	6 500	77 000	8 000

第二节　筹资业务的核算

企业进行生产经营活动所需要的资金，其主要来源是企业所有者的投资和从银行取得的借款。另外，还有临时占用其他单位或个人的资金等其他来源。

一、投入资本的核算

企业的投资者包括国家、法人单位、个人和外商，投资方式有货币资金、固定资产、材料物资及无形资产等。投资者投入的资本是企业在工商行政管理部门注册登记的资本金，是国家批准企业从事生产经营活动的首要条件。它无须偿还，并且可长期周转使用。

(一) 账户设置

1. “银行存款”账户

“银行存款”账户属于资产类账户，其用来核算企业存入银行或其他金融机构的各种款项。该账户借方登记存入开户银行的款项，表示增加；贷方登记提取或支出的存款，表示减少；期末余额在借方，表示银行存款的实际结存数额。该账户按不同银行或金融机构设置明细账户，进行明细分类核算。“银行存款”账户结构如图 4-1 所示。

借方　　　　　银行存款	贷方
银行存款增加金额	银行存款减少金额
期末余额：银行存款实际结存额	

图 4-1　“银行存款”账户

2. “实收资本(或股本)”账户

“实收资本”账户，属于所有者权益类账户，其用来核算企业所有者投入资本的增减变动情况。该账户贷方登记实际收到的投资者投入的资本额，表示增加；借方登记按法定程序减少的资本额，表示减少；期末余额在贷方，表示投入资本的实有额。一般情况下，除企业将资本公积、盈余公积转作资本外，该账户数额不能随意变动。该账户按投资人设置明细分类账，进行明细核算。“实收资本”账户结构如图 4-2 所示。

借方　　　　实收资本	贷方
投资者减资时，登记减少的资本额	① 企业收到投资时，登记实际收到投资者缴付的资本额 ② 资本公积、盈余公积转增资本时，登记转增的资本额
	期末余额：投入资本的实有额

图 4-2　“实收资本”账户

3. “资本公积”账户

“资本公积”账户，属于所有者权益类账户，其用于核算企业资本公积金的取得和使用情况。该账户贷方登记从不同渠道取得的资本公积金，表示资本公积金增加；借方登记企业按规定转增注册资本的数额，表示减少；期末余额在贷方，表示资本公积金的结余数。

资本公积是指投资者投入但不能构成实收资本的投资，主要是投资者的出资超出其在注册资本或股本中所占份额的部分，即资本溢价或股本溢价。资本公积金并不经过法定的注册，所以它不明确归属，由全体投资者共同享有，也不能将其进行利润分配，只有在经过法定程序转增资本后才具有注册资本的性质，因此，它属于准资本或资本储备。“资本公积”账户的结构如图 4-3 所示。

借方　　　　资本公积	贷方
转增资本时，登记资本公积金的减少数	资本公积增加时，登记资本公积金的增加数
	期末余额：资本公积金的结余数

图 4-3　“资本公积”账户

4. “固定资产”账户

“固定资产”账户，属于资产类账户，用来核算企业固定资产的初始计量价值(亦称原始价值、原价或原值)。借方登记增加的固定资产的原值，贷方登记减少的固定资产的原值，期末余额在借方，表示企业现有固定资产的原值。“固定资产”账户的结构如图 4-4 所示。

借方　　　　固定资产	贷方
固定资产增加时，登记增加的固定资产原值	固定资产减少时，登记减少的固定资产原值
期末余额：企业现有固定资产的原值	

图 4-4　“固定资产”账户

(二) 投入资本核算举例

【例 4-1】　2020 年 1 月 3 日，云龙公司收到长沙市大华公司投入资本 500 000 元，存入企业存款户。有关原始单据如表 4-2 和表 4-3 所示。

收到投资者投入资本，存入银行，这笔业务对云龙公司来说，涉及“银行存款”和“实收资本”两个账户，这笔业务使云龙公司的银行存款增加，同时实收资本也增加；银行存款增加应记入“银行存款”账户的借方，实收资本增加应记入“实收资本”账户的贷方。分录如下：

借：银行存款　　　　　　500 000

　贷：实收资本——长沙市大华公司　　　　　　500 000

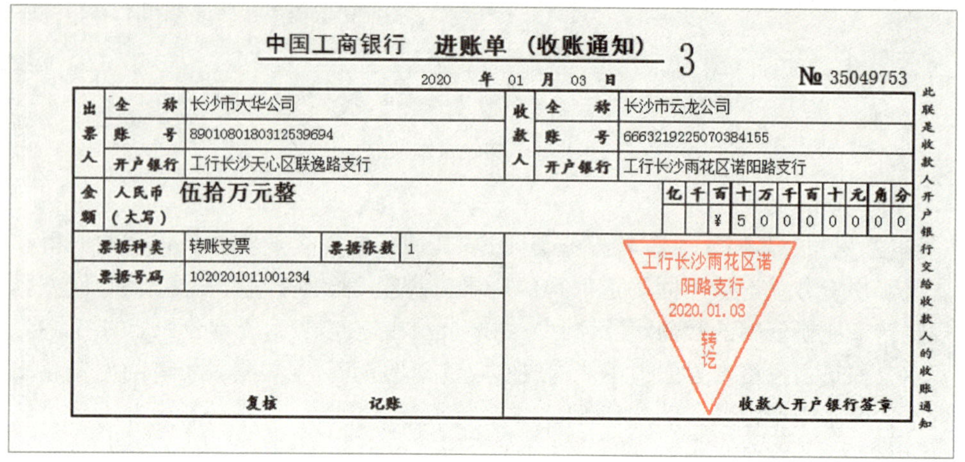

中国工商银行　进账单（收账通知）　3

2020 年 01 月 03 日　　№ 35049753

出票人	全称	长沙市大华公司	收款人	全称	长沙市云龙公司
	账号	8901080180312539694		账号	6663219225070384155
	开户银行	工行长沙天心区联逸路支行		开户银行	工行长沙雨花区诺阳路支行
金额	人民币（大写）	伍拾万元整			¥50000000
票据种类	转账支票	票据张数 1			
票据号码	1020201011001234				
复核　记账			收款人开户银行签章		

工行长沙雨花区诺阳路支行 2020.01.03 转讫

此联是收款人开户银行交给收款人的收账通知

图 4-5　中国工商银行进账单

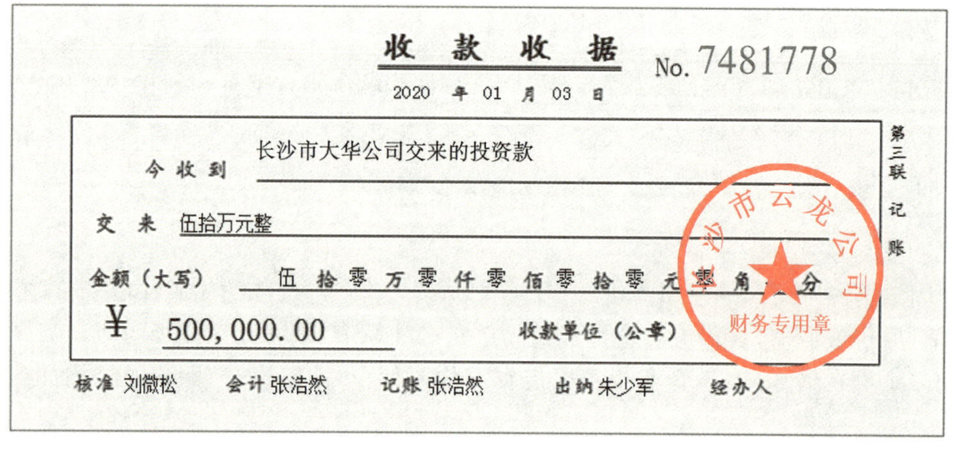

收　款　收　据　No. 7481778

2020 年 01 月 03 日

今收到　长沙市大华公司交来的投资款

交来　伍拾万元整

金额（大写）　伍 拾 零 万 零 仟 零 佰 零 拾 零 元 零 角 零 分

¥ 500,000.00　　收款单位（公章）

长沙市云龙公司 财务专用章

核准 刘微松　会计 张浩然　记账 张浩然　出纳 朱少军　经办人

第三联 记账

图 4-6　收款收据

【例 4-2】 2020 年 6 月 8 日，云龙公司收到兴旺公司投入的机器设备，双方协商作价 200 000 元，作为投入资本入账。

机器设备属于固定资产。收到投资者投入设备，一方面企业的固定资产增加，另一方面企业收到的投入资本增加。这笔业务对云龙公司来说，涉及“固定资产”和“实收资本”两个账户。固定资产增加应记入“固定资产”账户借方，投入资本增加应记入“实收资本”账户的贷方。分录如下：

借：固定资产　　　　　　200 000

　贷：实收资本——兴旺公司　　　　　　200 000

【例 4-3】 经批准，2020 年 10 月 7 日，云龙公司将资本公积 700 000 元转增资本(按现有投资人的出资比例转增：大华公司 500 000 元，兴旺公司 200 000 元)。

资本公积转增资本，一方面使企业的资本公积减少，另一方面使企业的资本增加。这笔业务涉及“实收资本”和“资本公积”两个账户。资本公积减少应记入“资本公积”账户的借方，投入资本增加应记入“实收资本”账户的贷方。分录如下：

借：资本公积	700 000	
贷：实收资本——大华公司		500 000
——兴旺公司		200 000

【例 4-4】 2020 年 12 月 28 日，云龙公司收到新股东佳宜公司投资款 150 000 元，存入企业存款户。双方确认佳宜公司享有的股份额为 100 000 元，其余 50 000 元作资本公积金。

公司接受新股东投资时，收到的出资额超出了收受双方确认的投入资本额，超出部分形成云龙公司的资本公积金。这笔业务涉及“银行存款”“实收资本”和“资本公积”三个账户。这笔业务使企业的银行存款增加，同时企业的实收资本和资本公积也增加，银行存款增加应记入“银行存款”账户的借方，投入资本增加应记入“实收资本”账户的贷方，资本公积增加应记入“资本公积”账户的贷方。分录如下：

借：银行存款	150 000	
贷：实收资本——佳宜公司		100 000
资本公积——资本溢价		50 000

二、借入资金的核算

企业在生产经营过程中出现资金周转困难时，可以向银行或其他金融机构借款补充资金不足。企业借入款项，必须与金融机构办理借款手续，按约定支付利息并到期归还本金。企业从金融机构取得的借款按偿还期不同分为短期借款和长期借款。短期借款是指企业借入的期限在 1 年以内的各种借款；长期借款是指借入的期限在 1 年以上的各种借款。

（一）账户设置

1. “短期借款”账户

“短期借款”账户属于负债类账户。核算企业从金融机构取得的、偿还期在 1 年以内（含 1 年）的各种借款。贷方登记借入的各种短期借款，表示增加；借方登记到期偿还的各种短期借款，表示减少数；期末余额在贷方，表示尚未偿还的短期借款金额。短期借款一般按债权人和借款种类设置明细账，进行明细分类核算。“短期借款”账户结构如图 4-7 所示。

借方　　　　　　短期借款	贷方
偿还短期借款时，登记偿还的借款数	取得短期借款时，登记取得的借款数
	期末余额：未归还的短期借款金额

图 4-7　“短期借款”账户

2. “长期借款”账户

“长期借款”账户属于负债类账户。核算企业从金融机构取得的偿还期在 1 年以上（不含1年)的各种借款。贷方登记借入的长期借款本金及会计期末计提的利息(不含分年付息的长期借款的利息。分年付息,到期还本的长期借款在会计期末计提的利息通过“应付利息”科目核算),本科目贷方表示增加;借方登记偿还的本金及利息,表示减少;余额在贷方,表示尚未归还的长期借款本息。长期借款一般按债权人单位和借款种类开设明细账。“长期借款”账户结构如图4-8所示。

借方	长期借款 贷方
偿还长期借款时,登记偿还的本金和利息数	① 取得长期借款时,登记取得的本金数 ② 会计期末,计提长期借款应归还的利息
	期末余额:尚未偿还的长期借款的本息

图4-8 “长期借款”账户

3. “应付利息”账户

“应付利息”账户属于负债类账户。核算企业在会计期末计算并确认的将于1年内要偿还的各借款利息。贷方登记应付的借款利息额,表示增加;借方登记偿还的利息额,表示减少;余额在贷方,表示尚未归还的借款利息。一般按放款单位设明细账。“应付利息”账户结构如图4-9所示。

借方	应付利息 贷方
偿还借款利息时,登记偿还的利息数	期末计提各借款利息时,登记1年内将要偿还的应付利息数
	期末余额:尚未偿还的借款利息

图4-9 “应付利息”账户

4. “财务费用”账户

“财务费用”账户,属于损益类(费用支出类)账户。其用来核算企业为筹集生产经营所需资金等而发生的费用,如利息支出、金融机构手续费等。其借方登记发生的财务费用,表示增加;贷方登记期末转出到“本年利润”的财务费用,表示减少;转出后,该账户无余额。“财务费用”账户应按费用项目设置明细账户,进行明细核算。“财务费用”账户的结构如图4-10所示。

借方	财务费用 贷方
发生财务费用时,登记发生额	期末转出到“本年利润”时,登记转出数

图4-10 “财务费用”账户

(二) 借入资金核算举例

【例4-5】 云龙公司2020年4月1日向工商银行借款100 000元,期限3个月,年利率6%,到期一次还本付息,款项已收到并存入银行。有关原始单据如图4-11所示。

中国工商银行 借款借据　　第一联 借据回单

银行编号：10200010　　借款日期：2020 年 04 月 01 日　　№ 3712

借款单位名称	长沙市云龙公司	放款账号	0580306457642893233	利率	6%
		存款账号	6663219225070384155		

借款金额（大写）	壹拾万元整	千	百	十	万	千	百	十	元	角	分
			¥	1	0	0	0	0	0	0	0

约定还款日期	2020 年 07 月 01 日	借款种类	短期	借款合同号码	95935351
实际放款日期	2020 年 04 月 01 日				

借款直接用途	1.	4.	还款记录	年	月	日	还款金额	余额
	2.	5.						
	3.	6.						

根据签订的借款合同和你单位申请借款用途，经审查同意发放上列金额贷款。

中国工商银行　　批准人：张建华

工行长沙雨花区诺阳路支行 2020.04.01 转讫

（银行转账盖章）　2020 年 04 月 01 日

开户银行：工行长沙雨花区诺阳路支行

此联退交借款单位

图 4-11　银行借款借据

从金融机构取得 1 年期以内的借款，一方面使得云龙公司的银行存款增加，另一方面使云龙公司的短期借款增加。这笔业务涉及“短期借款”和“银行存款”两个账户。银行存款增加应记入“银行存款”账户的借方，短期借款增加应记入“短期借款”账户的贷方。分录如下：

借：银行存款　　　　100 000

　贷：短期借款　　　　100 000

【例 4-6】　云龙公司 2020 年 4 月 30 日计提当月应负担的短期借款利息 500(100 000×6%÷12)元。

这项经济业务发生后，引起费用和负债两个要素同时增加。“财务费用”增加应记入借方，“应付利息”增加应记入贷方。分录如下：

借：财务费用　　　　500

　贷：应付利息　　　　500

【例 4-7】　云龙公司因生产经营需要于 2020 年 5 月 1 日从银行取得借款1 000 000 元，期限 2 年，年利率 6.6%，到期一次还本付息。款项已收到存入企业存款户。

从金融机构取得 1 年期以上的借款，一方面使云龙公司的银行存款增加，另一方面使云龙公司的长期借款增加。2 年期的借款属于长期借款。这笔业务涉及“长期借款”和“银行存款”两个账户。银行存款增加应记入“银行存款”账户的借方，长期借款增加，应记入“长期借款”账户的贷方。分录如下：

借：银行存款　　　　1 000 000

　贷：长期借款　　　　1 000 000

【例 4-8】　云龙公司 2020 年 5 月 31 日计提短期借款利息 500(100 000×6%÷12)元，长期借款利息 5 500(1 000 000×6.6%÷12)元。

借款利息一般是期末计息，一次偿还。短期借款利息计提在[例 4-6]中已学习过，借记“财务费用”账户，贷记“应付利息”账户。由于长期借款是用于生产经营，利息费用和短期借款利息一样计入财务费用，但长期借款利息偿还将要于 2 年后到期随本金一起支付，应记入“长期借款——应计利息”账户。计提借款利息，一方面使财务费用增加，另一方面使应支付的利息增加。这笔业务涉及“财务费用”和“应付利息”“长期借款——应计利息”三个账户。财务费用增加，应记入“财务费用”账户的借方，应付的利息增加分别应记入“应付利息”“长期借款——应计利息”账户的贷方。分录如下：

借：财务费用	6 000	
贷：应付利息		500
长期借款——应计利息		5 500

云龙公司 2020 年 6 月 30 日，计提短期借款利息 500 元(100 000×6%÷12)，长期借款利息 5 500 元(1 000 000×6.6%÷12)，分录同上。

【例 4-9】 云龙公司 2020 年 7 月 1 日以银行存款偿还工商银行到期短期借款本金 100 000元及利息 1 500 元。

这项经济业务发生后，一方面引起云龙公司短期借款和应付利息减少，应记入“短期借款”“应付利息”账户借方，另一方面引起银行存款资产减少，应记入“银行存款”账户贷方。

借：短期借款	100 000	
应付利息	1 500	
贷：银行存款		101 500

筹资业务的总分类核算如图 4-12 所示。

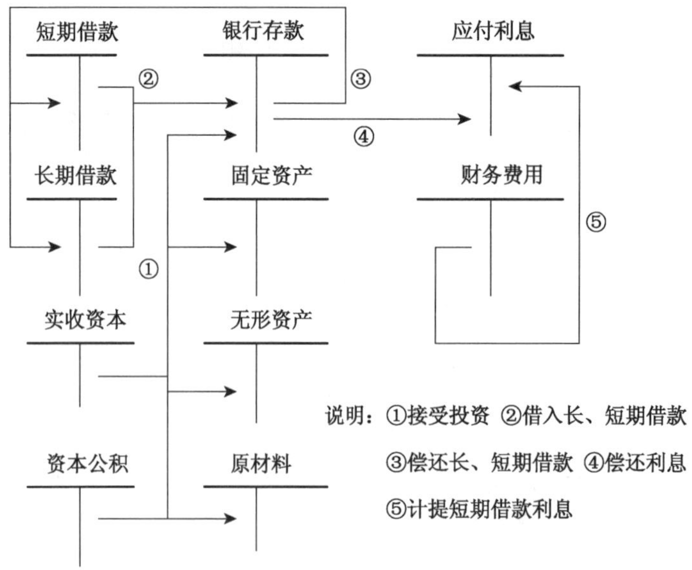

图 4-12 筹资业务核算示意图

第三节　生产准备业务的核算

企业筹集到的资金首先进入供应过程。供应过程是企业产品生产的准备过程，在这个过程中企业的货币资金购买机器设备等劳动资料形成固定资产，购买生产所需的原材料等劳动对象形成储备资金，为生产产品做好物资上的准备。因而生产准备业务包括两个方面内容：一是固定资产的购建业务；二是生产供应业务。生产供应业务的主要核算内容是用货币购买原材料业务，包括支付原材料价款和税款、发生采购费用、形成结算债务、计算采购成本、材料验收入库结转采购成本等。完成了生产准备过程后，企业进入生产过程。

一、固定资产购置的核算

根据我国《企业会计准则——固定资产》的规定，固定资产是指同时具有以下特征的有形资产：①为生产商品、提供劳务、经营管理而持有；②使用寿命超过一个会计年度。

从固定资产的定义可以看出，固定资产具有以下三个特征：①是为生产商品、提供劳务、经营管理而持有的。企业持有的固定资产是企业的劳动工具或手段，而不是直接用来出售的产品。②使用寿命超过一个会计年度。这就意味着固定资产属于长期资产，其价值随着使用和磨损逐渐减少，并通过折旧方式计入产品成本或计入当期费用。③固定资产为有形资产。有些无形资产可能同时符合固定资产的其他特征，如它是为生产商品、提供劳务而持有，使用寿命超过一个会计年度，但是，因为其没有实物形态，所以不属于固定资产。

固定资产的初始计量应当按照其取得时的实际成本入账。由于固定资产的来源渠道不同，其成本的构成也不同：①外购固定资产。其成本包括买价、相关税费（不包括可以抵扣的增值税）、达到预定可使用状态前所发生的归属于该资产的运杂费、安装费、装卸费等。②自行建造的固定资产。以建造该项资产达到预定可使用状态前所发生的一切必要支出为实际成本。③投资者投入的固定资产。以投资各方确认的价值加上应支付的相关税费（不包括可以抵扣的增值税）作为实际成本。④盘盈的固定资产。以同类或类似固定资产的市场价格，减去按该项资产的新旧程度估计的价值损耗后的余额为实际成本。

（一）账户设置

外购的固定资产，分为两种情况：一种是购入后即可使用，不需安装，可直接通过“固定资产”账户核算；另一种是购入时还不能直接使用，必须通过安装，只有安装调试后达到设计要求或合同规定的标准，才可达到可使用状态。这就首先要通过“在建工程”账户核算，待安装完毕后，再转“固定资产”。为此，核算购置固定资产业务及可抵扣的增值税，主要开设的账户有“固定资产”“在建工程”和“应交税费”账户。“固定资产”账户前面已介绍，这里重点介绍“在建工程”“应交税费”账户。

1. “在建工程”账户

“在建工程”账户，属于资产类账户，用来核算（归集）企业为固定资产建造、安装、技术改造等工程而发生的全部支出（包括被安装设备本身的价值），并据以计算确定工程成本的账户。借方登记企业建造、安装固定资产等工程所发生的各项支出，表示在建工程成本的增加；贷方登记固定资产达到预定可使用状态时结转的实际成本，表示在建工程成本的减少;期末余额在借方,表示企业未完工程的实际成本。该账户按工程项目设明细账进行明细分类核算。“在建工程”账户的结构如图 4-13 所示。

借方	在建工程　　　　贷方
在建工程发生支出时,登记支出数	在建工程完工时,登记转出的实际成本数
期末余额:未完工程的实际成本	

图 4-13 “在建工程”账户

2.“应交税费”账户

“应交税费”账户属于负债类账户。其用来核算企业按税法规定应交纳的各种税款的计算确认与实际缴纳情况。其贷方登记计算确认的各种应交而未交税费,表示应交税费的增加;借方登记实际缴纳税费额,表示应交税费的减少;期末余额方向不固定,如果在贷方,表示欠交税费额;如果在借方,表示多交的税费额。“应交税费”账户应按税种设置明细账户,进行明细核算。“应交税费”账户的结构如图 4-14 所示。

借方	应交税费　　　　贷方
交纳税费时,登记实际交纳数	计算出应交的税费额时,登记应交未交数
期末余额:多交的税费	期末余额:欠交的税费

图 4-14 “应交税费”账户

生产准备业务的“应交税费”账户,其主要是用于核算增值税。增值税是对商品生产或流通各个环节的增加值或商品附加值进行征税,所以称之为增值税。它是一种价外税。增值税一般纳税人当期应纳增值税额的计算公式如下:

当期应纳税额 = 当期销项税额 − 当期进项税额

其中:销项税额是指纳税人销售货物或提供应税劳务,按照销售额和规定的增值税税率(一般纳税人税率为 13%,建筑业、运输业、房地产业等行业税率为 9%,金融业和生活服务业为 6%)计算并向购买方收取的增值税额,用公式表示如下:

销项税额 = 销售额 × 增值税税率

进项税额是指采购时对方开具的增值税专用发票上表明的增值税额。

“应交税费——应交增值税”明细账户的结构如图 4-15 所示。

借方	应交税费——应交增值税　　　　贷方
① 购进货物或接受应税劳务时,登记支付的进项税额	① 销售货物或提供应税劳务时,登记收取的销项税额
② 交纳税金时,登记实际交纳数	
期末余额:待抵扣的税额	期末余额:欠交的税额

图 4-15 “应交税费——应交增值税”账户

（二）固定资产购置的核算举例

【例 4-10】 2020 年 5 月 8 日，云龙公司购入一台生产用的机器设备，取得的增值税专用发票上载明：买价 40 000 元，增值税额 5 200 元。全部款项以银行存款支付。设备不需安装即交付使用。有关原始单据如图 4-16 至图 4-19 所示。

中国工商银行
转账支票存根
10201120
58527709
附加信息
出票日期 2020 年 05 月 08 日
收款人：翔辉有限责任公司
金　额：¥45,200.00
用　途：购包装机
单位主管　　会计

图 4-16　中国工商银行转账支票存根

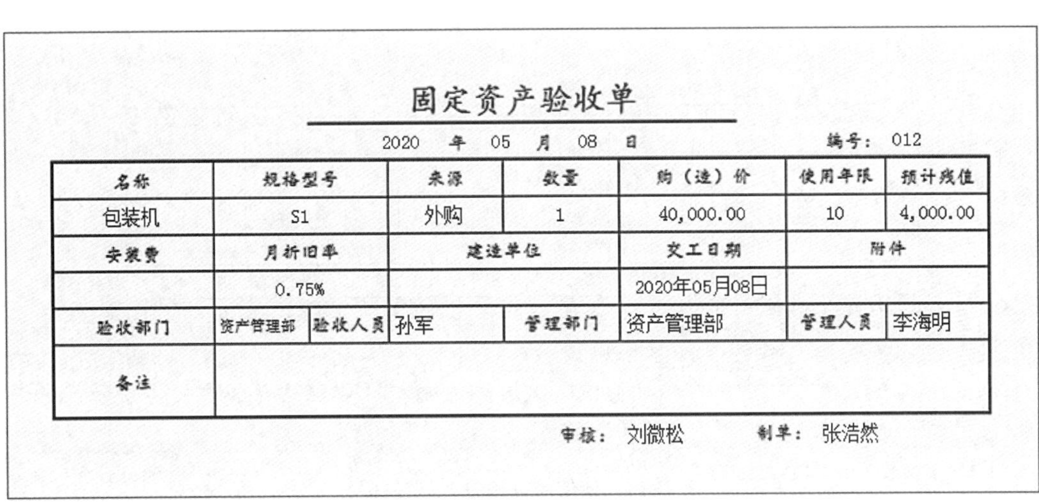
固定资产验收单

2020 年 05 月 08 日　　　编号：012

名称	规格型号		来源	数量	购（造）价	使用年限	预计残值
包装机	S1		外购	1	40,000.00	10	4,000.00
安装费	月折旧率		建造单位		交工日期	附件	
	0.75%				2020年05月08日		
验收部门	资产管理部	验收人员	孙军	管理部门	资产管理部	管理人员	李海明
备注							

审核：刘微松　　制单：张浩然

图 4-17　固定资产验收单

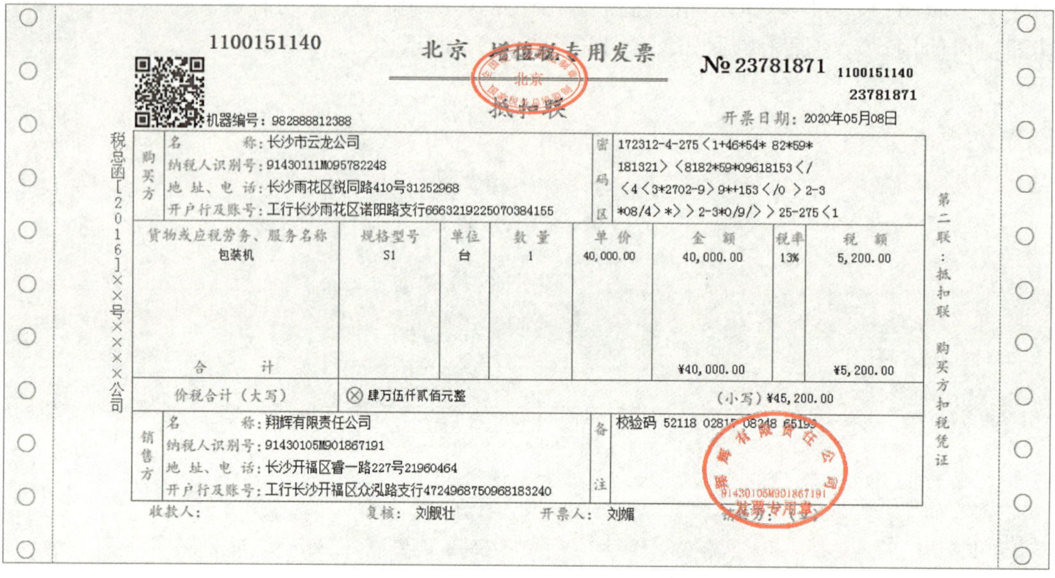

1100151140　　北京　增值税专用发票　　№ 23781871　1100151140　23781871

抵扣联

机器编号：982888812388　　开票日期：2020年05月08日

税总函[2016]××号×××公司

购买方	名　称：长沙市云龙公司 纳税人识别号：91430111M095782248 地址、电话：长沙雨花区锐同路410号31252968 开户行及账号：工行长沙雨花区诺阳路支行6663219225070384155	密码区	172312-4-275＜1+46*54* 82*59* 181321＞＜8182*59*09618153＜/ ＜4＜3*2702-9＞9*+153＜/0 ＞2-3 *08/4＞*＞＞2-3*0/9/＞＞25-275＜1

货物或应税劳务、服务名称	规格型号	单位	数量	单价	金额	税率	税额
包装机	S1	台	1	40,000.00	40,000.00	13%	5,200.00
合　计					¥40,000.00		¥5,200.00
价税合计（大写）	⊗肆万伍仟贰佰元整				（小写）¥45,200.00		

销售方	名　称：翔辉有限责任公司 纳税人识别号：91430105M901867191 地址、电话：长沙开福区睿一路227号21960464 开户行及账号：工行长沙开福区众泓路支行4724968750968183240	备注	校验码 52118 02817 08248 65199

收款人：　　复核：刘靓壮　　开票人：刘媚　　销售方：（章）

第二联：抵扣联　购买方扣税凭证

图 4-18　增值税专用发票(第二联)

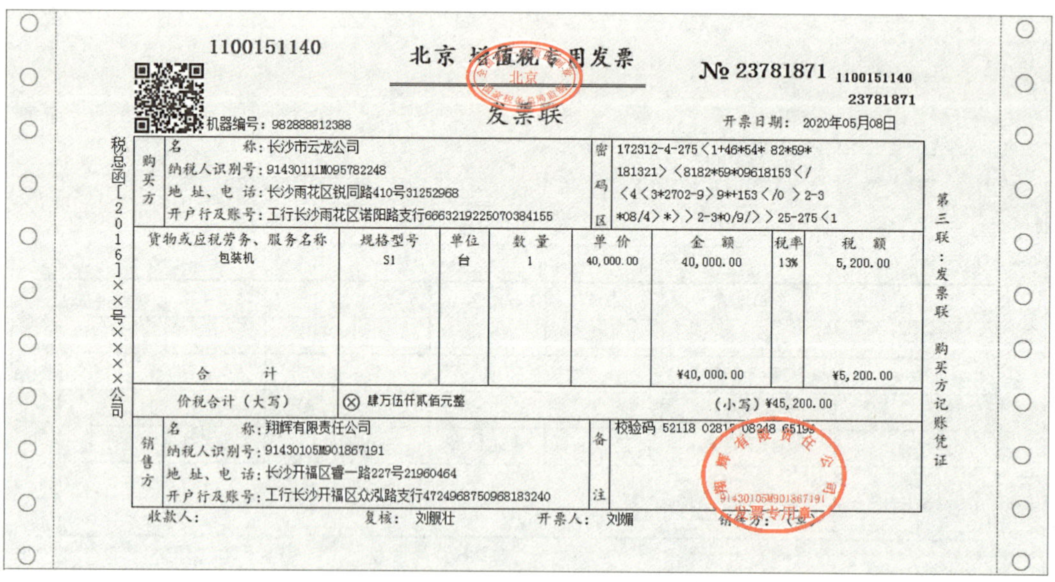

1100151140　　北京　增值税专用发票　　№ 23781871　1100151140　23781871

发票联

机器编号：982888812388　　开票日期：2020年05月08日

税总函[2016]××号×××公司

购买方	名　称：长沙市云龙公司 纳税人识别号：91430111M095782248 地址、电话：长沙雨花区锐同路410号31252968 开户行及账号：工行长沙雨花区诺阳路支行6663219225070384155	密码区	172312-4-275＜1+46*54* 82*59* 181321＞＜8182*59*09618153＜/ ＜4＜3*2702-9＞9*+153＜/0 ＞2-3 *08/4＞*＞＞2-3*0/9/＞＞25-275＜1

货物或应税劳务、服务名称	规格型号	单位	数量	单价	金额	税率	税额
包装机	S1	台	1	40,000.00	40,000.00	13%	5,200.00
合　计					¥40,000.00		¥5,200.00
价税合计（大写）	⊗肆万伍仟贰佰元整				（小写）¥45,200.00		

销售方	名　称：翔辉有限责任公司 纳税人识别号：91430105M901867191 地址、电话：长沙开福区睿一路227号21960464 开户行及账号：工行长沙开福区众泓路支行4724968750968183240	备注	校验码 52118 02817 08248 65199

收款人：　　复核：刘靓壮　　开票人：刘媚　　销售方：（章）

第三联：发票联　购买方记账凭证

图 4-19　增值税专用发票(第三联)

此笔业务发生，一方面使云龙公司的固定资产增加，可抵扣的增值税进项税额增加即应交税费的减少，另一方面使企业的银行存款减少。这笔业务涉及“固定资产”“银行存款”和“应交税费”三个账户。固定资产增加应记入“固定资产”账户的借方，可抵扣的增值税进项税额应记入“应交税费——应交增值税”账户的借方，银行存款减少应记入“银行存款”账户的贷方。分录如下：

借：固定资产　40 000
　　应交税费——应交增值税（进项税额）　5 200
　贷：银行存款　45 200

【例 4-11】 2020 年 7 月 4 日，云龙公司购入一台车床，取得的增值税专用发票上载明：买价 100 000 元，增值税额 13 000 元，另设备运回发生运费 3 000 元，运费的增值税进项税额为 270 元。款项以银行存款支付。设备须经安装才能使用，设备已投入安装。

这笔业务发生，一方面使在建工程成本增加，可抵扣的增值税进项税额增加即应交税费的减少，另一方面使企业的银行存款减少，涉及“在建工程”“应交税费”和“银行存款”三个账户。在建工程成本增加应记入“在建工程”账户的借方，可抵扣的增值税进项税额应记入“应交税费——应交增值税”账户的借方，银行存款减少应记入“银行存款”账户的贷方。其分录如下：

借：在建工程——车床安装工程　103 000
　　应交税费——应交增值税（进项税额）　13 270
　贷：银行存款　116 270

【例 4-12】 2020 年 7 月 20 日，云龙公司安装车床发生安装费 4 500 元，以银行存款支付。

以银行存款支付设备安装费，一方面使在建工程成本增加，另一方面使银行存款减少，涉及“在建工程”和“银行存款”两个账户。在建工程成本增加应记入“在建工程”账户的借方，银行存款减少应记入“银行存款”账户的贷方。其分录如下：

借：在建工程——车床安装工程　4 500
　贷：银行存款　4 500

【例 4-13】 2020 年 7 月 21 日，云龙公司车床安装完毕，达到可使用状态，验收合格，投入使用，结转其实际成本 107 500 元。

结转安装设备的实际成本，一方面使固定资产增加，另一方面使在建工程减少，涉及“固定资产”和“在建工程”两个账户。固定资产增加应记入“固定资产”账户的借方，在建工程减少应记入“在建工程”账户的贷方。其分录如下：

借：固定资产　107 500
　贷：在建工程——车床安装工程　107 500

固定资产购置业务的总分类核算如图 4-20 所示。

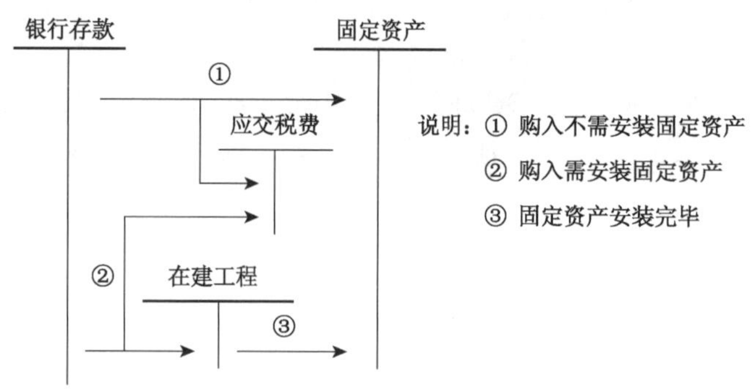

图 4-20 "固定资产购置业务核算示意图"

二、材料采购业务的核算

生产准备业务，除了购置固定资产外，还要进行材料物资采购，储备生产需要的各种材料物资。材料采购业务核算的主要内容是购入材料物资，与供货单位办理货款结算，确定物资的采购成本，将材料物资验收入库等。

(一) 设置的主要账户

1. "在途物资"账户

"在途物资"账户属于资产类账户，其用来核算企业购入尚未到达或尚未验收入库的各种材料物资的实际成本。在途物资只包括各种材料、包装物、低值易耗品和商品，不包括工程用物资，工程物资应在"工程物资"账户核算。借方登记在途物资增加；贷方登记在途物资验收入库；余额在借方，表示期末在途物资余额。本账户按供应单位或材料物资名称设置明细账，进行明细分类核算。"在途物资"账户结构如图 4-21 所示。

借方　　　　　　在途物资	贷方
在途物资的实际成本	在途物资验收入库
期末余额：尚未验收入库的在途物资的实际成本	

图 4-21 "在途物资"账户

2. "原材料"账户

"原材料"账户属于资产类账户，其用来核算企业库存材料实际成本的增减变动及结存情况。借方登记验收入库增加的原材料成本。贷方登记因生产领用等减少的原材料成本。期末余额在借方，表示期末结存库存材料的成本。"原材料"账户应按材料的品种、规格设置明细账户，进行明细核算。"原材料"账户的结构如图 4-22 所示。

借方　　　　　　原材料	贷方
材料验收入库时，登记入库材料的成本	领用等减少库存材料时，登记发出材料的成本
期末余额：期末结存库存材料的成本	

图 4-22 "原材料"账户

3. “应付账款”账户

“应付账款”账户属于负债类账户，其用来核算企业因购买材料、商品和接受劳务等而应付给供应单位的款项。其贷方登记应付的款项（包括买价、税金、代垫运杂费等），借方登记实际归还的款项。期末余额一般在贷方，表示尚欠供应单位的款项。“应付账款”账户应按供应单位设置明细账户，进行明细分类核算。“应付账款”账户的结构如图 4-23 所示。

借方 应付账款	贷方
偿还供应单位款项时，登记偿还数	赊购材料、商品、劳务时，登记应付未付的款项
	期末余额：尚欠供应单位的款项

图 4-23 “应付账款”账户

4. “应付票据”账户

“应付票据”账户属于负债类账户，其用来核算企业购买材料物资采用商业汇票结算时商业汇票的签发、承兑和支付情况。其贷方登记企业签发、承兑商业汇票的面额；借方登记企业到期支付（或转出）商业汇票面额；期末余额在贷方，表示企业应付的尚未到期商业汇票的面额。该账户可按债权人设置明细账或不设明细账户，但都应当设置“应付票据备查簿”，详细登记每一笔应付票据的详细内容，应付票据结清时，应在备查簿中予以注销。“应付票据”账户的结构如图 4-24 所示。

借方 应付票据	贷方
到期支付（或转出）商业汇票的面额	签发、承兑的商业汇票的面额
	期末余额：应付的尚未到期商业汇票面额

图 4-24 “应付票据”账户

5. “预付账款”账户

“预付账款”账户属于资产类账户，其用来核算企业因购买材料、商品或接受劳务按合同规定预付给供应单位的款项。借方登记预付或补付给供应单位的款项；贷方登记收到所购材料物资而结算的款项及退回多付的款项。余额在借方，表示实际预付的款项，如果出现贷方余额，则表示尚未补付的款项。“预付账款”账户应按供应单位设置明细账户，进行明细分类核算。

“预付账款”账户的结构如图 4-25 所示。

借方 预付账款	贷方
① 预付款项时，登记预付金额 ② 因预付款项不够，补付款项时，登记补付的金额	① 收到所购材料物资时，登记材料物资的结算金额 ② 收到退款时，登记退回的多预付的金额
期末余额：因预付而结存的金额	期末余额：尚未补付的款项

图 4-25 “预付账款”账户

(二) 材料采购业务的核算举例(企业采购材料采用实际成本进行核算)

【例 4-14】 2020 年 9 月 2 日，云龙公司从星盛公司购买 A 材料 200 千克，每千克 11 元，计 2 200 元，增值税进项税额 286 元，款项以银行存款支付。材料尚未验收入库。原始单据见图 4-26 至图 4-28。

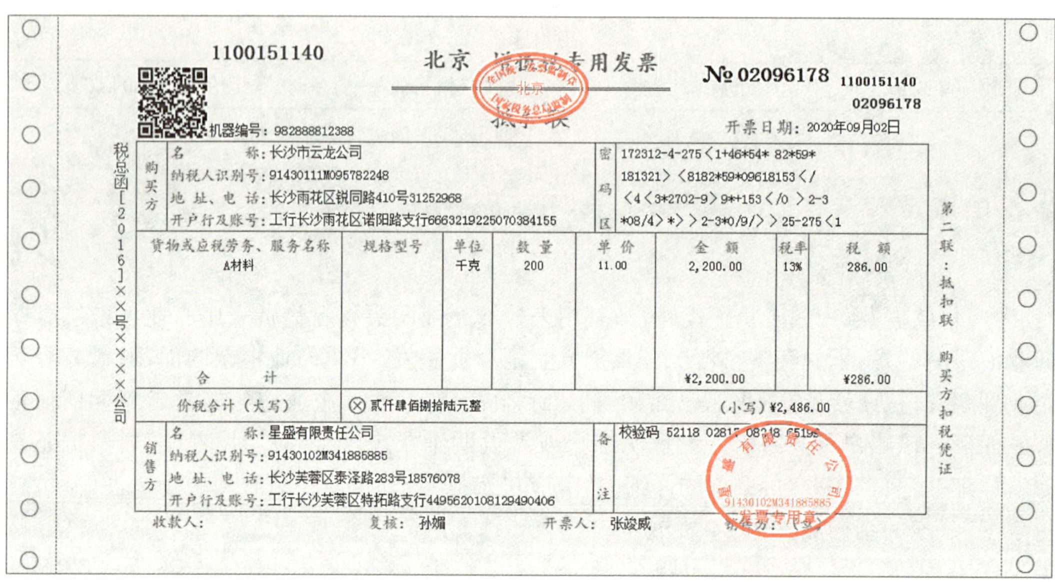

1100151140

北京 增值税专用发票

№ 02096178 1100151140 02096178

抵扣联

机器编号：982888812388

开票日期：2020年09月02日

购买方	名　　称：长沙市云龙公司 纳税人识别号：91430111M095782248 地 址、电 话：长沙雨花区锐同路410号31252968 开户行及账号：工行长沙雨花区诺阳路支行6663219225070384155	密码区	172312-4-275<1+46*54* 82*59* 181321> <8182*59*09618153</ <4<3*2702-9> 9*+153</0 >2-3 *08/4>*>>2-3*0/9/>>25-275<1

货物或应税劳务、服务名称	规格型号	单位	数量	单价	金额	税率	税额
A材料		千克	200	11.00	2,200.00	13%	286.00
合　　计					¥2,200.00		¥286.00
价税合计（大写）	⊗贰仟肆佰捌拾陆元整				（小写）¥2,486.00		

销售方	名　　称：星盛有限责任公司 纳税人识别号：91430102M341885885 地 址、电 话：长沙芙蓉区泰泽路283号18576078 开户行及账号：工行长沙芙蓉区特拓路支行4495620108129490406	备注	校验码 52118 02817 08318 65199

收款人：　　复核：孙媚　　开票人：张竣威　　销售方：（章）

税总函[2016]××号×××公司

第二联：抵扣联 购买方扣税凭证

图 4-26　A 材料增值税专用发票(第二联)

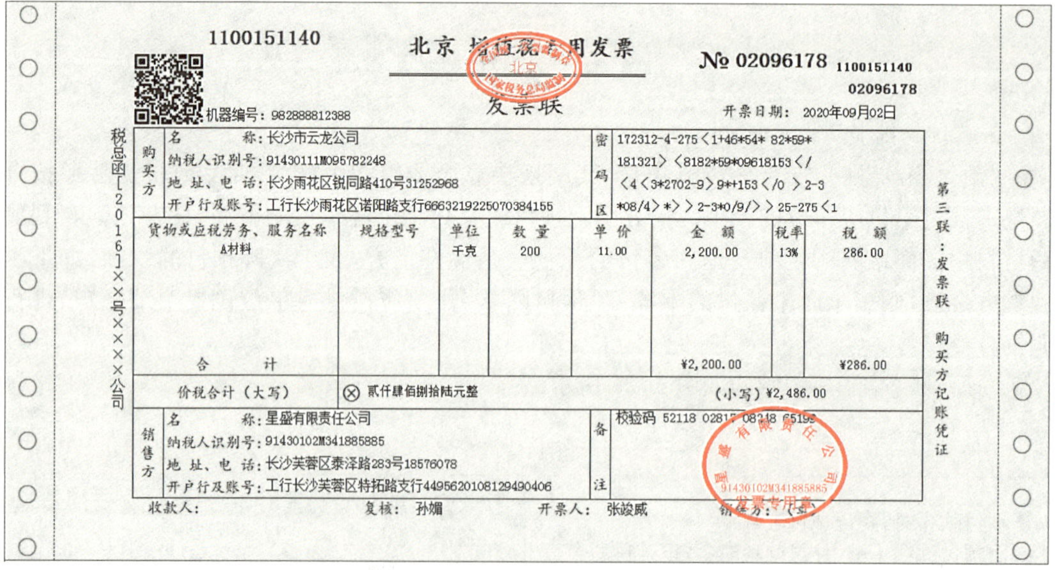

1100151140

北京 增值税专用发票

№ 02096178 1100151140 02096178

发票联

机器编号：982888812388

开票日期：2020年09月02日

购买方	名　　称：长沙市云龙公司 纳税人识别号：91430111M095782248 地 址、电 话：长沙雨花区锐同路410号31252968 开户行及账号：工行长沙雨花区诺阳路支行6663219225070384155	密码区	172312-4-275<1+46*54* 82*59* 181321> <8182*59*09618153</ <4<3*2702-9> 9*+153</0 >2-3 *08/4>*>>2-3*0/9/>>25-275<1

货物或应税劳务、服务名称	规格型号	单位	数量	单价	金额	税率	税额
A材料		千克	200	11.00	2,200.00	13%	286.00
合　　计					¥2,200.00		¥286.00
价税合计（大写）	⊗贰仟肆佰捌拾陆元整				（小写）¥2,486.00		

销售方	名　　称：星盛有限责任公司 纳税人识别号：91430102M341885885 地 址、电 话：长沙芙蓉区泰泽路283号18576078 开户行及账号：工行长沙芙蓉区特拓路支行4495620108129490406	备注	校验码 52118 02817 08318 65199

收款人：　　复核：孙媚　　开票人：张竣威　　销售方：（章）

税总函[2016]××号×××公司

第三联：发票联 购买方记账凭证

图 4-27　A 材料增值税专用发票(第三联)

中国工商银行
转账支票存根
10201120
82080541
附加信息
出票日期 2020 年 09 月 02 日
收款人: 星盛有限责任公司
金 额: ¥2,486.00
用 途: 购买原材料
单位主管 会计

图 4-28 中国工商银行转账支票存根

这笔业务发生,一方面使得云龙公司在途物资增加,可以抵扣的增值税进项税额增加;另一方面使银行存款减少。因此涉及"在途物资""应交税费——应交增值税"和"银行存款"三个账户。在途物资成本增加本应记入"在途物资"账户的借方,支付的可以抵扣的增值税进项税额应记入"应交税费——应交增值税"账户的借方;银行存款减少应记入"银行存款"账户的贷方。其分录如下:

借:在途物资——A 材料 2 200
  应交税费——应交增值税(进项税额) 286
 贷:银行存款 2 486

【例 4-15】 2020 年 9 月 4 日,上例云龙公司购买的 A 材料 200 千克,验收入库。原始单据见表 4-2。

表 4-2 **收 料 单**

供应单位:星盛有限责任公司 编号:004

材料类别:原材料 2020 年 09 月 04 日 收料仓库:材料库

材料编号	材料名称	规格	计量单位	数量		实际价格(元)				计划价格(元)	
				应收	实收	单价	发票金额	运杂费	合计	单价	金额
01	A 材料		千克	200	200	11.00	2 200.00		2 200.00		
备注:											

会计联

部门经理:王颖 合计:唐洪 仓库:刘震 经办人:李明

这笔业务的发生,一方面使得云龙公司验收入库的材料增加;另一方面使在途物资减少。因此,涉及“原材料”和“在途物资”两个账户。库存材料增加应记入“原材料”账户的借方,在途物资减少应记入“在途物资”账户的贷方。分录如下:

借:原材料——A 材料　　2 200
　贷:在途物资——A 材料　　2 200

【例 4-16】 2020 年 9 月 6 日,按合同规定,云龙公司为购 C 材料,预付恒达公司货款 30 000 元,为购 D 材料,预付远大公司货款 20 000 元,均以银行存款支付。

这笔业务发生,一方面使得云龙公司预付的货款增加;另一方面使银行存款减少。因此,涉及“预付账款”和“银行存款”两个账户。预付的货款增加应记入“预付账款”账户的借方,银行存款减少应记入“银行存款”账户的贷方。其分录如下:

借:预付账款——恒达公司　　30 000
　　　　　——远大公司　　20 000
　贷:银行存款　　50 000

【例 4-17】 2020 年 9 月 8 日,云龙公司从恒盛公司购买 D 材料,买价 40 000 元,增值税进项税额 5 200 元,向恒盛公司开出面额为 45 200 元的商业汇票。D 材料尚未运达。

此笔业务发生,一方面使得云龙公司在途物资增加,可以抵扣的增值税进项税额增加;另一方面使开出商业汇票的金额增加。因此,涉及“在途物资”“应交税费——应交增值税”和“应付票据”三个账户。在途物资成本增加,应记入“在途物资”账户的借方,支付的增值税进项税额应记入“应交税费——应交增值税”账户的借方;应付票据增加应记入“应付票据”账户的贷方。其分录如下:

借:在途物资——D 材料　　40 000
　应交税费——应交增值税(进项税额)　　5 200
　贷:应付票据——恒盛公司　　45 200

【例 4-18】 2020 年 9 月 20 日,云龙公司收到恒达公司交来的购 C 材料的发票账单,发票标明买价 22 000 元,增值税进项税额 2 860 元。材料尚未入库。

预付货款购材料,收到发票账单,则意味着取得了该材料的所有权。这笔业务涉及“在途物资”“应交税费——应交增值税”和“预付账款”三个账户。采购成本增加,应记入“在途物资”账户的借方,支付的增值税进项税额应记入“应交税费——应交增值税”账户的借方;以结算金额冲减预付货款应记入“预付账款”账户的贷方。其分录如下:

借:在途物资——C 材料　　22 000
　应交税费——应交增值税(进项税额)　　2 860
　贷:预付账款——恒达公司　　24 860

【例 4-19】 2020 年 9 月 20 日,云龙公司收到恒达公司退回的多预付的货款 5 140 元,存入企业存款户。

收到退回的预付货款,一方面使银行存款增加,另一方面使预付货款减少,涉及“预付账款”和“银行存款”两个账户,银行存款增加应记入“银行存款”账户的借方,预付货款减少

应记入“预付账款”账户的贷方。其分录如下：

借：银行存款　5 140
　贷：预付账款——恒达公司　5 140

【例 4-20】 2020 年 9 月 21 日，云龙公司从恒达公司购买的 C 材料运达，验收入库。

材料运达，验收入库，一方面使库存原材料增加，另一方面使在途物资减少，这笔业务涉及“原材料”和“在途物资”两个账户。库存原材料增加应记入“原材料”账户的借方，在途物资减少应记入“在途物资”账户的贷方。其分录如下：

借：原材料——C 材料　22 000
　贷：在途物资——C 材料　22 000

【例 4-21】 2020 年 9 月 21 日，云龙公司收到远大公司交来的购买 D 材料的发票账单，发票标明买价 20 000 元，增值税进项税额 2 600 元。材料尚未到达。

预付货款购材料，收到发票账单，则意味着取得了该材料的所有权。这笔业务涉及“在途物资”“应交税费——应交增值税”和“预付账款”三个账户。采购成本增加，应记入“在途物资”账户的借方，支付的增值税进项税额应记入“应交税费——应交增值税”账户的借方；同时以结算金额冲减原预付款，记入“预付账款”账户的贷方。其分录如下：

借：在途物资——D 材料　20 000
　　应交税费——应交增值税（进项税额）　2 600
　贷：预付账款——远大公司　22 600

【例 4-22】 2020 年 9 月 21 日，云龙公司从远大公司购入的 D 材料运达，如数验收入库。

材料运达，验收入库，一方面使库存原材料增加，另一方面使在途物资减少，这笔业务涉及“原材料”和“在途物资”两个账户。库存原材料增加应记入“原材料”账户的借方，在途物资减少应记入“在途物资”账户的贷方。其分录如下：

借：原材料——D 材料　20 000
　贷：在途物资——D 材料　20 000

【例 4-23】 2020 年 9 月 22 日，云龙公司以银行存款补付远大公司货款 2 600 元。

与一个单位的往来结算，过去用什么账户，那么以后双方结算就一直沿用此账户。与远大公司的往来，前面是使用“预付账款”账户，那么这笔业务也应该用“预付账款”账户。补付货款，一方面使企业预付货款增加，另一方面使企业的银行存款减少，涉及“预付账款”和“银行存款”两个账户。预付货款增加，应记入“预付账款”账户的借方；银行存款减少，应记入“银行存款”账户的贷方。其分录如下：

借：预付账款——远大公司　2 600
　贷：银行存款　2 600

（三）材料采购成本计算

材料采购成本的计算，就是把企业在供应过程中发生的材料采购成本，按照材料的品种或类别加以归集，计算出材料物资采购总成本和单位成本。材料采购成本的计算，可以正确地确定材料的成本及考核采购业务的成果。

1. 材料采购成本的构成

（1）买价。其即购货发票上所开列的货款额（一般纳税人企业不包括增值税的进项税额）。

（2）运杂费。具体包括运输费、装卸费、运输保险费等。

（3）运输途中的合理损耗。

（4）入库前的挑选整理费。

（5）购入材料物资的其他费用。

为简化核算，采购人员的差旅费不计入材料采购成本，直接计入管理费用。

2. 材料采购成本的计算方法

材料采购成本的计算公式如下：

某种材料采购总成本 ＝ 该种材料的买价 ＋ 应负担的采购费用

材料单位成本 ＝ 材料采购总成本 ÷ 材料数量

在计算采购成本时，材料的买价和某材料单独发生的采购费用，应直接计入该材料的采购成本；几种材料共同发生的采购费用，应采用适当的分配标准分配计入各种材料的采购成本。一般以材料的重量或买价作为分配标准。分配采购费用时，应先计算采购费用分配率，再根据分配率计算各种材料应负担的采购费用。分配计算公式如下：

采购费用分配率 ＝ 采购费用总额 ÷ 各种材料的重量（或买价）之和

某种材料应负担的采购费用 ＝ 该种材料的重量（或买价）× 采购费用分配率

3. 举例说明材料采购成本的计算

【例 4-24】 2020 年 9 月 23 日，云龙公司从东风公司购入 A 材料 10 000 千克，买价 98 000元，B 材料 2 400 千克，买价 47 520 元，增值税计 18 917.60 元，款项以银行存款支付。材料尚未到达。

这笔业务涉及“在途物资”“应交税费——应交增值税”和“银行存款”三个账户。在途物资的采购成本增加，应记入“在途物资”账户的借方，支付的增值税进项税额，应记入“应交税费——应交增值税”账户的借方；银行存款的减少，应记入“银行存款”账户的贷方。其分录如下：

借：在途物资——A 材料　　98 000.00
　　　　　　——B 材料　　47 520.00
　　应交税费——应交增值税（进项税额）　　18 917.60
　贷：银行存款　　164 437.60

【例 4-25】 2020 年 9 月 25 日，A、B 两种材料的运费2 480元，运费的增值税进项税额为 223.20 元。云龙公司用银行存款支付运费按两种材料的重量比例分配如下：

运费分配率 ＝ 2 480 ÷（10 000 ＋ 2 400）＝ 0.2（元 / 千克）

A 材料应负担的运杂费 ＝ 10 000 × 0.2 ＝ 2 000（元）

B 材料应负担的运杂费 ＝ 2 400 × 0.2 ＝ 480（元）

这笔业务使材料采购费用增加；同时使银行存款减少，应借记“在途物资”账户，贷记“银行存款”。根据分配结果编制会计分录如下：

借：在途物资——A 材料	2 000.00
——B 材料	480.00
应交税费——应交增值税（进项税额）	223.20
贷：银行存款	2 703.20

【例 4-26】 2020 年 9 月 26 日，上述 A、B 两种材料运达并验收入库，结转材料采购成本。

各种材料的采购成本计算如下：

$$\text{A 材料的采购总成本} = 98\,000 + 2\,000 = 100\,000(\text{元})$$

$$\text{A 材料的单位成本} = 100\,000 \div 10\,000 = 10(\text{元 / 千克})$$

$$\text{B 材料的采购总成本} = 47\,520 + 480 = 48\,000(\text{元})$$

$$\text{B 材料的单位成本} = 48\,000 \div 2\,400 = 20(\text{元 / 千克})$$

这笔业务使原材料增加；同时使在途物资减少，应借记“原材料”账户，贷记“在途物资”。根据计算结果编制会计分录如下：

借：原材料——A 材料	100 000
——B 材料	48 000
贷：在途物资——A 材料	100 000
——B 材料	48 000

【例 4-27】 2020 年 9 月 27 日，云龙公司从某公司购买 F 材料 50 千克，每千克 80 元，计 4 000 元，增值税进项税额 520 元，另发生运费 100 元，增值税进项税额 9 元，款项以银行存款支付。材料尚未运达。

在这笔业务中，为采购 F 材料这一种材料而发生的运杂费应全部由 F 材料承担，因此 F 材料的采购成本应为 4 100 元。这笔业务涉及“在途物资”“应交税费——应交增值税”和“银行存款”三个账户。采购成本增加，应记入“在途物资”账户的借方，支付的增值税进项税额应记入“应交税费——应交增值税”账户的借方；银行存款的减少应记入“银行存款”账户的贷方。其分录如下：

借：在途物资——F 材料	4 100
应交税费——应交增值税（进项税额）	529
贷：银行存款	4 629

【例 4-28】 2020 年 9 月 28 日，云龙公司从某公司购买的 F 材料 50 千克运达，验收入库。

这笔业务使原材料增加，同时使在途物资减少。因此，应借记“原材料”账户，贷记“在途物资”账户。其分录如下：

借：原材料——F 材料	4 100
贷：在途物资——F 材料	4 100

材料采购业务的总分类核算如图 4-29 所示。

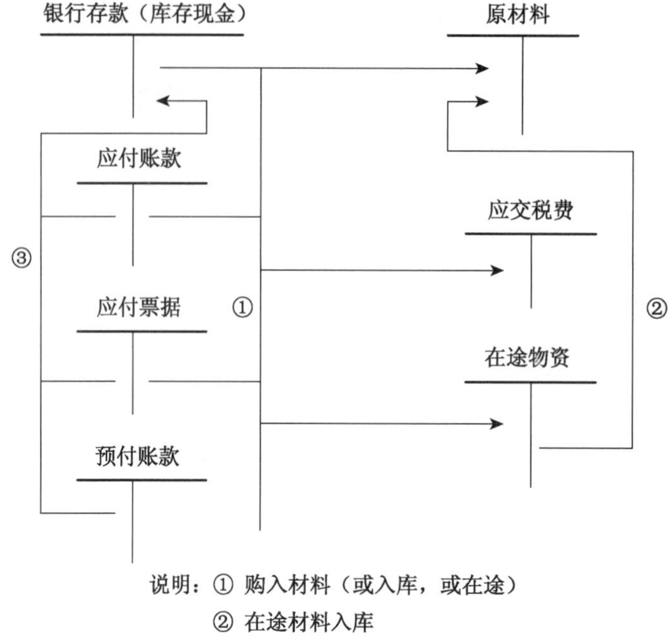

说明：① 购入材料（或入库，或在途）
② 在途材料入库
③ 预付货款或偿还货款

图 4-29　材料采购业务核算示意图

第四节　生产业务的核算

工业企业的基本任务是生产社会需要的产品，因此，产品的生产过程是企业生产经营过程的中心环节。为了生产产品，必然发生各种耗费，如材料的耗费、固定资产的磨损、支付职工工资和其他费用等，这些生产耗费最终应归集分配到各种产品中去，构成产品成本。生产经营过程中发生的与产品生产无直接关系的各项费用，如管理费用、财务费用、销售费用等，应当作为期间费用直接计入当期损益，不计入产品成本。因此，生产过程核算的主要内容是归集和分配各项费用，计算产品生产成本。产品成本包括材料费用、人工费用、制造费用。本节以云龙公司 2020 年 11 月份的经济业务为例，进行说明。

一、材料费用的核算

(一) 材料费用的含义

企业材料被生产产品或其他各种用途耗用即材料费用产生了。材料费用的核算要按照费用发生的用途分别列入有关成本、费用账户中进行核算。

(二) 账户设置

1. “生产成本”账户

“生产成本”账户属于成本类账户。其用来核算企业为生产产品而发生的各项生产费用。其借方登记为进行产品生产而增加的产品生产费用，包括直接计入产品生产成本的直接材料费、直接人工费，以及期末按一定的方法分配计入产品生产成本的制造费用；贷方登记产品完工并已验

收入库的成品生产成本。期末余额在借方，表示未完工产品(即在产品)的成本。该账户按产品种类或类别设置明细账户，进行明细分类核算。“生产成本”账户的结构如图 4-30 所示。

借方　　　　　　　　生产成本	贷方
①发生生产工人薪酬时，登记产品生产工人的薪酬费用额 ②分配材料费用时，登记生产产品领用的材料的实际成本 ③期末分配制造费用时，登记应由产品成本负担的制造费用	产品完工验收入库时，登记完工产品承担的生产成本
期末余额：期末在产品的实际成本	

图 4-30　“生产成本”账户

2. “制造费用”账户

“制造费用”账户属于成本类账户。其用来核算企业各生产单位(分厂、车间)组织和管理生产而发生的各项间接费用，如车间管理人员的薪酬、折旧费、办公费、水电费、机物料消耗等。其借方登记实际发生的各项制造费用；贷方登记期末分配转入生产成本的制造费用；期末转账后应无余额。该账户应按不同车间设户，按费用项目设专栏进行明细核算。“制造费用”账户的结构如图 4-31 所示。

借方　　　　　　　　制造费用	贷方
生产单位(分厂、车间)发生的各项制造费用	期末分配转入生产成本的制造费用

图 4-31　“制造费用”账户

(三) 核算举例

【例 4-29】　月末，云龙公司根据当月领料凭证，编制本月材料耗用汇总表如表 4-3 所示。

表 4-3　　　　**材料耗用汇总表**

2020 年 11 月 30 日　　　　金额单位：元

材料用途	A 材料		B 材料		金额合计
	数量(千克)	金额	数量(千克)	金额	
1. 制造产品耗用					
其中：甲产品	4 000	40 000	1 500	30 000	70 000
乙产品	5 000	50 000	2 000	40 000	90 000
2. 车间一般耗用	84	840			840
3. 行政管理部门耗用			20	400	400
合　计		90 840		70 400	161 240

在会计实务中，企业生产经营活动领用材料，是连续不断、频繁发生的，为了简化会计核算，通常是定期汇总领料凭证，编制材料耗用汇总表，集中编制会计分录。

材料被领用，导致原材料减少，应记入“原材料”账户的贷方；为制造产品而耗用的直接材料费用，由产品直接负担，应记入“生产成本”账户的借方；车间一般耗用的材料费，由产品间接负担，应记入“制造费用”账户的借方；行政管理部门耗用的材料费，应记入“管理费用”账户的借方。其分录如下：

借：生产成本——甲产品——直接材料　　70 000
　　　　　　——乙产品——直接材料　　90 000
　　制造费用　　840
　　管理费用　　400
　贷：原材料——A 材料　　90 840
　　　　　　——B 材料　　70 400

二、人工费用的核算

(一) 人工费用的含义

人工费用是指企业员工的工资报酬及其他各项薪酬费用。人工费用的计量包括货币性职工薪酬和非货币性职工薪酬，其中的货币性职工薪酬又包含企业支付给职工的工资(含奖金、津贴、补贴)、福利费、为职工支付的社会保险费(即养老保险费、医疗保险费、失业保险费、工伤保险费、生育保险费)、住房公积金、工会经费、职工教育经费等项目。

(二) 账户设置

“应付职工薪酬”账户。该账户属于负债类账户。其用来核算企业应付给职工的工资及按工资额计提的各项薪酬费用。该账户贷方登记实际发生的计入成本、费用的应付职工薪酬总额；借方登记本月实际支付的职工薪酬数。贷方余额，表示应付未付的职工薪酬。该账户应按职工类别、职工薪酬的构成项目设置明细账户。“应付职工薪酬”账户结构如图 4-32 所示。

借方　　　　　　　　　　　应付职工薪酬	贷方
支付职工薪酬时，登记实际发放数	计算出应付职工薪酬总额时，登记应付数
	期末余额：应付未付职工薪酬数

图 4-32 “应付职工薪酬”账户

(三) 核算举例

【例 4-30】 2020 年 11 月 30 日，云龙公司结算应付本月职工工资 150 000 元，其中，甲产品生产工人工资总额为 50 000 元，生产乙产品生产工人工资总额为 60 000 元，车间管理人员工资为 15 000 元，行政管理人员工资为 25 000 元。

生产经营活动中发生的人工费用，应按工资的用途进行分配。生产工人工资直接由产品负担，应记入“生产成本”账户的借方，车间管理人员工资由产品间接负担，应记入“制造费用”账户的借方，行政管理人员工资不应由产品负担，应记入“管理费用”账户的借方，在分配工资时，应付工资额增加，应记入“应付职工薪酬”账户的贷方。其分录如下：

借：生产成本——甲产品——直接人工　　50 000
　　　　　　——乙产品——直接人工　　60 000
　　制造费用　　15 000
　　管理费用　　25 000
　贷：应付职工薪酬——短期薪酬(工资)　　150 000

【例 4-31】 2020 年 11 月 30 日，云龙公司根据有关规定，按工资总额的 2%计提当月职工福利费。

在我国，企业提取职工福利费，作为职工医药卫生、生活困难补助以及医务、福利人员工资等的开支。对于提取的福利费，在未使用或支付前，应视作企业的一项负债，通过“应付职工薪酬——福利费”账户核算。

依上例，制造甲产品生产工人福利费＝50 000×2%＝1 000(元)

制造乙产品生产工人福利费＝60 000×2%＝1 200(元)

生产车间管理人员福利费＝15 000×2%＝300(元)

行政管理人员福利费＝25 000×2%＝500(元)

合　计　　3 000(元)

以职工工资总额为基数计提的福利费是企业费用的组成部分，其费用分配与工资分配一样，应记入有关成本和费用的借方，甲、乙产品工人的福利费应直接由产品负担，记入“生产成本”账户的借方；车间管理人员的福利费由产品间接负担，记入“制造费用”账户的借方，行政管理人员的福利费不应由产品负担，应记入“管理费用”账户的借方，所提取的福利费，应记入“应付职工薪酬——短期薪酬(福利费)”账户的贷方。其分录如下：

借：生产成本——甲产品——直接人工	1 000	
——乙产品——直接人工	1 200	
制造费用	300	
管理费用	500	
贷：应付职工薪酬——短期薪酬(福利费)		3 000

【例 4-32】 2020 年 12 月 5 日，云龙公司从银行提取现金 150 000 元，准备发放工资。

从开户银行提取现金，一方面使企业的库存现金增加，另一方面使银行存款减少，涉及“库存现金”和“银行存款”两个账户。库存现金增加，应记入“库存现金”账户的借方，银行存款减少，应记入“银行存款”账户的贷方。其分录如下：

借：库存现金	150 000	
贷：银行存款		150 000

【例 4-33】 2020 年 12 月 5 日，云龙公司以现金发放工资 150 000 元。

以现金发放工资，一方面使企业的库存现金减少，另一方面使应付工资减少，涉及“库存现金”和“应付职工薪酬”两个账户。应付薪酬减少，应记入“应付职工薪酬”账户的借方，库存现金减少，应记入“库存现金”账户的贷方。其分录如下：

借：应付职工薪酬——短期薪酬(工资)	150 000	
贷：库存现金		150 000

【例 4-34】 2020 年 12 月 24 日，云龙公司职工张浩家境困难，经研究，给其发放困难补助 1 680 元，以现金支付。

以现金支付职工困难补助，一方面是福利费的使用，使应付职工薪酬的福利费项目金额减少，另一方面使企业的库存现金减少，涉及“应付职工薪酬”和“库存现金”两个账户。福利费项目金额减少，应记“应付职工薪酬”账户的借方，库存现金减少，应记入“库存现金”账户的贷方。其分录如下：

借：应付职工薪酬——短期薪酬（福利费）　　1 680
　贷：库存现金　　1 680

三、制造费用的核算

（一）制造费用的含义

制造费用是指企业各生产单位（分厂、车间）组织和管理生产而发生的各项间接计入产品的生产费用，其包括车间管理人员薪酬、折旧费、办公费、水电费、机物料消耗等。

（二）账户设置

核算制造费用要设置“制造费用”“长期待摊费用”“累计折旧”账户等，由于前面已经介绍了“制造费用”账户，这里就不做介绍了。

（1）“长期待摊费用”账户。该账户属于资产类账户。其用来核算企业已经支出、但应由本期和以后各期负担的、分摊期限在1年以上（不含1年）的各项费用。借方登记已经支付或发生的各项长期待摊费用；贷方登记分期摊销的费用；期末余额在借方，表示企业各种已支出但尚未摊销完的费用。该账户应按费用种类设置明细账，进行明细核算。“长期待摊费用”账户结构如图4-33所示。

借方　　　　长期待摊费用	贷方
登记已支付或发生的长期待摊费用	摊销长期待摊费用时，登记摊销数
期末余额：尚未摊销完的长期待摊费用	

图4-33 “长期待摊费用”账户

（2）“累计折旧”账户。该账户属于资产类账户。其用来核算固定资产因磨损而减少的价值。其贷方登记按月提取的折旧额；借方登记因减少固定资产而相应减少的累计折旧额；期末余额在贷方，表示企业现有固定资产累计已提取的折旧额。“累计折旧”账户结构如图4-34所示。

借方　　　　累计折旧	贷方
固定资产减少时，登记减少的固定资产的累计计提的折旧额	计提折旧时，登记提取数。
	期末余额：现有固定资产累计已提取的折旧额

图4-34 “累计折旧”账户

（三）核算举例

【例4-35】 2020年11月11日，生产车间报销办公用品支出400元，以现金支付。

车间办公用品费属于制造费用。以现金支付车间办公费，一方面使制造费用增加，另一方面使企业库存现金减少，涉及“制造费用”和“库存现金”两个账户，制造费用增加，应记入“制造费用”账户的借方，库存现金减少，应记入“库存现金”账户的贷方。分录如下：

借：制造费用——办公费　　400
　贷：库存现金　　400

【例4-36】 2020年11月30日，云龙公司计提设备折旧10 060元，其中车间设备折旧

费 7 760 元，行政管理设备折旧费 2 300 元。

此笔计提设备折旧费业务，涉及“制造费用”“管理费用”和“累计折旧”三个账户。生产部门使用固定资产计提的折旧费属于生产成本中的固定资产损耗，它是一种间接生产费用，应记入“制造费用”账户的借方；行政管理部门使用固定资产的损耗费，应记入“管理费用”账户的借方；计提固定资产折旧表明原有固定资产价值减少了，即累计折旧增加了，应记入“累计折旧”账户的贷方。其分录如下：

借：制造费用——折旧费　　7 760
　　管理费用——折旧费　　2 300
　贷：累计折旧　　10 060

【例 4-37】 2020 年 11 月 30 日，云龙公司摊销应由本月负担的车间用房租金 1 000 元（该笔房租已于前年一次性支付）。

摊销车间租房的房租费用，一方面，使制造费用增加，应记入“制造费用”账户的借方；另一方面，使企业的长期待摊费用减少，应记入“长期待摊费用”账户的贷方。其分录如下：

借：制造费用——其他费用　　1 000
　贷：长期待摊费用——房租费　　1 000

【例 4-38】 2020 年 12 月 5 日，云龙公司续租车间用房，以银行存款支付明后两年车间用房的房租 48 000 元。

以银行存款支付应由明后两年 24 个月负担的租房费用，长期待摊费用增加，应记入“长期待摊费用”账户的借方；银行存款减少，应记入“银行存款”账户的贷方。分录如下：

借：长期待摊费用——房租费　　48 000
　贷：银行存款　　48 000

四、产品生产成本的计算与核算

产品生产成本的计算，就是把生产过程发生的应计入产品成本的费用，以生产的各种产品作为成本计算对象归集费用，计算产品的总成本和单位成本。产品成本的计算，可以确定生产耗费的补偿尺度，用以考核企业的生产经营管理水平，并为正确计算财务成果打下基础。

（一）产品生产成本的内容

企业在生产经营过程中发生的各项费用，按照是否计入产品成本分为期间费用和生产费用。期间费用是指某一期间发生的，与产品生产无直接关系，不计入产品成本，而直接计入当期损益的各项费用，包括销售费用、管理费用和财务费用；生产费用是指一定期间内，企业为生产产品而发生、构成产品成本的各项费用。为此，企业发生的费用只有生产费用才要记入产品生产成本。产品生产成本按照经济用途划分为如下成本项目：

（1）直接材料。直接材料是指直接用于产品生产的各种材料、燃料等。

（2）直接人工。直接人工是指直接参加产品生产的工人的各种薪酬费用。

（3）制造费用。制造费用是指企业的生产车间（分厂）为组织和管理车间（分厂）生产而发生的各项费用。包括车间(分厂)管理人员的各种薪酬费用、固定资产折旧费、机物料消耗、水电费、办公费、差旅费、运输费等各项间接费用。

(二) 产品生产成本计算的一般程序

1. 确定成本计算对象

成本计算必须具有一定的计算对象,离开了计算对象就谈不上成本计算。在进行产品成本计算的工作中,首先就要确定成本计算对象。所谓成本计算对象,就是归集和分配费用的对象。在产品成本计算时,只有确定成本计算对象后,才能把发生的各项生产费用归集、分配到一定产品上去。成本计算对象的确定要适应企业生产特点和管理要求。通常有如下几种成本计算对象:以产品品种为成本计算对象;以生产步骤为成本计算对象;以产品批次为成本计算对象。成本计算对象确定后,按每个成本计算对象开设生产成本明细账,归集生产费用,计算产品成本。

2. 确定成本计算期

要及时取得成本方面的会计信息,就必须及时进行成本计算,这就要解决在什么时候计算成本,多长时间计算一次成本的问题,也就是要确定成本计算期。在工业企业,产品生产完工之时,才是产品成本完全形成之日。因此,在产品生产完工之时计算产品生产成本,以产品生产周期作为成本计算期,是较为合理的。但是因为有的产品生产周期过长,完全按产品生产周期来计算成本,将影响会计信息的使用者及时取得相关的会计信息;有的产品生产周期很短,完全按产品生产周期来计算成本,将使成本计算很频繁,影响会计核算效率。所以,成本计算期并不一定要和产品生产周期一致。如何确定成本计算期,取决于企业生产组织的特点和管理要求。如果企业采用单件、小批量的生产组织方式时,可以把产品生产期作为成本计算期;如果企业的生产特点是经常反复不断地生产同一种或几种产品,为了及时取得成本指标,加强成本计划管理,一般以1个月作为产品成本计算期。

3. 确定成本项目

产品成本的计算,是生产费用形成和分配的计算。企业发生的各项费用,可以按不同的标志进行分类。生产费用按支出的经济内容来分类,在会计上称为费用要素,它表明了企业为进行生产支付了一些什么费用,数额是多少,可以用来分析企业各个生产时期生产费用的支出水平。将生产费用按其经济用途分类,在会计上称为成本项目,一般包括直接材料、直接人工和制造费用等。借助于成本项目,可以清楚地了解费用的经济用途和成本的经济构成,提供更多的会计信息,通过对一定对象的成本项目的分析,可以初步查明成本升降的原因,挖掘降低成本的潜力。

4. 正确地归集和分配各种费用

产品生产成本的计算过程就是按不同的成本计算对象归集分配费用的过程。因此,企业发生的生产费用,凡为生产某种产品而直接发生的,应当在费用发生时直接计入该种产品的成本;凡为生产多种产品共同发生的材料费和人工费,应在费用发生时通过分配,计入各种产品的成本。对于车间(分厂)发生的制造费用,应当在费用发生时,先通过"制造费用"账户归集,月末再按照适当的分配标准(如产品的生产工时、生产工人工资比例等)分配计入各种产品成本,从"制造费用"账户转入"生产成本"账户。分配制造费用时,应先计算制造费用分配率,再计算各种产品应负担的制造费用。分配计算公式如下:

制造费用分配率 = 制造费用总额 ÷ 各种产品生产工时(或生产工人工资)之和

某种产品应负担的制造费用 = 该种产品生产工时(或生产工人工资) × 制造费用分配率

通过上述归集分配费用,已将应由各个成本计算对象负担的费用归集到了该种产品的成本中,在此基础上,计算完工产品成本。

本月完工产品总成本 = 月初在产品成本 + 本月发生费用 − 月末在产品成本

其中,月末在产品成本可以按在产品的单位定额成本计算确定。

如果没有在产品或不计算在产品成本的企业,则本月发生的费用就是本月完工产品成本。

产品单位成本 = 完工产品总成本 ÷ 本月完工入库产品数量

5. 设置和登记有关账户,编制成本计算表

在成本计算过程中,为系统地归集和分配各种应计入成本计算对象的费用,应按成本计算对象和成本项目分别设置和登记费用、成本明细分类账户,对不同成本计算对象发生的各种费用进行登记,以便为进行成本计算提供相关的数据资料。

各个成本计算对象所归集的各种费用支出,都要在相应的账户中进行归集和分配,这样就可以在事先设定的成本计算期依据账户记录等有关资料编制成本计算表,借以计算确定各成本计算对象的总成本和单位成本,以全面、系统地反映各种成本指标的经济构成和形成情况。

(三) 账户设置

"库存商品"账户。该账户属于资产类账户。其用来核算企业已完成所有的生产过程并已验收入库可供销售的产成品的增减变动和结存情况。其借方登记验收入库的各种产成品的实际生产成本;贷方登记发出各种产成品的实际生产成本;期末余额在借方,表示企业库存各种产成品的实际生产成本。"库存商品"账户应按产成品的品种、规格设置明细账户进行明细核算。"库存商品"账户结构如图 4-35 所示。

借方　　　　　　　　　　库存商品	贷方
产品完工验收入库时,登记入库产品的实际生产成本	发出产成品时,登记发出产成品的实际生产成本
期末余额:库存产成品的实际生产成本	

图 4-35　"库存商品"账户

(四) 产品生产成本计算举例

下面以本节云龙公司 11 月份生产业务核算所列举的经济业务为例,说明产品成本的一般计算方法。

假设云龙公司只设一个生产车间,生产甲、乙两种产品。甲产品期初没有在产品,即期初无余额,乙产品期初有在产品,在产品成本为 8 500 元,其中:直接材料费 4 410 元,直接人工费 3 352 元,制造费用 738 元。

(1) 根据期初在产品成本资料,登入"生产成本——乙产品"明细账中相应成本项目(见表 4-6)。

(2) 根据例 4-29 至例 4-38 的资料,登记"制造费用明细账"和"生产成本明细账"(见表 4-4 至表 4-6)。

(3) 根据"制造费用明细账"资料,分配本月制造费用。

【例 4-39】 月末，云龙公司按工资比例分配并结转制造费用。

根据"制造费用明细账"资料可知本月制造费用总额为 25 300 元。

制造费用分配率 = 制造费用总额 ÷ 各种产品生产工人工资之和
= 25 300 ÷ (50 000 + 60 000) = 0.23

甲产品应负担的制造费用 = 甲产品生产工人工资 × 制造费用分配率
= 50 000 × 0.23 = 11 500(元)。

乙产品应负担的制造费用 = 乙产品生产工人工资 × 制造费用分配率
= 60 000 × 0.23 = 13 800(元)。

分配制造费用，是产品生产成本增加，制造费用减少，涉及"生产成本"和"制造费用"两个账户，生产成本增加，记入"生产成本"账户的借方；制造费用减少，记入"制造费用"账户的贷方。其分录如下：

借：生产成本——甲产品——制造费用　　11 500
　　　　　　——乙产品——制造费用　　13 800
　贷：制造费用　　25 300

(4) 根据[例 4-39]的分录，登记"制造费用明细账"和"生产成本明细账"(见表 4-4 至表 4-6)。

(5) 根据甲、乙产品生产成本明细账中的各成本项目记录和在产品资料，即可计算甲、乙两种产品总成本和单位成本。

【例 4-40】 11 月 30 日，云龙公司计算并结转本月完工入库产品的生产成本。甲产品 530 件全部完工；乙产品完工 1 200 件，月末在产品 370 件，月末在产品成本按单位定额成本(直接材料 36.33 元，直接人工 27.61 元，制造费用 6.06 元)计算确定。

甲产品全部完工，意味着甲产品期末没有在产品，月初在产品成本与本月生产费用之和就是完工甲产品总成本。

完工甲产品总成本 = 0 + 132 500 − 0 = 132 500(元)

乙产品月末有在产品，月末在产品的成本为：

370 × (36.33 + 27.61 + 6.06) = 370 × 70 = 25 900(元)

完工乙产品总成本 = 月初在产品成本 + 本月发生费用 − 月末在产品成本
= 8 500 + 165 000 − 25 900 = 147 600(元)

产品完工，验收入库，使企业的库存产成品增加，同时也使企业的生产成本减少，涉及"库存商品"和"生产成本"两个账户。库存产成品增加，应记入"库存商品"账户的借方；生产成本减少，应记入"生产成本"账户的贷方。分录如下：

借：库存商品——甲产品　　132 500
　　　　　　——乙产品　　147 600
　贷：生产成本——甲产品　　132 500
　　　　　　　——乙产品　　147 600

（6）根据[例 4-40]的分录登记生产成本明细账（见表 4-5 和表 4-6）。

表 4-4　　制造费用明细分类账

2020 年		凭证号数	摘　要	借　方					贷方	借或贷	余额
月	日			工资及福利费	折旧费	办公费	其他费用	合计			
11	30	(29)	耗用材料				840	840		借	840
11	30	(30)	车间管理人员资	15 000				15 000		借	15 840
11	30	(31)	提取福利费	300				300		借	16 140
11	30	(35)	购买办公用品			400		400		借	16 540
11	30	(36)	计提固定资产折旧费		7 760			7 760		借	24 300
11	30	(37)	设备维修费				1 000	1 000		借	25 300
11	30	(39)	分配转入生产成本						25 300	平	0
			本月合计	15 300	7 760	400	1 840	25 300	25 300	平	0

表 4-5　　生产成本明细分类账

产品名称：甲产品

2020 年		凭证号数	摘　要	借　方			
月	日			直接材料	直接人工	制造费用	合计
11	30	(29)	耗用原材料	70 000			70 000
11	30	(30)	生产工人工资		50 000		50 000
11	30	(31)	提取职工福利费		1 000		1 000
11	30	(39)	分配制造费用			11 500	11 500
11	30	(40)	结转完工产品生产成本	70 000	51 000	11 500	132 500
			月末在产品成本	0	0	0	0

表 4-6　　生产成本明细分类账

产品名称：乙产品

2020 年		凭证号数	摘　要	成本项目			
月	日			直接材料	直接人工	制造费用	合 计
11	1		期初余额	4 410	3 352	738	8 500
11	30	(29)	耗用原材料	90 000			90 000
11	30	(30)	生产工人工资		60 000		60 000
11	30	(31)	提取职工福利费		1 200		1 200
11	30	(39)	分配制造费用			13 800	13 800

（续表）

2020年		凭证号数	摘　要	成本项目			
月	日			直接材料	直接人工	制造费用	合 计
11	30	（40）	结转完工产品生产成本	80 968	54 336	12 296	147 600
			月末在产品成本	13 442	10 216	2 242	25 900

注：月末在产品成本四舍五入到整数位。

（7）编制完工产品成本计算表（见表4-7）。

表4-7　　产品生产成本计算表

2020年11月30日

成本项目	甲产品（530件）		乙产品（1 200件）	
	总成本（元）	单位成本（元）	总成本（元）	单位成本（元）
直接材料	70 000.00	132.07	80 967.00	67.47
直接人工	51 000.00	96.23	54 336.00	45.28
制造费用	11 500.00	21.70	12 297.00	10.25
产品生产成本	1 325 00.00	250.00	147 600.00	123.00

注：单位成本四舍五入，保留两位小数，尾差计入直接材料。

生产业务的总分类核算如图4-36所示。

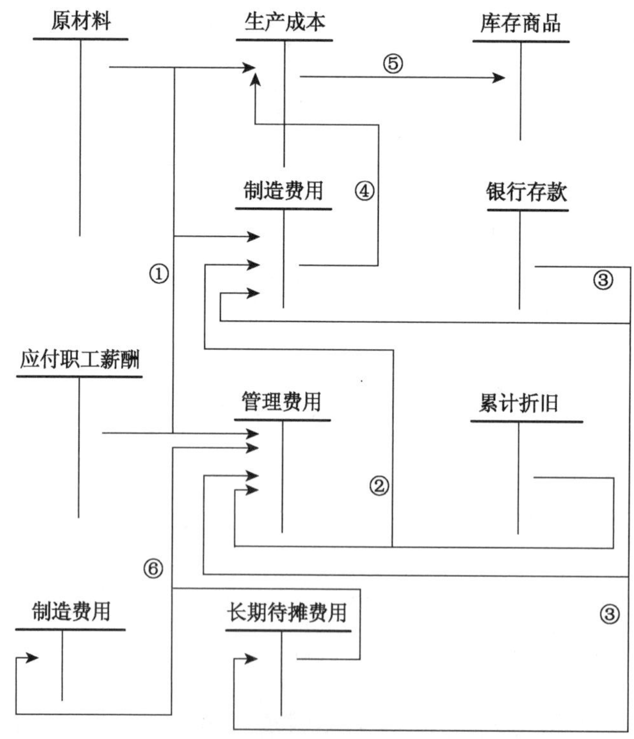

图4-36　生产业务核算示意图

说明：①发生材料费、人工费用；②计提折旧；③支付制造费用、管理费用、长期待摊费用；④分配结转制造费用；⑤完工产品入库；⑥摊销长期待摊费用

第五节　产品销售业务的核算

产品销售是工业企业生产经营过程的最后阶段，其主要任务是将生产的产品销售出去满足社会需要，取得销售收入，使企业的生产耗费得到补偿，并实现企业的经营目标。因此，销售过程的主要内容是：售出产品确认实现的销售收入，与购货单位办理货款结算，支付各种销售费用，结转产品的销售成本，计算应向国家交纳的销售税金及附加费，确认其销售的业务成果。另外，企业除产品销售业务外，还会发生一些其他销售业务，如销售材料、让渡资产使用权等，这些销售业务取得的收入和发生的支出，也是销售过程核算的内容。

一、销售收入的核算

销售收入是指企业销售产品、销售材料、提供劳务和让渡资产使用权取得的营业收入。其包括主营业务收入和其他业务收入。其核算内容主要有售出产品货物确认实现的销售收入及与购货单位办理货款结算等。

(一) 账户设置

(1)“主营业务收入”账户。该账户属于损益类(收益收入类)账户，用来核算企业销售库存商品和提供工业性劳务所实现的收入。其贷方登记企业实现的营业收入；借方登记期末转出到“本年利润”的营业收入额；转出后，该账户应无余额。该账户应按产品(或劳务)收入类别设置明细账户，进行明细核算。“主营业务收入”账户的结构如图 4-37 所示。

借方　　主营业务收入　　贷方

期末转出到“本年利润”账户时，登记转出数。	销售实现时，销售收入额

图 4-37　“主营业务收入”账户

(2)“应收账款”账户。该账户属于资产类账户，用来核算企业因销售库存商品、原材料和提供工业性劳务等应向购货方或接受劳务方收取的款项。其借方登记企业发生上述业务而应收取的款项；贷方登记企业收回的应收款项；期末余额在借方，表示企业尚未收回的款项。该账户应按购货单位或接受劳务单位设置明细账户，进行明细核算。“应收账款”账户的结构如图 4-38 所示。

借方　　应收账款　　贷方

赊销库存商品、材料(或劳务)时，登记应收取的款项	收回的应收款项时，登记收到的款项
期末余额：尚未收回的款项	

图 4-38　“应收账款”账户

(3)“应收票据”账户。该账户属于资产类账户，用来核算企业销售商品而收到购买单位开出、承兑的商业汇票。其借方登记收到购买单位开出、承兑的商业汇票的票面金额；贷方登记到期收款、中途转让、到期前向银行贴现等转出票面金额；期末余额在借方，表示企业持有的商业汇票的票面价值。该账户可以按开出、承兑商业汇票的单位设置明细账户，也可以不设明细账户，但企业都应设置“应收票据备查簿”，逐笔登记每一应收票据的详细资料，应收票据结清或退票时，应在备查簿中予以注销。“应收票据”账户的结构如图4-39所示。

借方	应收票据　　　　　　贷方
① 收到购货单位开出、承兑的商业汇票时登记其票面额	① 到期收到票款时，登记票面额 ② 票据转让时，登记转让的票面额 ③ 票据贴现时，登记贴现票据的票面额 ④ 到期收不回时，登记转出的票面额
期末余额：企业持有的商业汇票的票面价值	

图4-39 “应收票据”账户

(4)“合同负债”账户。该账户属于负债类账户。合同负债是指企业已收或应收客户对价而应向客户转让商品的义务。其贷方登记企业在向客户转让商品之前，已经收到或已经取得无条件收取合同对价权利的金额；借方登记企业向客户转让商品时冲销的金额；期末贷方余额，反映企业在向客户转让商品之前，已经收到的合同对价或已经取得的无条件收取合同对价权利的金额。该科目按合同进行明细核算。“合同负债”账户的结构如图4-40所示。

借方	合同负债　　　　　　贷方
① 发出商品、材料，收入实现时，登记结算额	① 预收购货款时，登记预收款额
② 退回多预收的货款时，登记退款额	② 收到补付的货款时，登记补付的金额
	期末余额：结余的预收货款

图4-40 “预收账款”账户

(5)“其他业务收入”账户。该账户属于损益类(收益收入类)账户。其用来核算除主营业务以外的营业收入，如销售材料的收入、出租固定资产的租金收入、让渡无形资产使用权的使用费收入等。该账户贷方登记企业实现的其他业务收入；借方登记期末转出到“本年利润”的其他业务收入额。转出后，该账户无余额。“其他业务收入”账户应按其收入种类设置明细账户，进行明细核算。“其他业务收入”账户的结构如图4-41所示。

借方	其他业务收入　　　　　　贷方
期末转出时，登记转出到“本年利润”的收入额	其他业务收入实现时，登记其他业务的收入额

图4-41 “其他业务收入”账户

(6)“销售费用”账户。该账户属于损益类(费用支出类)账户，用来核算企业在销售商品和提供劳务过程中发生的各项费用以及专设销售机构的各项费用，包括运输费、装卸费、

包装费、保险费、广告费以及专设销售机构发生的经费等。该账户借方登记企业发生的销售费用;贷方登记期末转出到“本年利润”的销售费用,转出后,该账户无余额。“销售费用”账户应按费用项目设置明细账户,进行明细核算。“销售费用”账户的结构如图 4-42 所示。

借方	销售费用 贷方
发生销售费用时,登记发生额	期末转出到“本年利润”时,登记转出数

图 4-42 “销售费用”账户

(7)“税金及附加”账户。该账户属于损益类(费用支出类)账户,用来核算企业因销售商品、让售材料、提供工业性劳务等业务应负担的税金及附加,包括消费税、城市维护建设税、房产税等税金及教育费附加。该账户借方登记企业按规定计算出的应负担的税金及附加;贷方登记期末转出到“本年利润”的税金及附加,转出后,该账户无余额。“税金及附加”账户的结构如图 4-43 所示。

借方	税金及附加 贷方
计算出税金及附加时,登记应交数	期末转出到“本年利润”时,登记转出数

图 4-43 “税金及附加”账户

(二) 核算举例

【例 4-41】 2020 年 10 月 12 日,云龙公司销售给红星公司甲产品 100 件,每件售价 300 元,计 30 000 元,增值税销项税额 3 900 元,款项已收存企业存款户。原始单据见图 4-45 至图 4-46。

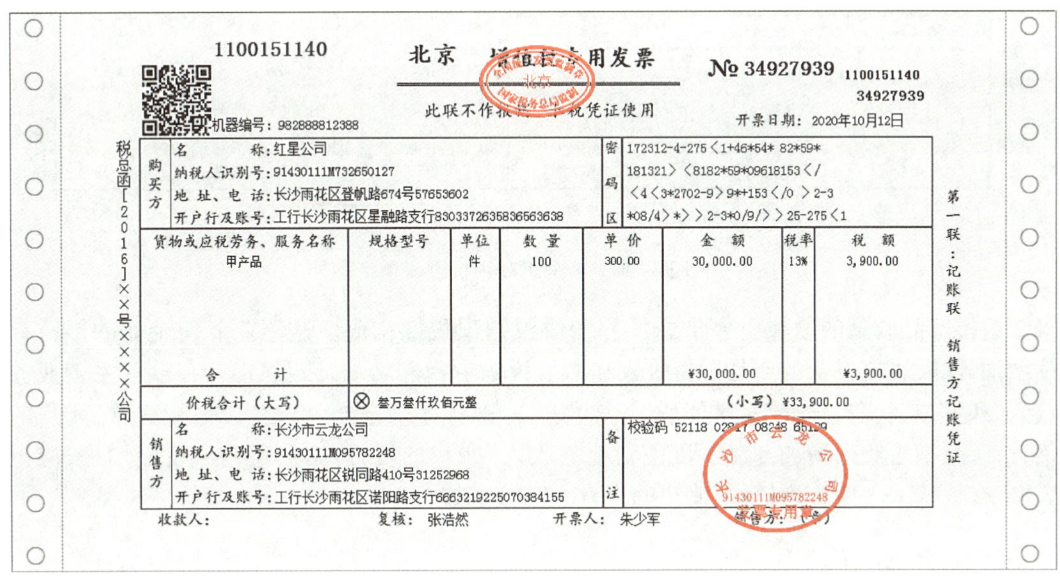

1100151140　　北京 增值税专用发票　　№ 34927939　1100151140 34927939

此联不作报销、扣税凭证使用

机器编号:982888812388　　开票日期:2020年10月12日

税总函[2016]××号×××公司

		密码区	
购买方	名　称:红星公司 纳税人识别号:91430111M732650127 地 址、电 话:长沙雨花区登帆路674号57653602 开户行及账号:工行长沙雨花区星融路支行8303372635836563638	密码区	172312-4-275<1+46*54* 82*59* 181321><8182*59*09618153</ <4<3*2702-9>9*+153</0 >2-3 *08/4>*>>2-3*0/9/>>25-275<1

货物或应税劳务、服务名称	规格型号	单位	数量	单价	金额	税率	税额
甲产品		件	100	300.00	30,000.00	13%	3,900.00
合　计					¥30,000.00		¥3,900.00
价税合计(大写)	⊗叁万叁仟玖佰元整				(小写)¥33,900.00		

		备注	
销售方	名　称:长沙市云龙公司 纳税人识别号:91430111M095782248 地 址、电 话:长沙雨花区锐同路410号31252968 开户行及账号:工行长沙雨花区诺阳路支行6663219225070384155	备注	校验码 52118 02817 08248 65129

收款人:　　复核:张浩然　　开票人:朱少军　　销售方:(章)

第一联:记账联 销售方记账凭证

图 4-44 甲产品增值税专用发票(第一联)

出 库 单

出货单位：长沙市云龙公司　　2020 年 10 月 12 日　　单号：025

提货单位或领货部门	红星公司	销售单号		发出仓库	成品库	出库日期	2020-10-12

编号	名称及规格	单位	数量 应发	数量 实发	单价	金额
A01	甲产品	件	100	100	300	30 000.00
合计						

会计联

部门经理：戴铁强　　会计：唐洪　　仓库：刘霞　　经办人：陈鹏

图 4-45　出库单

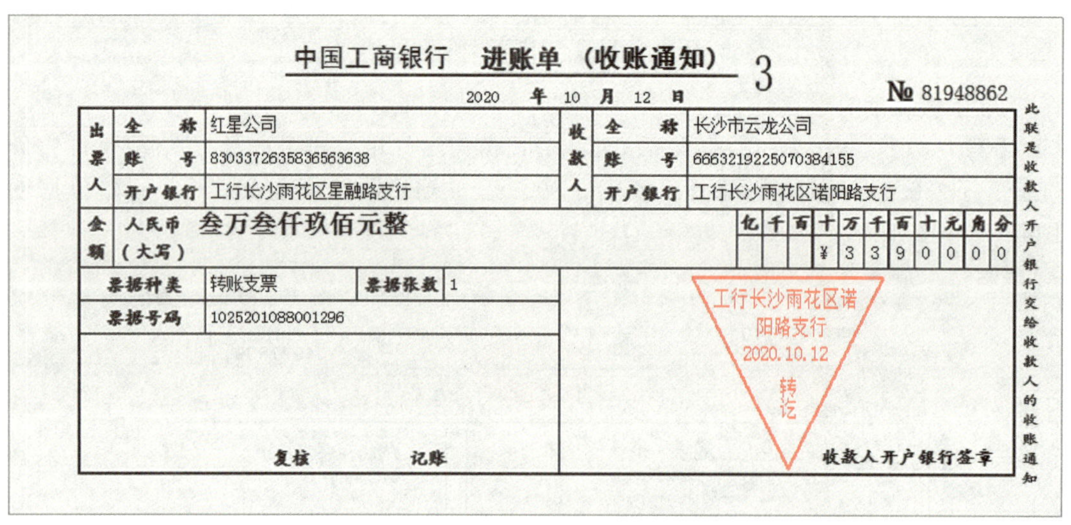

中国工商银行　进账单（收账通知）　3

2020 年 10 月 12 日　　№ 81948862

出票人 全称	红星公司	收款人 全称	长沙市云龙公司
账号	8303372635836563638	账号	6663219225070384155
开户银行	工行长沙雨花区星融路支行	开户银行	工行长沙雨花区诺阳路支行
金额 人民币（大写）	叁万叁仟玖佰元整	亿千百十万千百十元角分	¥ 3 3 9 0 0 0 0
票据种类	转账支票	票据张数	1
票据号码	1025201088001296		
复核　记账		收款人开户银行签章	

图 4-46　中国工商银行进账单

销售产品收到的款项由售价总额和增值税销项税额构成。这笔业务使企业的银行存款增加，同时也使企业的产品销售收入和增值税销项税额增加，涉及“银行存款”“主营业务收入”和“应交税费——应交增值税”三个账户。银行存款增加，应记入“银行存款”账户的借方；产品销售收入增加，应记入“主营业务收入”账户的贷方；增值税销项税额增加，应记入“应交税费——应交增值税”账户的贷方。其分录如下：

借：银行存款　　33 900
　贷：主营业务收入——甲产品　　30 000
　　　应交税费——应交增值税（销项税额）　　3 900

【例 4-42】 2020 年 10 月 13 日，云龙公司用银行存款支付产品销售广告费 3 000 元。

广告费属于销售费用。这笔业务使销售费用增加，同时使企业的银行存款减少，涉及"销售费用"和"银行存款"两个账户。销售费用增加，应记入"销售费用"账户的借方，银行存款减少，应记入"银行存款"账户的贷方。其分录如下：

借：销售费用　　3 000
　贷：银行存款　　3 000

【例 4-43】 2020 年 10 月 16 日，云龙公司销售给立达公司乙产品 100 件，每件售价 200 元，计 20 000 元，增值税销项税额 2 600 元，款项尚未收到。

赊销产品使企业的应收账款增加，同时使企业的产品销售收入和增值税销项税额增加，涉及"应收账款""主营业务收入"和"应交税费——应交增值税"三个账户。应收账款增加，应记入"应收账款"账户的借方；产品销售收入增加，应记入"主营业务收入"账户的贷方；增值税销项税额增加应记入"应交税费——应交增值税"账户的贷方。其分录如下：

借：应收账款——立达公司　　22 600
　贷：主营业务收入——乙产品　　20 000
　　应交税费——应交增值税（销项税额）　　2 600

【例 4-44】 2020 年 10 月 17 日，云龙公司销售给神龙公司乙产品 60 件，每件售价 200 元，计 12 000 元，增值税销项税额 1 560 元，收到神龙公司开出的面额为 13 560 元、1 个月期、不带息的商业汇票。

销售产品，收到商业汇票，使企业的应收票据增加，同时使企业的产品销售收入和增值税销项税额增加，涉及"应收票据""主营业务收入"和"应交税费——应交增值税"三个账户。应收票据增加，应记入"应收票据"账户的借方；产品销售收入增加，应记入"主营业务收入"账户的贷方；增值税销项税额增加应记入"应交税费——应交增值税"账户的贷方。其分录如下：

借：应收票据——神龙公司　　13 560
　贷：主营业务收入——乙产品　　12 000
　　应交税费——应交增值税（销项税额）　　1 560

【例 4-45】 2020 年 10 月 18 日，根据合同，云龙公司预收友谊公司汇来的货款40 000 元，存入企业存款户。

收到预收货款，使企业的银行存款增加，同时使企业的预收货款增加，涉及"合同负债"和"银行存款"账户两个账户。银行存款增加，应记入"银行存款"账户的借方，合同负债增加，应记入"合同负债"账户的贷方。其分录如下：

借：银行存款　　40 000
　贷：合同负债——友谊公司　　40 000

【例 4-46】 2020 年 10 月 22 日，云龙公司收到立达公司偿还的前欠货款 22 600 元，存入企业存款户。

收回赊销款，使企业的银行存款增加，同时使企业的应收账款减少，涉及"银行存款"和"应收账款"两个账户。银行存款增加，应记入"银行存款"账户的借方，应收账款减少，应记入"应收账款"账户的贷方。其分录如下：

借：银行存款　　22 600
　贷：应收账款——立达公司　　22 600

【例 4-47】 2020 年 10 月 22 日，云龙公司向友谊公司销售甲产品 120 件，单位售价 300 元，计 36 000 元，增值税销项税额 4 680 元。

原已预收友谊公司货款，现向友谊公司销售产品，则应冲减合同负债，冲减金额为此次销售的结算金额。这笔业务使合同负债减少，产品销售收入和增值税销项税额增加，涉及"合同负债""主营业务收入"和"应交税费——应交增值税"三个账户。合同负债减少，应记入"合同负债"账户的借方；产品销售收入增加，应记入"主营业务收入"账户的贷方；增值税销项税额增加应记入"应交税费——应交增值税"账户的贷方。其分录如下：

借：合同负债——友谊公司　　40 680
　贷：主营业务收入——甲产品　　36 000
　　应交税费——应交增值税(销项税额)　　4 680

【例 4-48】 2020 年 10 月 22 日，友谊公司补付货款 680 元，存入企业存款户。

与一个单位的往来以前用什么账户，那么以后就应沿用什么账户，以便连续反映该单位与本企业往来结算的完整记录。收到友谊公司的预付货款时，用"合同负债"账户，那么，此处收到友谊公司的补付货款，也应使用"合同负债"账户。

这笔业务使企业的银行存款增加，应记入"银行存款"账户的借方；同时也使企业的合同负债增加，应记入"合同负债"账户的贷方。其分录如下：

借：银行存款　　680
　贷：合同负债——友谊公司　　680

【例 4-49】 2020 年 10 月 23 日，云龙公司销售给健民公司 A 材料 1 000 千克，每千克售价 30 元，计 30 000 元，增值税销项税额 3 900 元，款项已收存企业存款户。

销售材料收入属于其他业务收入。该项业务使银行存款增加，同时也使企业的其他业务收入和增值税销项税额增加，涉及"银行存款""其他业务收入"和"应交税费——应交增值税"三个账户。银行存款增加，应记入"银行存款"账户的借方；其他业务收入增加，应记入"其他业务收入"账户的贷方；增值税销项税额增加，应记入"应交税费——应交增值税"账户的贷方。其分录如下：

借：银行存款　　33 900
　贷：其他业务收入——材料售让收入　　30 000
　　应交税费——应交增值税(销项税额)　　3 900

【例 4-50】 2020 年 10 月 31 日，云龙公司根据 2020 年 10 月实际应缴纳增值税 9 000 元，计算应交纳的城市维护建设税(税率 7%)、教育费附加(比率 3%)和地方教育附加(2%)。

计算应交纳税金及附加，一方面使税金及附加增加，即费用支出增加，另一方面使企业的应交税费增加，涉及"税金及附加"和"应交税费"两个账户。税金及附加增加，应记入"税金及附加"账户的借方；应交税费增加，应记入"应交税费"账户的贷方。其分录如下：

借：税金及附加　1 080

　贷：应交税费——应交城建税　630

　　　　　　——应交教育费附加　270

　　　　　　——应交地方教育附加　180

【例 4-51】 假定到了 2020 年 11 月 7 日，神龙公司开来的面额为 13 560 元的商业汇票到期，收到票面款，存入企业存款户。

商业汇票到期，收到票据款，使企业的银行存款增加，同时使企业的应收票据减少，涉及"银行存款"和"应收票据"两个账户。银行存款增加，应记入"银行存款"账户的借方，应收票据减少，应记入"应收票据"账户的贷方。其分录如下：

借：银行存款　13 560

　贷：应收票据——神龙公司　13 560

二、销售成本的计算与结转

（一）产品销售成本的计算

产品销售成本是指已销售产品承担的生产成本，即应当从主营业务收入中补偿的生产耗费。产品销售成本的计算公式如下：

$$\text{产品销售成本} = \text{产品销售数量} \times \text{产品的单位生产成本}$$

（二）销售成本的结转

销售成本的结转，应设置"主营业务成本"账户和"其他业务成本"账户。

（1）"主营业务成本"账户。该账户属于损益类（费用支出类）账户，用来核算企业销售产品和提供劳务所发生的成本。其借方登记企业已售产品结转的实际生产成本；贷方登记期末转出到"本年利润"账户的本期销售成本，转出后，该账户无余额。"主营业务成本"账户应按产品（或劳务）类别设置明细账户，进行明细核算。"主营业务成本"账户的结构如图 4-47 所示。

借方　　　　主营业务成本	贷方
产品销售后，登记已销产品结转的生产成本	期末转出到"本年利润"时，登记转出数

图 4-47 "主营业务成本"账户

（2）"其他业务成本"账户。该账户属于损益类（费用支出类）账户，用来核算除主营业务以外的其他业务所发生的成本。其借方登记发生其他业务结转的成本，包括材料销售成本、出租资产发生的成本费用等；贷方登记期末转出到"本年利润"的其他业务成本额，转出后，该账户无余额。该账户应按其他经营业务的种类设置明细账户，进行明细核算。

"其他业务成本"账户的结构如图 4-48 所示。

借方　　　　其他业务成本	贷方
① 材料销售后，登记已销材料的实际成本 ② 计算出租资产发生的成本费用时，登记相应的成本费用额	期末转出到"本年利润"时，登记转出数

图 4-48 "其他业务成本"账户

（三）销售成本核算举例

【例 4-52】 31 日，云龙公司结转本月已销 220 件甲产品的产品成本，已销 160 件乙产品的产品成本（甲产品、乙产品的单位生产成本分别为 250 元和 123 元）。

已销甲产品的总成本 = 220 × 250 = 55 000（元）
已销乙产品的总成本 = 160 × 123 = 19 680（元）

结转已销产品的成本，使营业成本增加，同时使库存产成品减少，涉及“主营业务成本”和“库存商品”两个账户。已销产品的成本增加，应记入“主营业务成本”账户的借方；库存产成品减少，应记入“库存商品”账户的贷方。其分录如下：

借：主营业务成本——甲产品　　55 000
　　　　　　　　——乙产品　　19 680
　贷：库存商品——甲产品　　55 000
　　　　　　　——乙产品　　19 680

【例 4-53】 31 日，云龙公司结转本月已销材料的销售成本（1 000 千克 A 材料，单位采购成本为 10 元）。

已销 A 材料的总成本 = 1 000 × 10 = 10 000（元）

结转已销材料的成本，使企业的其他业务成本增加；同时使库存原材料减少，涉及“其他业务成本”账户和“原材料”两个账户。其他业务成本增加，应记入“其他业务成本”账户的借方，库存原材料减少，应记入“原材料”账户的贷方。其分录如下：

借：其他业务成本——材料销售成本　　10 000
　贷：原材料——A 材料　　10 000

销售业务的总分类核算如图 4-49 所示。

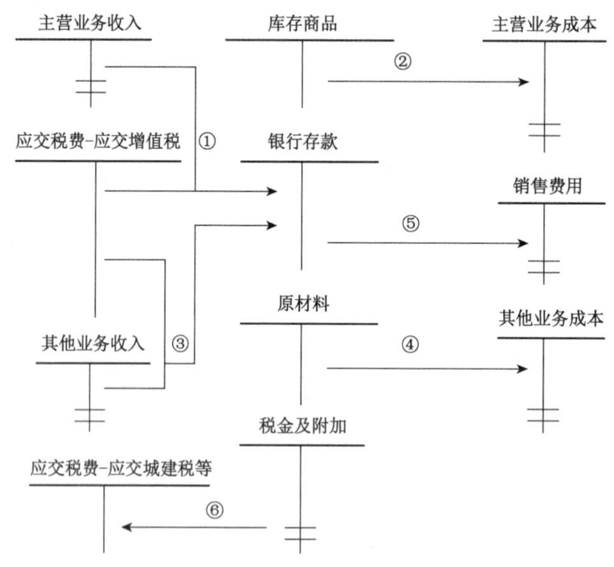

图 4-49　销售业务核算示意图

说明：划双横线的账户是损益类账户，期末转入“本年利润”后无余额。①销售产品等收到主营业务收入及增值税，或与应收票据、应收账款、合同负债对应。②结转已售产品成本。③销售材料等，收到其他业务收入及增值税。④结转销售材料等其他业务成本。⑤发生销售费用。⑥计算应交城建税、教育费附加等。

第六节　财务成果业务的核算

一、利润的形成

工业企业在一定时期内生产经营活动的财务成果，表现为实现的利润或发生的亏损。企业实现的利润总额是营业利润与营业外收支净额之和。用公式表示如下：

利润总额 = 营业利润 + 营业外收入 − 营业外支出

营业利润 = 营业收入 − 营业成本 − 税金及附加 − 销售费用 − 管理费用 − 财务费用 − 资产减值损失 + 公允价值变动损益 + 投资收益

营业收入 = 主营业务收入 + 其他业务收入

营业成本 = 主营业务成本 + 其他业务成本

财务费用主要是指企业为筹集生产经营所需资金而发生的各项费用。

资产减值损失是企业计提各种资产减值准备形成的损失。

公允价值变动损益主要反映以公允价值计量的交易性金融资产等公允价值变动形成的应计入当期损益的利得和损失。

营业利润是企业生产经营过程所实现的利润，是企业利润总额的主要组成部分。

营业外收入和营业外支出是指企业发生的与生产经营活动无直接关系的收入与支出。营业外收入主要包括接受捐赠、罚款收入等。营业外支出主要包括固定资产盘亏、对外承担的赔偿金和违约金、非常损失、捐赠支出等。

企业实现的利润总额应向国家交纳所得税，所得税后的净利润属于企业的净收益，应按规定的顺序进行分配。如果企业有以前年度发生的亏损尚未弥补，应先弥补亏损，然后按净利润的一定比例提取盈余公积，最后向投资者分配利润。经过上述分配后结余的未分配利润，形成企业的留存收益。

二、管理费用及其相关业务的核算

管理费用是指企业行政管理部门为组织和管理企业的生产经营活动而发生的各项费用，如企业行政管理人员工资、行政管理部门固定资产的折旧费等。

(一) 设置的主要账户

(1) “管理费用”账户。该账户属于损益类(费用支出类)账户，用来核算企业行政管理部门为组织和管理企业的生产经营活动而发生的各项费用，如企业行政管理人员工资、福利费、办公费、差旅费、折旧费、修理费、业务招待费、劳动保险费、财产保险费等。其借方登记企业发生的各项管理费；贷方登记期末转出到“本年利润”的管理费用，转出后，该账户无余额。“管理费用”账户应按费用项目设置明细账户，进行明细核算。

“管理费用”账户的结构如图 4-50 所示。

借方　　　　管理费用	贷方
发生管理费用时，登记发生额	期末转出到“本年利润”时，登记转出数

图 4-50　“管理费用”账户结构图

(2)“无形资产”账户。该账户属于资产类账户,用来核算企业的专利权、非专利技术、土地使用权、商标权、著作权等各种无形资产。其借方登记无形资产取得时的实际成本;贷方登记无形资产减少时转销的初始成本;期末余额在借方,表示企业实存的无形资产初始成本。该账户应按无形资产类别设置明细账户,进行明细核算。“无形资产”账户的结构如图 4-51 所示。

借方　　　　　　　　　　　　无形资产	贷方
取得无形资产时,登记无形资产增加额	无形资产处置时,登记无形资产转出额
期末余额:实有无形资产的初始成本额	

图 4-51　“无形资产”账户结构图

(3)“累计摊销”账户。该账户属于资产类账户,用来核算无形资产按期限摊销而产生的累计减少额。其贷方登记当期无形资产摊销额;借方登记因减少无形资产而转销的该无形资产累计摊销额;期末余额在贷方,表示企业现有无形资产累计摊销额。

“累计摊销”账户的结构如图 4-52 所示。

借方　　　　　　　　　　　　累计摊销	贷方
无形资产减少时,登记该无形资产的累计摊销额	无形资产按期摊销时,登记当期摊销额。
	期末余额:现有无形资产累计摊销额

图 4-52　“累计摊销”账户结构图

(4)“其他应收款”账户。该账户属于资产类账户,用来核算其他应收款的发生和结算情况。其借方登记各种其他应收款项的发生,如应收的各种赔款、罚款,应收的出租包装物租金,应收回的存出保证金,应向职工收取的各种借支或垫付款项等;贷方登记其他应收款项的收回;期末余额在借方,表示企业尚未收回的其他应收款项。该账户应按不同的债务人设置明细账户,进行明细核算。

“其他应收款”账户的结构如图 4-53 所示。

借方　　　　　　　　　　　　其他应收款	贷方
其他应收款项的发生时,登记应收的各种赔款、罚款,应收租金,应收的存出保证金,应收的借支或代垫款项等	收回其他应收款项时,登记实际收回数
期末余额:尚未收回的其他应收款项	

图 4-53　“其他应收款”账户结构图

(二)管理费用及其相关业务核算举例

【例 4-54】　2020 年 10 月 13 日,云龙公司财务处处长报销办公用品费 339 元,以现金支付。原始单据见图 4-54 和图 4-55。

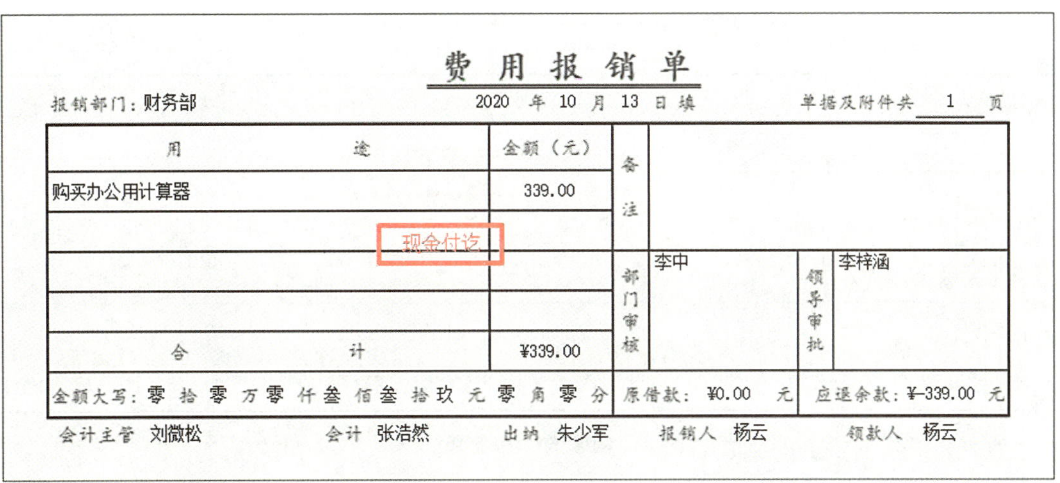

费用报销单

报销部门：财务部　　2020 年 10 月 13 日填　　单据及附件共 1 页

用途	金额（元）	备注			
购买办公用计算器	339.00				
现金付讫					
		部门审核	李中	领导审批	李梓涵
合计	¥339.00				
金额大写：零拾零万零仟叁佰叁拾玖元零角零分		原借款：¥0.00 元		应退余款：¥-339.00 元	

会计主管 刘微松　　会计 张浩然　　出纳 朱少军　　报销人 杨云　　领款人 杨云

图 4-54　费用报销单

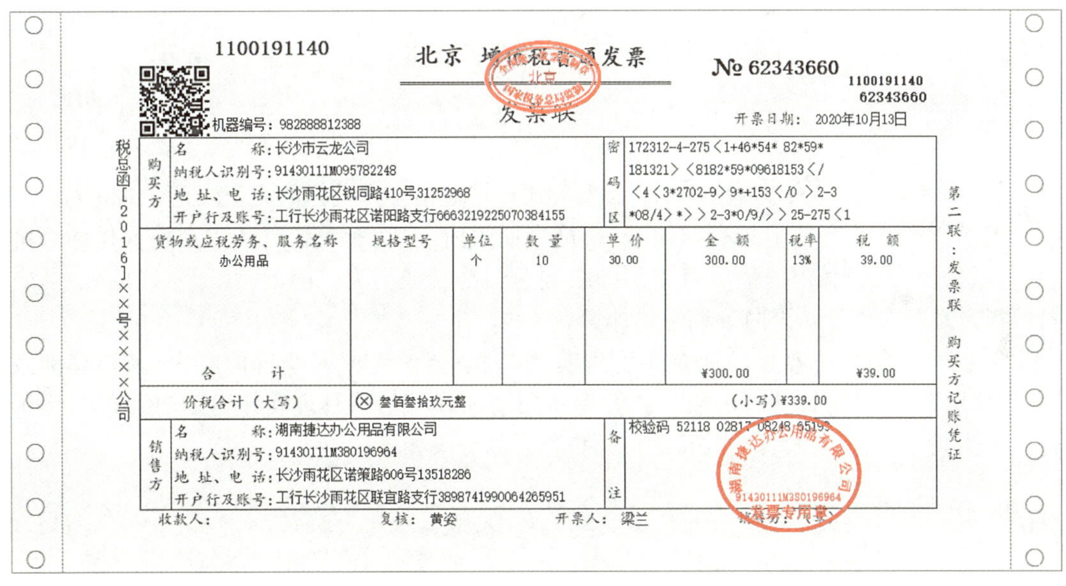

1100191140　　**北京　增值税普通发票**　　№ 62343660

1100191140
62343660

发票联

机器编号：982888812388　　开票日期：2020年10月13日

购买方	名称：长沙市云龙公司 纳税人识别号：91430111M095782248 地址、电话：长沙雨花区锐同路410号31252968 开户行及账号：工行长沙雨花区诺阳路支行6663219225070384155	密码区	172312-4-275〈1+46*54* 82*59* 181321〉〈8182*59*09618153〈/ 〈4〈3*2702-9〉9*+153〈/0 〉2-3 *08/4〉*〉〉2-3*0/9/〉〉25-275〈1

货物或应税劳务、服务名称	规格型号	单位	数量	单价	金额	税率	税额
办公用品		个	10	30.00	300.00	13%	39.00
合计					¥300.00		¥39.00
价税合计（大写）	⊗ 叁佰叁拾玖元整				（小写）¥339.00		

销售方	名称：湖南捷达办公用品有限公司 纳税人识别号：91430111M380196964 地址、电话：长沙雨花区诺策路606号13518286 开户行及账号：工行长沙雨花区联宜路支行3898741990064265951	备注	校验码 52118 02817 08248 65193

收款人：　　复核：黄姿　　开票人：梁兰　　销售方：（章）

税总函[2016]××号×××公司

第二联：发票联　购买方记账凭证

图 4-55　增值税专用发票(第二联)

行政管理部门办公用品支出属于管理费用。这笔业务使管理费用增加，即费用支出增加，应计入“管理费用”账户的借方；同时，使现金减少，即资产减少，应计入“库存现金”账户的贷方。其分录如下：

借：管理费用　　339
　贷：库存现金　　339

【例 4-55】 2020 年 10 月 21 日，云龙公司采购员张郝出差借款 400 元，以现金支付。原始单据见图 4-56。

借 支 单

2020 年 10 月 21 日　　部门：供应部

借支人姓名	张郝		职　务		采购员		
借支事由	预借差旅费　现金付讫						
人民币（大写）	肆佰元整　¥400.00						
核准	刘微松	会计	张浩然	出纳	朱少军	借支人	张郝

图 4-56　借支单

企业向职工出借款项，而这笔款项将来是应收回的，对企业来说是增加一项债权，属于其他应收款。这笔业务是企业的其他应收款增加，现金减少，涉及“其他应收款”和“库存现金”两个账户。其他应收款增加，即资产增加，应记入“其他应收款”账户的借方；现金减少，即资产减少，应记入“库存现金”账户的贷方。其分录如下：

借：其他应收款——张郝　　400
　贷：库存现金　　400

【例 4-56】 2020 年 10 月 30 日，云龙公司摊销应由本月负担的无形资产 1 200 元。

无形资产通常有一定的有效期限，在这个期限内，伴随着无形资产为企业提供的经济利益，其价值会发生转移，最后有价值的权利总会终结或消失。因此，无形资产的成本，应自取得当月起在预计年限内分期平均摊销。

无形资产摊销，一般是增加企业管理费用，同时会使无形资产价值减少，其核算涉及“管理费用”和“累计摊销”两个账户。管理费用增加，应记入“管理费用”账户的借方；无形资产价值减少，应记入“累计摊销”账户的贷方。其分录如下：

借：管理费用　　1 200
　贷：累计摊销　　1 200

【例 4-57】 2020 年 10 月 30 日，云龙公司张郝出差归来，报销差旅费 430 元，财务部门补付现金 30 元。

采购人员的差旅费属于管理费用。这笔业务使管理费用增加，即费用支出增加，记入“管理费用”账户的借方；同时，报销款冲抵该职工原欠款后，企业以现金补付差旅费用支出，使其他应收款和库存现金这两种资产均减少，记入“其他应收款”账户的贷方和“库存现金”账户的贷方。其分录如下：

借：管理费用　　430
　贷：其他应收款——张郝　　400
　　　库存现金　　30

【例 4-58】 2020 年 10 月 31 日，云龙公司人事经理李宇鹏出差归来，报销差旅费

480 元，原借款 500 元，余款 20 元交回财务部门。

人事部门的人员属于行政管理人员，其差旅费属于管理费用。职工报销差旅费，使管理费用增加，应记入“管理费用”账户的借方；同时，报销款冲抵该职工原欠款，冲抵后的差额应当以现金退回企业，两笔冲抵款使企业原借支款项结清，原借支款的结清应记入“其他应收款”账户的贷方；余款交回使企业库存现金增加，记入“库存现金”账户的借方。分录如下：

借：管理费用　480
　　库存现金　20
　贷：其他应收款——李宇鹏　500

【例 4-59】 2020 年 10 月 31 日，以银行存款支付金融机构手续费 140 元。

金融机构手续费属于财务费用。支付金融机构手续费，一方面使企业的财务费用增加，另一方面使企业的银行存款减少，涉及“财务费用”和“银行存款”两个账户。财务费用增加，应记入“财务费用”账户的借方；银行存款减少，应记入“银行存款”账户的贷方。其分录如下：

借：财务费用　140
　贷：银行存款　140

三、营业外收支的核算

(一) 账户设置

(1)“营业外收入”账户。该账户属于损益类(收益收入类)账户，用来核算企业发生的与生产经营无直接关系的各项收入。其贷方登记企业取得的营业外收入额，如接受捐赠、罚款收入、无法支付的应付账款等；借方登记期末转出到“本年利润”的营业外收入，转出后，该账户无余额。“营业外收入”账户应按收入项目设置明细账户，进行明细核算。“营业外收入”账户的结构如图 4-57 所示。

借方　　　　　　营业外收入	贷方
期末转出到“本年利润”时，登记转出数	取得营业外收入时，登记收入额

图 4-57　“营业外收入”账户结构图

(2)“营业外支出”账户。该账户属于损益类(费用支出类)账户，用来核算企业发生的与生产经营无直接关系的各项支出。其借方登记企业发生的各项营业外支出，如固定资产盘亏、罚款支出、捐赠支出、自然灾害造成的非常损失等；贷方登记期末转出到“本年利润”的营业外支出额，转出后，该账户无余额。“营业外支出”账户应按支出项目设置明细账户，进行明细核算。“营业外支出”账户的结构如图 4-58 所示。

借方　　　　　　营业外支出	贷方
发生营业外支出时，登记发生额	期末转出到“本年利润”时，登记转出数

图 4-58　“营业外支出”账户结构图

（二）营业外收支核算举例

【例 4-60】 2020 年 10 月 3 日，云龙公司以银行存款向“希望工程”捐款 4 000 元。

捐赠支出属于营业外支出。以银行存款对外捐款，使企业的营业外支出增加，应记入“营业外支出”账户的借方；同时，银行存款减少，应记入“银行存款”账户的贷方。其分录如下：

借：营业外支出	4 000	
贷：银行存款		4 000

【例 4-61】 2020 年 10 月 9 日，云龙公司收到某公司交来的违反合同的罚款 3 000 元，存入企业存款户。

违约罚款收入属于营业外收入。取得罚款收入，使企业的营业外收入增加，应记入“营业外收入”账户的贷方；同时，银行存款增加，应记入“银行存款”账户的借方。分录如下：

借：银行存款	3 000	
贷：营业外收入		3 000

四、利润形成的核算

（一）账户设置

（1）“投资收益”账户。该账户属于损益类（收益收入类）账户，用来核算企业对外投资所获得的收益或发生的损失。其贷方登记实现的投资收益；借方登记发生的投资损失；期末将投资净收益转出到“本年利润”，转出后，该账无余额。“投资收益”账户的结构如图 4-59 所示。

借方　　　　　投资收益	贷方
① 发生投资损失时，登记投资损失额 ② 期末转出到“本年利润”时，登记转出的净收益额	① 发生投资收益时，登记投资收益额 ② 期末转出到“本年利润”时，登记转出的净损失额

图 4-59 “投资收益”账户结构图

（2）“所得税费用”账户。该账户属于损益类（费用支出类）账户，用来核算企业按照税法规定应在当期损益中扣除的所得税费用。其借方登记按照应纳税所得额计算的所得税费用额；贷方登记期末转出到“本年利润”的数额；转出后，该账户无余额。“所得税费用”账户的结构如图 4-60 所示。

借方　　　　　所得税费用	贷方
计算出应交所得税时，登记所得税费用	期末转出到“本年利润”时，登记转出数

图 4-60 “所得税费用”账户结构图

(3)“本年利润”账户。该账户属于所有者权益类账户,用来核算企业一定时期内净利润的形成或亏损的发生情况。其贷方登记会计期末从损益类(收益收入类)账户转入的收益收入额,包括主营业务收入、其他业务收入、投资收益、营业外收入等;借方登记会计期末从损益类(费用支出类)账户转入的费用支出额,包括主营业务成本、其他业务成本、税金及附加、管理费用、财务费用、销售费用、营业外支出、所得税费用等。该账户年内期末余额如果在贷方,表示年内累计实现的利润,如果在借方,表示累计发生的亏损。年末应将该账户的余额转出到“利润分配——未分配利润”账户。经过结转后,该账户年末没有余额。“本年利润”账户的结构如图 4-61 所示。

借方　　　　本年利润	贷方
期末结转损益类账户时,登记转入的费用支出额,包括的支出项目主要有: ① 主营业务成本　② 其他业务成本 ③ 税金及附加　④ 管理费用 ⑤ 财务费用　⑥ 销售费用 ⑦ 营业外支出　⑧ 所得税费用	期末结转损益类账户时,登记转入的收益收入额,包括的收入项目主要有: ① 主营业务收入 ② 其他业务收入 ③ 投资收益 ④ 营业外收入
年内期末余额:累计亏损	年内期末余额:累计净利润
年末结转时,登记转到“利润分配(未分配利润)”账户贷方的本年净利润额	年末结转时,登记转出到“利润分配(未分配利润)”账户借方的本年净亏损数

图 4-61　“本年利润”账户结构图

(二) 核算举例

【例 4-62】　2020 年 10 月 25 日,云龙公司收到被投资单位分来的利润 30 000 元,存于企业存款户。

收到对外投资收益,使企业的银行存款增加,应记入“银行存款”账户的借方;同时使企业的投资收益增加,应记入“投资收益”账户的贷方。分录如下:

借:银行存款　　30 000
　贷:投资收益　　30 000

【例 4-63】　2020 年 10 月 31 日,云龙公司按本月利润总额 65 651 元(根据本章第五节和第六节的经济业务)的 25%计算企业所得税。

$$本月应交所得税额 = 65\ 651 \times 25\% = 16\ 412.75(元)$$

计算企业应交所得税,使企业的所得税费用增加,即费用支出增加,应记入“所得税费用”账户的借方;同时使企业的应交税金增加,即负债增加,应记入“应交税费”账户的贷方。其分录如下:

借：所得税费用　　16 412.75

　贷：应交税费——应交企业所得税　　16 412.75

【例 4-64】 2020 年 10 月 31 日，云龙公司结转损益类中费用支出类账户。

根据本章第五节和第六节的经济业务，费用支出类账户累计发生额如下："主营业务成本"账户借方 74 680 元；"其他业务成本"账户借方 10 000 元；"税金及附加"账户借方 1 080 元；"销售费用"账户借方 3 000 元；"营业外支出"账户借方 4 000 元；"管理费用"账户借方2 449元；"财务费用"账户借方 140 元；"所得税费用"账户借方 16 412.75 元。

这笔业务的含义是将本期的主营业务成本、其他业务成本、税金及附加、销售费用、管理费用、财务费用、营业外支出、所得税费用结转到"本年利润"账户。这笔业务是转销费用支出，使各费用支出减少，应记入"主营业务成本""其他业务成本""税金及附加""销售费用""管理费用""财务费用""营业外支出""所得税费用"账户的贷方；同时，使本年利润减少，即所有者权益减少，应记入"本年利润"账户的借方。分录如下：

借：本年利润　　111 761.75

　贷：主营业务成本　　74 680

　　　其他业务成本　　10 000

　　　税金及附加　　1 080

　　　销售费用　　3 000

　　　管理费用　　2 449

　　　财务费用　　140

　　　营业外支出　　4 000

　　　所得税费用　　16 412.75

【例 4-65】 2020 年 10 月 31 日，云龙公司结转损益类中收益收入类账户。收益收入类账户累计发生额如下："主营业务收入"账户贷方 98 000 元；"其他业务收入"账户贷方 30 000元；"营业外收入"账户贷方 3 000 元；"投资收益"账户贷方 30 000 元。

这笔业务的含义是将本期的主营业务收入、其他业务收入、营业外收入、投资收益结转到"本年利润"账户。这笔业务使收益收入减少，应记入"主营业务收入""其他业务收入""营业外收入""投资收益"账户的借方；同时本年利润增加，即所有者权益增加，应记入"本年利润"账户的贷方。分录如下：

借：主营业务收入　　98 000

　　其他业务收入　　30 000

　　营业外收入　　3 000

　　投资收益　　30 000

　贷：本年利润　　161 000

利润形成业务的总分类核算如图 4-62 所示。

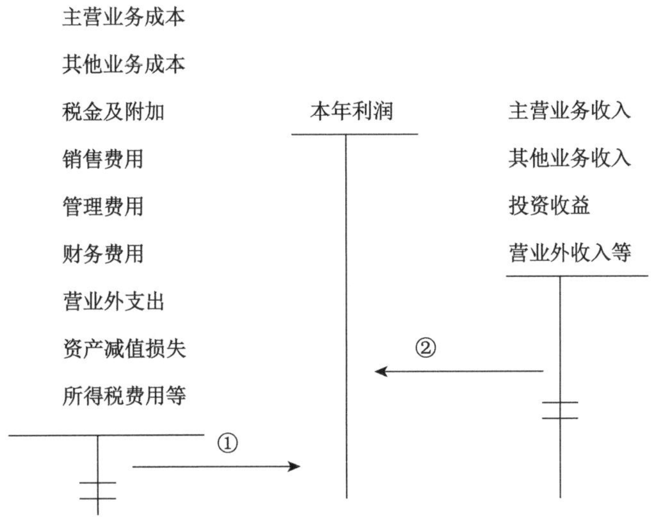

图 4-62　利润形成核算示意图

说明：划双横线是指所有损益类账户期末结转后无余额；①期末结转损益类账户中的费用支出类账户；②期末结转损益类账户中的收入类账户

五、利润分配的核算

(一) 利润分配的内容

企业当年实现的净利润要按法定程序进行分配。首先弥补以前年度亏损，其次按规定比例提取法定盈余公积，再次企业可自行决定提取任意盈余公积，最后向投资者分配利润，分配后的余额为未分配利润。

(二) 账户设置

1. “利润分配”账户

“利润分配”账户是所有者权益类账户，用来核算企业的净利润分配或亏损的弥补情况以及历年结存的未分配利润（或未弥补亏损）情况的账户。该账户借方登记实际分配的利润额包括提取的盈余公积金和分配给投资人的利润以及年末从“本年利润”账户转入的全年累计亏损额；贷方登记用盈余公积金弥补的亏损额以及年末从“本年利润”账户转入的全年实现的净利润额。分配利润一般都在年末进行，因此“利润分配”账户平时一般无发生额。年末分配利润后，如果借方有余额，表示未弥补的亏损额；如果贷方有余额，表示未分配利润额。“利润分配”账户一般应设置以下几个明细账户：提取法定盈余公积、提取任意盈余公积、应付股利和未分配利润等。年末，企业应将“利润分配”账户下的其他明细账户的余额转入“未分配利润”明细账户，经过结转后除“未分配利润”明细账户有余额外，其他各个明细账户均无余额。“利润分配”账户的结构如图 4-63 所示。

借方	利润分配 贷方
① 分配净利润时，登记已分配的利润额：提取法定盈余公积；提取任意盈余公积；应付股利 ② 结转本年利润时，登记从“本年利润”账户转入的净亏损数	① 结转本年利润时，登记从“本年利润”账户转入的净利润数 ② 盈余公积弥补亏损时，登记从盈余公积转入的金额
期末余额：累计亏损额	期末余额：未分配利润数

图 4-63 “利润分配”账户结构图

需要说明的是，企业对实现的净利润进行利润分配，意味着企业实现的净利润这项所有者权益的减少，本应在“本年利润”账户的借方进行登记，表示直接冲减本年已实现的净利润额。但是如果这样处理，“本年利润”账户的期末贷方余额就只能表示实现的净利润额减去已分配的部分后的差额即未分配利润额，而不能提供本年累计实现的净利润额这项指标。而累计净利润指标恰恰是企业管理上需要提供的一个非常重要的指标。因此，为了使“本年利润”账户能够真实地反映企业一定时期内实现的净利润数据，同时又能够提供企业未分配利润数据，在会计核算中，专门设置了“利润分配”账户，用以反映企业已分配和未分配的利润额。

为反映利润分配去向，“利润分配”账户应按利润分配去向分别设置“利润分配——提取法定盈余公积”“利润分配——提取任意盈余公积”“利润分配——应付股利”“利润分配——未分配利润”等明细账，进行明细核算。

2. “盈余公积”账户

“盈余公积”账户属于所有者权益类账户，用来核算从净利润中提取的盈余公积。其贷方登记盈余公积提取数；借方登记用盈余公积弥补亏损的金额或转增注册资本额；期末余额在贷方，表示盈余公积结余数。该账户应按设置“法定盈余公积”和“任意盈余公积”明细账户。“盈余公积”账户的结构如图 4-64 所示。

借方	盈余公积 贷方
① 用盈余公积弥补亏损时，登记弥补数 ② 用盈余公积转增资本时，登记转增资本数	提取盈余公积时，登记提取数
	期末余额：盈余公积结余数

图 4-64 “盈余公积”账户结构图

3. “应付股利”账户

“应付股利”账户属于负债类账户，用来核算企业应付给投资者的股利或利润。其贷方登记企业应向投资者支付的股利；借方登记实际支付的股利额；期末余额在贷方，表示应付未付的现金股利或利润。该账户应按投资者设置明细账户，进行明细核算。“应付股利”账户的结构如图 4-65 所示。

借方	应付股利	贷方
支付股利或利润时，登记实际支付数	确定股利(或利润)分配方案时，登记应投向资者支付的股利(或利润)额	
	期末余额：应付未付股利(或利润)额	

图 4-65　“应付股利”账户结构图

(三) 核算举例

【例 4-66】　12 月 31 日，云龙公司将全年实现的净利润 512 850 元由“本年利润”账户转入“利润分配”账户的“未分配利润”明细账户，以供分配。

结转净利润，一方面使得企业记录在“本年利润”账户的累计净利润减少，另一方面使得企业可供分配的利润增加，涉及“本年利润”和“利润分配——未分配利润”两个账户。“本年利润”账户减少，应记入“本年利润”账户的借方；可供分配的利润增加，应记入“利润分配——未分配利润”账户的贷方。其分录如下：

借：本年利润　512 850
　贷：利润分配——未分配利润　512 850

【例 4-67】　12 月 31 日，云龙公司按全年净利润 512 850 元的 10% 和 20% 分别提取法定盈余公积和任意盈余公积。

提取法定盈余公积和任意盈余公积，一方面使得企业的已分配的利润额增加，另一方面使得企业的盈余公积金增加，涉及“盈余公积”和“利润分配”两个账户。已分配利润额的增加，是所有者权益的减少，应记入“利润分配”账户的借方；盈余公积金增加，是所有者权益的增加，应记入“盈余公积”账户的贷方。其分录如下：

借：利润分配——提取法定盈余公积　51 285
　　　　　　——提取任意盈余公积　102 570
　贷：盈余公积——法定盈余公积　51 285
　　　　　　——任意盈余公积　102 570

【例 4-68】　12 月 31 日，云龙公司决定按本年净利润的 50% 向投资者分配利润。

向投资者分配利润，一方面使得企业的已分配利润额增加，另一方面，企业决定向投资者分配利润的当时并未实际支付，所以形成企业的一项负债，使企业的应付股利增加，涉及“应付股利”和“利润分配”两个账户。已分配利润额的增加，是所有者权益的减少，应记入“利润分配”账户的借方；应付股利增加，应记入“应付股利”账户的贷方。其分录如下：

借：利润分配——应付股利　256 425
　贷：应付股利　256 425

【例 4-69】　云龙公司以银行存款向投资者支付利润 256 425 元。

支付利润，一方面使应付利润减少，另一方面使企业的银行存款减少，涉及“应付股利”和“银行存款”两个账户。应付利润减少，应记入“应付股利”账户的借方；银行存款减少，应记入“银行存款”账户的贷方。分录如下：

借：应付股利　256 425
　贷：银行存款　256 425

【例 4-70】 年末,云龙公司进行利润分配清算。

这笔业务的含义是应将“利润分配”账户下的其他明细账户的余额转入“未分配利润”明细账户。

通过前述有关经济业务的处理,可以确定云龙公司“利润分配”所属有关明细账户的记录分别为:“利润分配——提取法定盈余公积”账户的借方余额 51 285 元,“利润分配——提取任意盈余公积”账户的借方余额 102 570 元,“利润分配——应付股利”账户的借方余额 256 425 元。利润分配清算时,应将非“未分配利润”明细账户的余额分别结转至“利润分配——未分配利润”账户。结转后只有“未分配利润”明细账户的余额不为零。这笔业务应编的会计分录如下:

借:利润分配——未分配利润　　410 280
　贷:利润分配——提取法定盈余公积　　51 285
　　　　　　——提取任意盈余公积　　102 570
　　　　　　——应付股利　　256 425

本年实现的净利润经过上述分配之后,就可以确定本年年末的未分配利润:

本年的未分配利润 = 512 850 − 410 280 = 102 570(元)

【例 4-71】 经批准,云龙公司将任意盈余公积 45 000 元转增资本。

盈余公积转增资本,一方面使企业的盈余公积减少,另一方面使企业的实收资本增加,涉及“盈余公积”和“实收资本”两个账户。盈余公积减少,应记入“盈余公积”账户的借方;实收资本增加,应记入“实收资本”账户的贷方。其分录如下:

借:盈余公积——任意盈余公积　　45 000
　贷:实收资本　　45 000

利润分配业务的核算如图 4-66 所示。

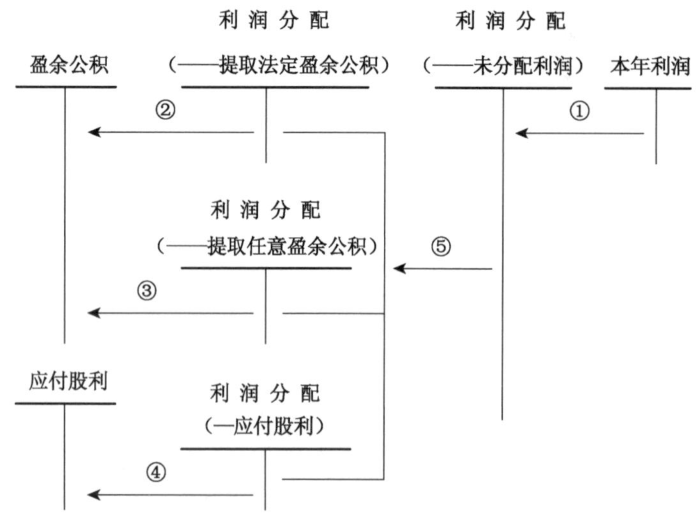

图 4-66　利润分配业务核算示意图

说明:①将全年实现的净利润转入利润分配账户,以供分配;②提取法定盈余公积金;③提取任意盈余公积金;④向投资者分配现金股利;⑤对未分配利润进行清算。

本章练习题

一、简答题

1. 根据制造业企业资金运动的内容说明制造业企业的主要经济业务内容。
2. 什么是会计处理基础？请你说明权责发生制和收付实现制的特点。
3. 什么是固定资产？在固定资产的初始计量中哪些项目计入其实际成本？
4. 原材料的实际采购成本包括哪些内容？材料采购费用如何计入材料的采购成本？
5. 什么是成本项目？产品成本项目有哪些？
6. 简述产品成本计算的一般程序。
7. 什么是财务成果？它是怎样构成的？其各项指标之间的关系如何？
8. “主营业务收入”“其他业务收入”“营业外收入”和“投资收益”四个账户核算内容有什么不同？
9. 利润分配的核算，为何不在“本年利润”账户而是专设“利润分配”账户进行？

二、单选题

1. 增值税一般纳税人购买材料时取得的增值税专用发票上记载的增值税进项税额，应记入(　　)账户的借方。
   A. “在途物资”　　B. “应交税费”
   C. “管理费用”　　D. “税金及附加”
2. 企业向银行借入的两年期借款，应记入(　　)账户的贷方。
   A. “短期借款”　　B. “长期借款”
   C. “应付债券”　　D. “银行存款”
3. “应付账款”科目应按(　　)设置明细科目。
   A. 供货单位名称　　B. 购货单位名称
   C. 购入材料名称　　D. 债务人单位名称
4. 以银行存款偿还前欠某工厂货款，应记入(　　)账户的借方。
   A. “应收账款”　　B. “应付账款”　　C. “预收账款”　　D. “短期借款”
5. “生产成本”账户的期末借方余额表示(　　)成本。
   A. 入库材料　　B. 已经完工的产成品
   C. 尚未完工的在产品　　D. 库存商品
6. “制造费用”账户的期末余额，应结转到(　　)账户。
   A. “管理费用”　　B. “生产成本”　　C. “本年利润”　　D. “固定资产”
7. “本年利润”账户的期末贷方余额，反映企业当年累计实现的(　　)。
   A. 净利润　　B. 净亏损　　C. 营业利润　　D. 未分配利润
8. “应收账款”账户期末借方余额，反映企业(　　)的应收款项。
   A. 尚未支付　　B. 尚未收回　　C. 已经收回　　D. 不需收回
9. 企业按净利润的一定比例计提盈余公积时，应借记(　　)账户。
   A. “生产成本”　　B. “本年利润”　　C. “利润分配”　　D. “盈余公积”
10. 月末，计提本月固定资产折旧时，应贷记(　　)账户。
    A. “制造费用”　　B. “管理费用”　　C. “固定资产”　　D. “累计折旧”

11. 月末,“主营业务成本”账户的金额应结转到(　　)账户。
A. “主营业务收入” B. “本年利润”
C. “利润分配” D. “生产成本”
12. 企业预借给职工出差的差旅费时,应借记(　　)账户。
A. “应收账款” B. “预付账款”
C. “其他应收款” D. “管理费用”
13. 下列会计科目中,属于损益类科目的是(　　)。
A. “坏账准备” B. “资产减值损失”
C. “在建工程” D. “长期待摊费用”
14. 出售材料,取得的收入应记入(　　)账户的贷方核算。
A. “主营业务收入” B. “其他业务收入”
C. “投资损益” D. “营业外收入”
15. 下列采购费用中应计入采购成本的是(　　)。
A. 采购材料入库后的仓管费 B. 运输途中的合理损耗
C. 采购人员的差旅费 D. 专设采购机构的经费
16. 甲企业购进材料100吨,货款计1 000 000元,途中发生定额内损耗1 000元,并以银行存款支付该材料的运杂费1 000元,保险费5 000元,增值税进项税额为130 000元。则该材料的采购成本为(　　)元。
A. 1 000 000 B. 1 005 000 C. 1 006 000 D. 1 137 000
17. 下列各项目中,应记入“制造费用”账户的是(　　)。
A. 生产产品耗用的材料 B. 机器设备的折旧费
C. 产品生产工人的工资 D. 行政管理人员的工资
18. 某企业本月支付公司管理人员工资15 000元,预付公司半年(含本月)修理费1 200元,生产车间保险费3 000元。该企业本月管理费用发生额为(　　)元。
A. 15 000 B. 16 200 C. 15 200 D. 19 200
19. 企业计算应交所得税时,应借记的账户是(　　)。
A. “利润分配” B. “所得税费用”
C. “应交税费” D. “税金及附加”
20. 年末结转后,“利润分配”账户的贷方余额表示(　　)。
A. 利润实现额 B. 利润分配额 C. 未分配利润 D. 未弥补亏损

三、多选题

1. 下列账户属于损益类账户的有(　　)。
A. “主营业务成本” B. “所得税费用”
C. “税金及附加” D. “制造费用”
2. 下列账户属于所有者权益类账户的有(　　)。
A. “实收资本” B. “盈余公积” C. “本年利润” D. “利润分配”
3. 制造费用的分配标准有(　　)。
A. 生产工人工时 B. 生产工人工资
C. 材料买价 D. 材料重量

4. 下列账户的期末余额在贷方的有(　　)。
A. “累计折旧”　B. “长期借款”　C. “实收资本”　D. “坏账准备”
5. 在计算营业利润时，应从营业收入中减去(　　)。
A. 营业成本　B. 生产成本　C. 销售费用　D. 营业外支出
6. “税金及附加”科目核算的税金有(　　)。
A. 增值税　B. 城市维护建设税　C. 所得税　D. 消费税
7. 下列账户的期末余额，应结转到“本年利润”账户的有(　　)。
A. “营业外收入”　B. “营业外支出”
C. “管理费用”　D. “长期待摊费用”
8. 下列账户属于资产类账户的有(　　)。
A. “交易性金融资产”　B. “在建工程”
C. “盈余公积”　D. “其他业务成本”
9. 下列账户的贷方记增加、借方记减少的有(　　)。
A. “累计折旧”　B. “坏账准备”　C. “实收资本”　D. “本年利润”
10. 下列各账户中，反映所有者权益的账户有(　　)。
A. “实收资本”　B. “资本公积”
C. “应收账款”　D. “盈余公积”
11. 计提固定资产折旧时，可能与“累计折旧”账户产生对应的账户有(　　)。
A. “其他业务成本”　B. “制造费用”
C. “管理费用”　D. “银行存款”
12. 期间费用一般包括(　　)。
A. 财务费用　B. 管理费用
C. 销售费用　D. 制造费用
13. 累计折旧实际提取数额小于应提取数额，可能导致本期(　　)。
A. 资产增加　B. 资产减少　C. 利润减少　D. 费用减少
14. 根据权责发生制原则，下列各项属于本年度收入的有(　　)。
A. 本年度销售产品一批，货款下年年初结算
B. 收到上年度所销产品的货款
C. 本年度出租厂房，租金已于上年预收
D. 本年度销售产品，货款收存银行
15. 下列项目应记入“利润分配”账户借方的有(　　)。
A. 提取的公积金　B. 所得税
C. 年末转入的亏损额　D. 分配给投资者的利润
16. 某工业企业采购甲、乙两种材料，下列采购支出属于直接费用的有(　　)。
A. 两种材料的运费　B. 甲材料的买价
C. 两种材料的装卸费　D. 乙材料的买价
17. 工业企业的供、产、销三个阶段，应计算的成本有(　　)。
A. 企业管理成本　B. 材料采购成本
C. 产品生产成本　D. 产品销售成本

四、判断并改错题

1. “预付账款”和“预收账款”都是资产类账户。（　）
2. 企业向银行借入的资金，在“实收资本”科目核算。（　）
3. “短期借款”账户的期末贷方余额，反映企业已经归还的短期借款数额。（　）
4. 专为采购某一种材料而发生的采购费用，可以直接计入该种材料的采购成本。（　）
5. 企业预付给借款人的差旅费，通过“预付账款”账户核算。（　）
6. 固定资产由于生产使用而逐渐损耗的价值，称为固定资产折旧。（　）
7. 营业利润等于营业收入减去营业成本后的余额。（　）
8. 企业按利润总额计算公式计算出的结果，如为负数，则为亏损总额。（　）
9. 10月31日“本年利润”账户的贷方余额，表示10月份实现的利润总额。（　）
10. 在交纳增值税的企业，“应交税费——应交增值税”账户的借方记录企业采购材料时向供货单位支付的进项税额，贷方记录企业销售商品时向购货单位收取的销项税额。（　）
11. 会计上所讲的“结转”，一般是指将某账户的本月发生额或余额转入另一账户。（　）
12. “本年利润”账户的年末余额，应结转到“实收资本”账户。（　）
13. 企业按照规定计算出的应付给投资者的利润，在“应付职工薪酬”科目核算。（　）
14. 企业以银行存款交纳应交税金，引起资产和负债同时减少。（　）
15. “本年利润”和“利润分配”账户的年末余额，可能在借方，也可能在贷方。（　）

五、会计分录题

业务题一

［目的］练习筹资业务的核算。

［资料］某制造业企业，2020年4月发生下列经济业务：

1. 4月1日，向银行申请取得期限为三年，借款利率为6%，分年付息，到期还本的借款1 000 000元，存入企业存款户。

2. 4月5日，接受资江公司以新建厂房一幢向企业投资，双方作价500 000元。

3. 4月15日，从银行申请取得期限为三个月，借款利率为3.6%，到期一次还本付息的借款500 000元，存入企业存款户。

4. 4月16日，收到沅江公司以专利权向本企业的投资，评估价120 000元。

5. 4月20日，收到湘江公司投入资本40 000元，存入企业存款户。

6. 4月30日，收到万达公司投入的机器设备，双方协商价100 000元，投入的土地使用权，双方协商价40 000元。

7. 4月30日，经批准将资本公积80 000元转增资本。其中资江公司50 000元、沅江公司30 000元。

8. 4月30日，计提本月应付的借款利息。

［要求］根据以上经济业务编会计分录。

业务题二

［目的］练习固定资产购置业务的核算。

某制造业企业，2020 年 5 月发生下列经济业务：

1. 5 月 9 日，购入不需安装的设备，买价 40 000 元，增值税进项税额 5 200 元，运费 2 000元及运费增值税进项税额 180 元，全部款项以银行存款支付。

2. 5 月 15 日，购入需安装的设备（切割机）一台，买价 150 000 元，增值税进项税额为 19 500元，款项以银行存款支付。

3. 5 月 20 日，以现金支付切割机安装费 2 400 元。

4. 5 月 22 日，切割机安装完毕，验收交付使用，结转其安装成本。

[要求] 根据以上经济业务编会计分录。

业务题三

[目的] 练习材料采购业务的核算。

[资料] 某制造业企业，2020 年 6 月发生下列经济业务：

1. 6 月 1 日，为购入 B 材料，根据合同以银行存款预付星海公司材料款 70 000 元。

2. 6 月 2 日，从新华公司购进 A 材料 200 千克，单价 100 元，增值税进项税额 2 600 元，价税款共 22 600 元，以银行存款支付。材料尚未运达。

3. 6 月 4 日，从星海公司购入 B 材料 500 千克，买价 60 000 元，增值税进项税额 7 800 元（原已预付货款 70 000 元），材料已验收入库。

4. 6 月 5 日，从五金商店购入 C 材料 20 千克，买价为 400 元，增值税进项税额 52 元，购入丁材料 5 千克，买价为 100 元，增值税进项税额 13 元，款项用现金支付，材料已验收入库。

5. 6 月 8 日，从新华公司购入的 A 材料 200 千克运达，验收入库。

6. 6 月 10 日，用银行存款偿还上月欠东方公司的购料款 58 500 元。

7. 6 月 12 日，为购入 A 材料，以银行存款向永盛公司预付材料款 50 000 元。

8. 6 月 13 日，从大洋公司购入 A 材料 300 千克，买价为 30 000 元，增值税进项税额 3 900元，大洋公司代垫运杂费 800 元，材料尚未到达。向大洋公司开出面额为 34 700 元的商业汇票。

9. 6 月 15 日，从大洋公司购入的 A 材料 300 千克运达，并验收入库。

10. 6 月 16 日，从光华公司购入 B 材料 200 千克，买价为 24 000 元，增值税进项税额 3 120元，光华公司代垫运费 160 元及运费的增值税进项税额为 14.40 元。款项尚未支付，材料已验收入库。

11. 6 月 18 日，用银行存款支付欠光华公司的购料款 27 294.40 元。

12. 6 月 18 日，收到星海公司退款 2 200 元。

13. 6 月 20 日，从永盛公司购入的 A 材料 400 千克运达，验收入库，收到的发票标明单价 100 元，增值税进项税额 5 200 元。

14. 6 月 21 日，收到永盛公司退回原多预付的货款 4 800 元，存入企业存款户。

[要求] 根据以上经济业务编会计分录。

业务题四

[目的] 练习并掌握供应过程的核算和材料采购成本的计算。

[资料] 大众公司 2020 年 6 月份发生下列经济业务：

1. 6 月 3 日，从永昌公司购入 A 材料 600 千克，买价为 30 000 元，增值税进项税额 3 900元，B 材料 400 千克，买价为 8 000 元，增值税进项税额 1 040 元，共发生运费 500 元，运费的增值税进项税额为45元，款项已用银行存款支付，材料尚未到达（运杂费按材料重量分配）。

2. 6月6日，从永昌公司购入的A、B材料已到达并验收入库。

3. 6月8日，从宏远公司购入C材料200千克，买价为50 000元，增值税进项税额6 500元，D材料100立方米，买价为30 000元，增值税进项税额3 900元，代垫运费共计4 800元，运费的增值税进项税额为432元。款项尚未支付，材料已验收入库（运杂费按材料买价进行分配）。

4. 6月15日，用银行存款支付欠宏远公司的购料款95 632元。

[要求]

1. 根据以上经济业务分别计算购入的各批各种材料的采购成本和单位成本。

2. 根据以上经济业务计算的采购成本编制会计分录。

业务题五

[目的] 练习掌握生产业务的核算。

[资料] 环球公司2020年4月发生下列经济业务：

1. 4月1日，生产甲产品领用A材料500千克，单价为40元，B材料200千克，单价30元，上月末无在产品。

2. 4月4日，生产车间购买办公用品300元，用银行存款支付。

3. 4月9日，用现金支付行政管理部门办公用品费400元。

4. 4月15日，生产甲产品领用A材料200千克，单价40元，C材料600千克，单价15元，生产车间领用C材料300千克，单价15元，行政管理部门领用D材料300千克，单价10元。

5. 4月25日，从企业基本存款户提取现金40 000元，备发工资。

6. 4月30日，结算本月职工工资40 000元，其中生产甲产品工人25 000元，车间管理人员工资6 000元，行政管理人员工资9 000元。

7. 4月25日，用现金发放工资40 000元。

8. 4月30日，用银行存款支付本月水电费20 000元（其中生产车间应负担12 000元，行政管理部门应负担8 000元），增值税进项税额2 600元。

9. 4月30日，按工资总额的2%提取职工福利费800元。

10. 4月30日，计提本月固定资产折旧费4 000元，其中生产车间2 660元，行政管理部门1 340元。

11. 4月30日，将本月发生的制造费用转入生产成本。

12. 4月30日，本月生产的500件甲产品全部完工，验收入库，结转其生产成本。

[要求] 根据以上经济业务编制会计分录。

业务题六

[目的] 练习并掌握生产过程的核算和产品成本的计算。

[资料]

大众公司只设一个生产车间，生产甲、乙两种产品，2020年10月有关资料如下表所示。

期初在产品成本资料

单位：元

产品名称	直接材料	直接人工	制造费用	合　计
甲产品	9 000	7 600	2 400	19 000
乙产品	20 000	19 200	12 000	51 200
合计	29 000	26 800	14 400	70 200

10 月发生的经济业务如下：

1. 仓库发出如下材料：

材料用途	A 材料		B 材料	
	数量（千克）	金　额（元）	数量（千克）	金　额（元）
甲产品耗用	1 200	12 000	400	8 000
乙产品耗用	2 500	25 000	750	15 000
车间一般耗用	400	4 000	40	800
合计		41 000		23 800

2. 本月应付职工工资如下：

单位：元

甲产品生产工人工资	36 000
乙产品生产工人工资	64 000
车间管理人员工资	16 000
合　计	116 000

3. 按各自工资总额的 2%计提职工福利费。
4. 以银行存款支付车间办公费 2 000 元，水电费 1 760 元。
5. 以银行存款支付车间设备日常维修费 2 000 元。
6. 计提车间设备本月折旧费 2 000 元。
7. 将本月发生的制造费用按生产工人的工资比例分配计入甲、乙产品制造成本。
8. 本月生产的甲产品 20 台、乙产品 50 台全部完工，验收入库，结转成本（假设期末没有在产品）。

［要求］

1. 编制会计分录。
2. 登记制造费用明细账和生产成本明细账。
3. 编制甲、乙产品成本计算表。

业务题七

［目的］练习并掌握销售过程的核算。

[资料] 光明公司2020年7月份发生下列经济业务：

1. 7月5日，用银行存款支付产品广告费2 000元。

2. 7月6日，销售给立伟公司甲产品80件，单位售价为400元，增值税销项税额4 160元，款项已收存银行。

3. 7月7日，销售给五环公司甲产品100件，单位售价为400元，增值税销项税额5 200元，收到五环公司开来的面额为45 200元的商业汇票。

4. 7月8日，销售给红旗公司乙产品200件，单位售价为300元，增值税销项税额7 800元，款项暂未收到。

5. 7月9日，预收青海公司货款30 000元，存入企业存款户。

6. 7月10日，销售给东风公司A材料500千克，单位售价为8元，增值税销项税额520元，款项已收存企业存款户。

7. 7月14日，销售给青海公司甲产品50件，单位售价为400元，增值税销项税额2 600元(原已预收货款30 000元)。

8. 7月15日，用银行存款退还多预收青海公司的货款7 400元。

9. 7月21日，收到前进公司前欠的货款7 000元，存入企业存款户。

10. 7月25日，前收红卫公司面额为20 000元的商业汇票到期，收到票款存入企业存款户。

11. 7月25日，用银行存款支付产品销售发生的运输费3 000元及运费增值税进项税额270元。

12. 7月31日，按本月应交增值税20 010元的7%、3%和2%，计算本月应交纳的城市维护建设税、教育费附加和地方教育费附加。

13. 7月31日，结转本月产品销售成本，其中甲产品单位生产成本310元，乙产品单位生产成本190元。

14. 7月31日，结转本月销售A材料500千克的成本1 200元。

[要求] 根据以上经济业务编制会计分录。

业务题八

[目的] 练习并掌握财务成果以及其他业务的核算。

[资料] 丰华公司2020年12月份发生下列经济业务：

1. 12月1日，用银行存款向灾区捐款20 000元。

2. 12月3日，采购员刘浩出差，预借差旅费800元，以现金支付。

3. 12月9日，用银行存款支付因违约罚款10 000元。

4. 12月12日，采购员刘浩出差归来，报差旅费760元，退回余款40元。

5. 12月13日，采购员李明出差，预借差旅费600元，以现金支付。

6. 12月14日，收到违约罚款收入7 500元，存入企业存款户。

7. 12月15日，摊销无形资产，本月应负担1 200元。

8. 12月17日，采购员李明出差归来，报差旅费630元，差额补付现金。

9. 12月20日，用现金支付行政管理部门修理费120元。

10. 12月21日，以银行存款支付金融机构手续费230元。

11. 12 月 22 日，用现金支付行政管理部门办公用品费 400 元。

12. 12 月 26 日，收到被投资单位分来的投资利润 30 000 元，存入企业存款户。

［要求］根据以上经济业务编制会计分录。

业务题九

［目的］练习并掌握利润分配业务的核算。

［资料］顺达公司 2020 年 12 月份发生下列经济业务：

1. 12 月 31 日，结转损益类收入收益账户的余额（均为贷方余额），其中主营业务收入 400 000 元（甲产品 250 000 元、乙产品 150 000 元），其他业务收入 10 000 元，投资收益 12 000元，营业外收入 8 000 元。

2. 12 月 31 日，结转损益类费用支出账户的余额（均为借方余额），其中主营业务成本 240 000 元（甲产品 130 000 元、乙产品 110 000 元），销售费用 8 000 元，税金及附加 8 500 元，管理费用 34 500 元，财务费用 2 000 元，其他业务成本 7 000 元，营业外支出 6 000 元。

3. 12 月 31 日，按实现利润总额的 25%计算并结转所得税费用。

4. 12 月 31 日，结转实现的净利润。

5. 12 月 31 日，按净利润的 10%和 5%分别提取法定盈余公积和任意盈余公积。

6. 12 月 31 日，经研究决定向投资者分配利润 40 000 元。

7. 12 月 31 日，以银行存款上交增值税 22 100 元，城建税 1 547 元、教育费附加 663 元和地方教育附加 442 元。

8. 12 月 31 日，以银行存款向投资者支付利润 40 000 元。

9. 进行利润分配清算。

［要求］

1. 根据以上经济业务编制会计分录。

2. 计算顺达公司的营业利润、利润总额、应交的所得税和净利润。

第五章 会 计 凭 证

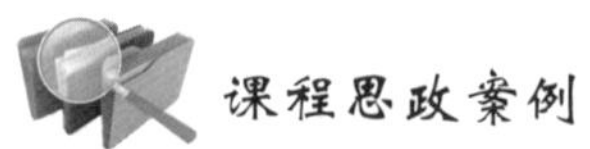

客观乃会计之魂

——春秋战国时期的会计思想与法典

春秋战国时期，我国在会计原则、法律、方法方面均有所发展。孔子提出了中国最早的会计原则“会计当而已矣”，意思是会计要平衡、真实、准确。具体来说就是要求会计的收付存平衡正确无误，它与目前的“客观性”原则相似。

战国时期，中国还出现了最早的封建法典——《法经》，其中包含“会计”方面的内容。例如，在会计簿书写真实性和保管方面，它规定如果会计簿书丢失或存在错讹，责任人与盗贼同罪。在会计凭证和印鉴方面，它规定券契（当时的原始凭证）如有伪造、更改等情，重者与盗贼同罪论处，轻者以欺诈论处；如上计报告不真实，有欺诈隐瞒者，根据情节轻重判刑。在仓储保管方面，它规定对于账实不符的，区分通盗、责任事故、非责任事故等不同情况进行处理；在度量衡方面，它规定如果度量衡不准，对责任人按情况不同实行杖打等处罚等。

第一节 会计凭证概述

一、会计凭证的概念

会计凭证是记录经济业务、明确经济责任、按一定格式编制的，据以登记会计账簿的书面凭证。

会计凭证是会计核算工作的起点，它对会计核算过程、会计信息质量起着至关重要的作用。为保证会计核算资料的真实性，每一项经济业务的发生，都应填制或取得会计凭证，并经有关部门和人员审核确认无误后才能作为记账的依据。如购入材料时取得的购货发票、领用材料时的领料单，以及会计人员填制的用以确定会计分录的记账凭证都是会计凭证。

二、会计凭证的作用

会计凭证填制和审核对保证会计信息质量，实现会计职能，具有重要的作用。

（一）认真填制和严格审核会计凭证，为记账提供依据

会计凭证是记载经济业务的书面证明，每一笔经济业务发生后，都要根据经济业务

发生的时间、内容以及完成情况等,填制或取得会计凭证,并经严格的审核无误后,才据以登记账簿。这样做的目的是为保证账簿记录与实际情况相符,以保证会计资料的正确性。

(二) 认真填制和严格审核会计凭证,可以加强对经济业务的监督

会计凭证是经济业务的记录。审核会计凭证,可以检查每笔经济业务是否符合国家财经法律、法规及国家统一会计制度的要求,从而达到严肃财经纪律,健全和完善各项经济管理制度,防止和限制各种违法行为,充分发挥会计监督的作用。

(三) 认真填制和严格审核会计凭证,可以明确经济责任

由于会计凭证记录了每笔经济业务的内容,并由有关部门的经办人员在凭证上签字或盖章,以示对凭证的真实性负责,这样就可促使有关人员在自己的责任范围内严格按照规章制度办事。日后如果发现经济业务存在问题,可以根据凭证的签字记录,对相关人员追究责任,甚至依法处理。

三、会计凭证的种类

由于企业类型、经济业务性质等的不同,会计凭证的种类多种多样。按照填制程序和用途的不同,会计凭证可分为原始凭证和记账凭证。

(一) 原始凭证

原始凭证是经济业务发生时取得或填制的,用来载明经济业务的具体内容和完成情况,并作为记账原始依据的会计凭证,如购入材料的发票,材料入库时填制的收料单,材料领用的领料单等。

一切公司和单位,在办理各种经济业务时,都要取得或填制原始凭证,并及时送交会计机构,以保证会计核算工作的顺利进行。

(二) 记账凭证

记账凭证是由会计人员根据审核后的原始凭证填制的,用于记录经济业务简要内容,确定会计分录,作为登记账簿直接依据的会计凭证。

第二节 原 始 凭 证

一、原始凭证的分类

(一) 按取得的来源不同分类

原始凭证按来源的不同分类,可分为自制原始凭证和外来原始凭证。

1. 自制原始凭证

自制原始凭证是指本单位内部具体经办业务的部门和人员在办理某项经济业务时所填制的原始凭证。常见的自制原始凭证有收料单(见图 5-1)、领料单、完工产品的入库单等。

收　料　单

供应单位：长源纸品包装有限公司　　　　收料单编号：001

材料类别：周转材料　　　　2020 年 12 月 05 日　　　　收料仓库：材料库

材料编号	名称	规格	单位	数量		实际成本				
				应收	实收	实价		运杂费	其他	合计
						单价	金额			
zzcl01	纸箱(50KG)		个	3500	3500	0.50	1,750.00			¥1,750.00
zzcl02	纸箱(25KG)		个	6500	6500	0.25	1,625.00			¥1,625.00
合　计				10000	10000		3,375.00			¥3,375.00
备　注										

仓库主管：胡丽　　记账：李欣怡　　收料：张英　　制单：李欣怡

第三联　记账联

图 5-1　收料单

2. 外来原始凭证

外来原始凭证是在经济业务发生或完成时，从其他单位或个人直接取得的原始凭证。常见的原始凭证有购买商品时取得的增值税专用发票(见图 5-2)，对外支付款项取得的收据(见图 5-3)，职工出差取得的飞机票、车船票等。

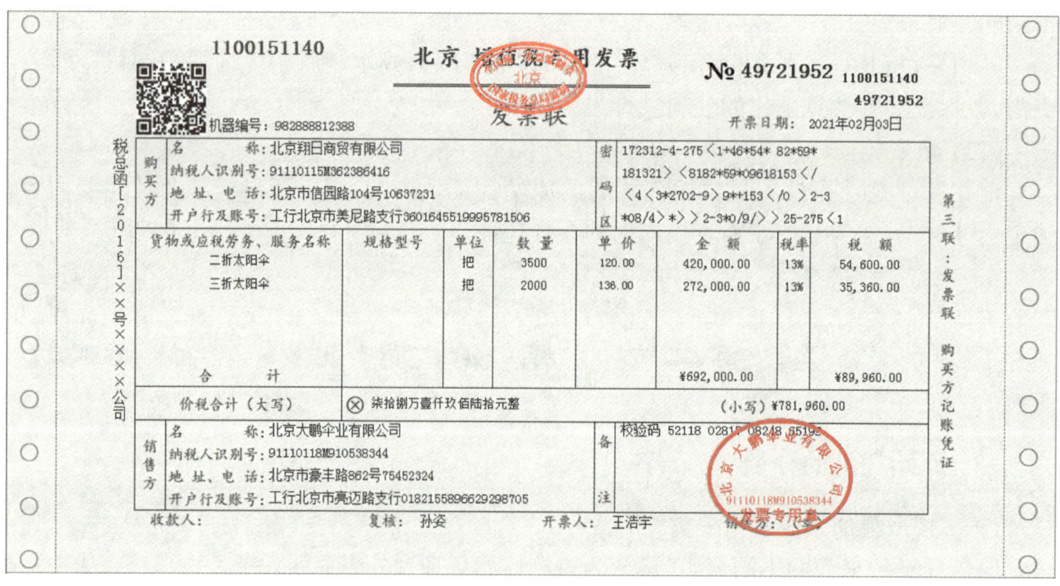

1100151140　　北京增值税专用发票　　№ 49721952　1100151140　49721952

发票联

机器编号：982888812388　　开票日期：2021年02月03日

税总函[2016]××号×××公司

购买方　名　　称：北京翔日商贸有限公司
纳税人识别号：91110115M362386416
地 址、电 话：北京市信园路104号10637231
开户行及账号：工行北京市美尼路支行3601645519995781506

密码区　172312-4-275<1+46*54* 82*59*
181321><8182*59*09618153</
<4<3*2702-9>9++153</0 >2-3
08/4>>>2-3*0/9/>>25-275<1

货物或应税劳务、服务名称	规格型号	单位	数量	单价	金额	税率	税额
二折太阳伞		把	3500	120.00	420,000.00	13%	54,600.00
三折太阳伞		把	2000	136.00	272,000.00	13%	35,360.00
合　计					¥692,000.00		¥89,960.00

价税合计（大写）　⊗柒拾捌万壹仟玖佰陆拾元整　　（小写）¥781,960.00

销售方　名　　称：北京大鹏伞业有限公司
纳税人识别号：91110118M910538344
地 址、电 话：北京市豪丰路862号75452324
开户行及账号：工行北京市亮迈路支行0182155896629298705

备注　校验码 52118 02819 08248 65192

收款人：　　复核：孙姿　　开票人：王浩宇　　销售方：（章）

第三联：发票联　购买方记账凭证

图 5-2　太阳伞增值税专用发票(第三联)

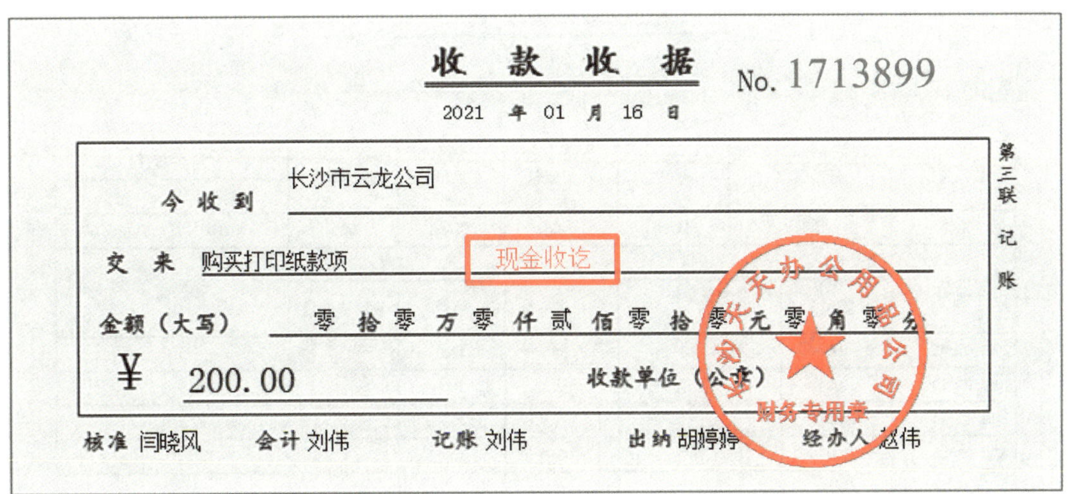

收 款 收 据 No. 1713899

2021 年 01 月 16 日

今 收 到 长沙市云龙公司

交 来 购买打印纸款项 现金收讫

金额（大写） 零 拾 零 万 零 仟 贰 佰 零 拾 零 元 零 角 零 分

¥ 200.00 收款单位（公章）

核准 闫晓风 会计 刘伟 记账 刘伟 出纳 胡婷婷 经办人 赵伟

第三联 记账

图 5-3 收款收据

(二) 按填制手续及内容分类

1. 一次凭证

一次凭证是指一次填制完成，记载一项经济业务或者若干项同类经济业务的原始凭证。如收料单、购买商品时取得的发票，领料单（见图 5-4）等。外来原始凭证都是一次凭证。

领 料 单

领料部门：车间A

用 途：生产男式皮鞋 2021 年 01 月 18 日 编号：100

材料编号	材料名称	规格	计量单位	数量		成本	
				请领	实发	单价	金额
1001	牛皮		平方尺	1000	1000	110.00	110,000.00
合计				1000	1000		¥110,000.00

主管：王小涵 记账：陈晓波 仓管主管：张立新 领料：江山 发料：王田

图 5-4 领料单

2. 累计原始凭证

累计原始凭证是指在一定时期内，一张凭证连续记载重复发生的同类经济业务的原始凭证，一般均为自制凭证。如工业企业常用的限额领料单（见图 5-5）。累计原始凭证的优点是可以减少凭证张数，简化填制手续；同时也可以随时计算累计发生数，以便同计划或定额数量进行比较，反映业务执行或完成的工作总量，便于控制管理。

长沙市云龙公司

限额领料单

领料部门：二车间

用途：生产乙产品　　2021 年 01 月　　编号：17974768

材料类别	材料名称	规格	计量单位	单价	领用限额	全月实领	
						数量	金额
钢材	圆钢	15mm	千克	6.00	500	480	2,880.00

日期	请领			实发		限额结余
	数量	领料单位负责人签章	领料人签章	数量	发料人签章	
2021-01-01	180	程颖	秦海涛	180	王丽	320
2021-01-10	100	程颖	秦海涛	100	王丽	220
2021-01-20	100	程颖	秦海涛	100	王丽	120
2021-01-31	100	程颖	秦海涛	100	王丽	20
合计	480			480		20

生产计划部门负责人：陈同民　　供应部门负责人：金开森　　仓库管理员：王丽

图 5-5　限额领料单

3. 汇总原始凭证

汇总原始凭证也称原始凭证汇总表，是指根据一定时期内反映同类经济业务的若干张原始凭证，按照一定标准而编制而成的，它是一种自制凭证。例如，在公司中常见的发出材料汇总表(见图 5-6)、工资结算汇总表等都是汇总原始凭证。汇总原始凭证可以大大简化会计核算手续，提高会计工作效率。

发出材料汇总表

2021 年 01 月 31 日　　单位：元

领料部门及用途	牛皮			胶水			其他材料	合计
	数量	单价	金额	数量	单价	金额		
一车间（产品领用）	100	100.00	10,000.00	300	20.00	6,000.00		16,000.00
二车间（产品领用）	50	100.00	5,000.00	200	20.00	4,000.00		9,000.00
一车间（共同耗用）	8	100.00	800.00	27.5	20.00	550.00		1,350.00
二车间（共同耗用）	4	100.00	400.00	22.5	20.00	450.00		850.00
行政部门领用	2	100.00	200.00	12.5	20.00	250.00		450.00
合计	164		16,400.00	562.5		11,250.00		27,650.00

会计主管：陈帅　　记账：孙姿　　保管：朱少军　　制表：孙姿

图 5-6　发出材料汇总表

(三) 按凭证格式不同分类

1. 通用凭证

通用凭证是指由有关部门统一印制、在一定范围内使用的具有统一格式和使用方法的原始凭证。通用凭证因制作部门的不同，其使用范围也不同，可以是某一地区、某一行业，也可以是全国通用。如某省(市)印制的发货票、收据等，在该省(市)通用；由人民银行制作的银行结算凭证，在全国通用等。

2. 专用凭证

专用凭证是由单位自行印制，仅在本单位内部使用的原始凭证。如领料单、差旅费报销单(见图 5-7)、折旧计算表、工资费用分配表等。

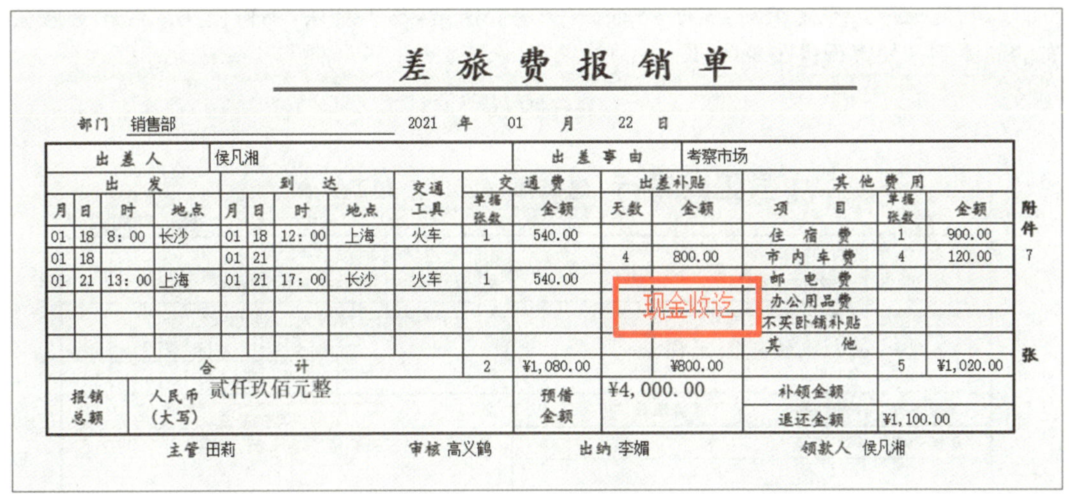

差 旅 费 报 销 单

部门 销售部　　2021 年　01 月　22 日

出差人				侯凡湘						出差事由			考察市场		
出发				到达				交通工具	交通费		出差补贴		其他费用		
月	日	时	地点	月	日	时	地点		单据张数	金额	天数	金额	项目	单据张数	金额
01	18	8:00	长沙	01	18	12:00	上海	火车	1	540.00			住宿费	1	900.00
01	18			01	21						4	800.00	市内车费	4	120.00
01	21	13:00	上海	01	21	17:00	长沙	火车	1	540.00			邮电费		
													办公用品费		
													不买卧铺补贴		
													其他		
合计									2	¥1,080.00		¥800.00		5	¥1,020.00
报销总额	人民币(大写)	贰仟玖佰元整								预借金额	¥4,000.00		补领金额		
													退还金额	¥1,100.00	

附件 7 张

现金收讫

主管 田莉　　审核 高义鹤　　出纳 李媚　　领款人 侯凡湘

图 5-7　差旅费报销单

二、原始凭证的构成要素

由于经济业务的性质不同，所以记录不同经济业务的原始凭证的形式和具体内容也有所不同，但都应当具备以下基本内容：

(1) 原始凭证的名称。

(2) 填制原始凭证的日期和凭证的编号。

(3) 接受凭证的单位名称(也称抬头人)。

(4) 经济业务内容(含数量、单价、金额等)。

(5) 填制单位签章。

(6) 有关人员(部门负责人、经办人员)签章。

(7) 填制凭证的单位名称或填制人姓名。

(8) 凭证附件。

三、原始凭证的填制要求

(一) 填制原始凭证内容要真实

原始凭证所列的经济业务内容和数字，必须真实可靠，符合实际情况。原始凭证所填写的日期、经济业务的内容和有关数据都必须真实可靠，符合实际情况，不可估计或估算。为确保原始凭证内容的真实可靠，在实际工作中，有许多可行的措施。例如，从外单位取得的原始凭证，必须盖有填制单位的公章；从个人取得的原始凭证，必须有填制人员的签名或者盖章。自制原始凭证必须有经办单位领导人或者其指定的人员签名或者盖章。对外开出的原始凭证，必须加盖本单位公章。

（二）填制的原始凭证内容要完整

原始凭证所要求填列的项目必须填列齐全，不得遗漏和省略。项目填列不全的原始凭证，不能作为经济业务的合法证明，也不能作为编制记账凭证的依据和附件。

（三）书写要清楚、规范

原始凭证应按规定填写，文字要简要，字迹要清楚，易于辨认，不得使用未经国务院公布的简体字。如银行进账单（见图 5-8）的填写。

银行进账单

中国工商银行 进账单（回 单） 1

2021 年 01 月 09 日　　№ 82843310

出票人	全称	长沙市云龙公司	收款人	全称	长沙市大华公司
	账号	6663219225070384155		账号	8901080180312539694
	开户银行	工行长沙雨花区诺阳路支行		开户银行	工行长沙天心区联逸路支行

金额	人民币（大写） 贰万贰仟陆佰元整	亿	千	百	十	万	千	百	十	元	角	分
					¥	2	2	6	0	0	0	0

票据种类	转账支票	票据张数	1
票据号码	02512325		

复核　　记账

工行长沙天心区联逸路支行 2021.01.09 转讫

开户银行签章

此联是开户银行交给持（出）票人的回单

图 5-8　银行进账单

大小写金额必须相符且填写规范，小写金额用阿拉伯数字逐个书写，不得连笔写。合计的小写金额前要冠以人民币符号“¥”（用外币计价、结算的凭证，金额前要加注外币符号）。币种符号与阿拉伯金额数字之间不得留有空白。凡阿拉伯数字前写有币种符号的，数字后面不再写货币单位。所有以元为单位的阿拉伯数字，除表示单价等情况外，一律填写到角分；无角分的，角位和分位可写“00”，或者符号“—”；有角无分的，分位应当写“0”，不得用符号“—”代替。

汉字大写数字金额如零、壹、贰、叁、肆、伍、陆、柒、捌、玖、拾、佰、仟、万、亿等，一律用正楷或者行书体书写。大写金额前未印有“人民币”字样，应加写“人民币”三字，“人民币”和大写金额前不得留有空白。大写金额数字到元或者角为止的，在“元”或者“角”字之后应当写“整”字或者“正”字；大写金额数字有分的，分字后面不写“整”或者“正”字。

阿拉伯金额数字中间有“0”时，汉字大写金额要写“零”字，如¥3 506.57，汉字大写金额应写成：人民币叁仟伍佰零陆元伍角柒分；阿拉伯数字金额中间连续有几个“0”时，汉字大写金额中可以只写一个“零”字，如¥4 007.00，汉字大写金额应写成：人民币肆仟零柒元整；

阿拉伯金额数字元位是“0”，或者数字中间连续有几个“0”，元位也是“0”但角位不是“0”时，汉字大写金额可以只写一个“零”字，也可以不写“零”字，如￥3 500.25，汉字大写金额应写成：人民币叁仟伍佰元零贰角伍分，或者人民币叁仟伍佰元贰角伍分。

（四）编号要连续

各种凭证应当连续编号，以备查找。例如，发票、支票等重要凭证已预先印定编号，在书写作废时，应加盖“作废”戳记，妥善保管，不得撕毁。

（五）不得涂改、刮擦、挖补

原始凭证科目有错误的，应当由出具单位重开或更正，更正处应当加盖出具单位印章。原始凭证金额有错误的，应当由出具单位重开，不得在原始凭证上更正。

（六）填制原始凭证要及时

各种原始凭证应及时填写，并按规定的程序及时送交会计人员进行审核，不得拖延或隔时补填。

四、原始凭证的审核

为了如实地反映经济业务的发生和完成情况，充分发挥会计的监督职能，保证会计信息的真实性、可靠性和正确性，会计机构、会计工作人员必须对原始凭证进行严格审核，只有经过审核无误的凭证，才能作为记账凭证的依据。

（一）真实性

按照会计真实性原则要求，原始凭证所记载的内容必须与实际发生的经济业务内容相一致，所以审核原始凭证的真实性就是要审核原始凭证所记载的与经济业务有关的当事单位和个人是否真实，原始凭证的填制日期、经济业务内容、数量及金额是否与实际情况相符等。

（二）合法性

审核原始凭证的合法性就是审核原始凭证所反映的经济业务是否符合国家政策、法律法规、财务制度和计划的规定，有无违反财经纪律、贪污盗窃、虚报冒领、伪造凭证等违法乱纪行为。

会计人员在审核原始凭证时，对于不真实、不合法的原始凭证有权不予受理，并向单位负责人报告，请求查明原因，追究当事人的责任，进行严肃处理；对于不合法、不合规的一切开支，会计人员有权拒绝付款报销；对于记载不准确、不完整的原始凭证，应予以退回，并要求经办人员按照国家会计制度的规定进行更正、补充。

（三）合理性

合理性审核主要审核原始凭证所记录的经济业务是否符合企业生产经营活动的需要；是否符合有关计划和预算；成本费用列支的范围、标准是否按规定执行。

（四）正确性

正确性审核主要审核原始凭证各项金额的计算及填写是否正确，凭证中书写有错误的，应采用正确的方法更正，不能采用涂改、刮擦、挖补等不正确方法。

（五）完整性

完整性审核是会计人员对相关会计凭证本身所应有的各种凭证要素是否填列齐全的审核，主要是出具人及单位、接受人及单位名称，凭证所记载的经济业务的数量、单价、金额是否齐全，相关人员或单位签章、凭证联次是否正确等，如果发现内容不完整的原始凭证应退回补办相关手续。

第三节 记账凭证

一、记账凭证的分类

(一) 按其适用的经济业务分类

记账凭证按其记录的经济业务不同,可分为专用记账凭证和通用记账凭证。

1. 专用记账凭证

专用记账凭证是专门用来记录某一类经济业务(如收款业务、付款业务)的记账凭证,按其所记录内容是否与现金和银行存款的增减业务有关,可以分为收款凭证、付款凭证和转账凭证。

(1) 收款凭证是指用于记录现金和银行存款收款业务的记账凭证。收款凭证左上角的“借方科目”按收款的性质填写“库存现金”或“银行存款”;“贷方科目”填写与收入现金或银行存款相对应的会计科目;“金额”是指该项经济业务事项的发生额;凭证右侧填写所附原始凭证张数,并在出纳及制单处签名盖章。

【例 5-1】 2021 年 1 月 18 日,收到天一公司货款 116 000 元存入银行,填写“收款凭证”(见图 5-9)。

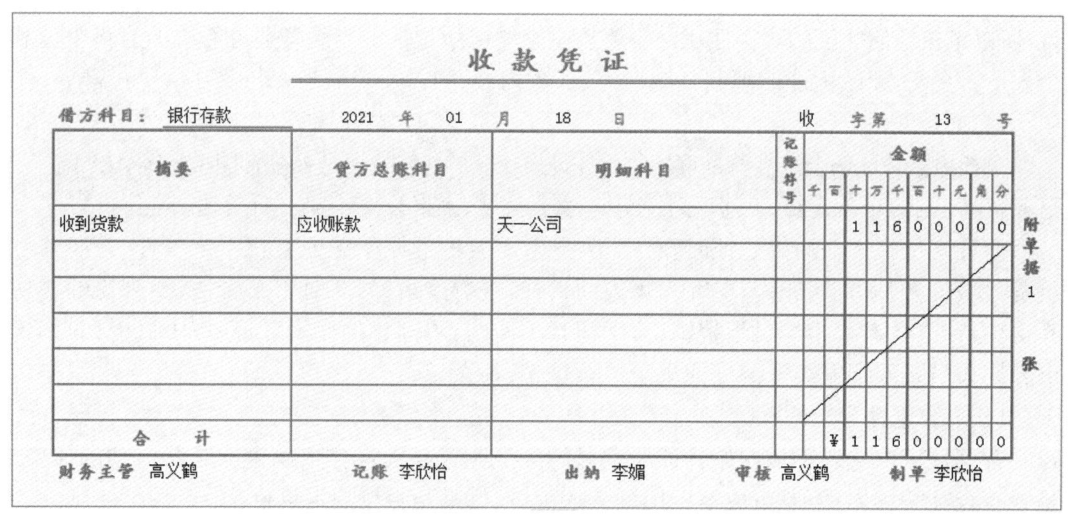
收款凭证

借方科目: 银行存款　　2021 年 01 月 18 日　　收 字第 13 号

摘要	贷方总账科目	明细科目	记账符号	千	百	十	万	千	百	十	元	角	分
收到货款	应收账款	天一公司				1	1	6	0	0	0	0	0
合　计					¥	1	1	6	0	0	0	0	0

附单据 1 张

财务主管 高义鹤　　记账 李欣怡　　出纳 李媚　　审核 高义鹤　　制单 李欣怡

图 5-9　收款凭证

(2) 付款凭证是指用于记录现金和银行存款付款业务的记账凭证。付款凭证的编制方法与收款凭证基本相同,只是左上角为“贷方科目”,付款凭证左上角的“贷方科目”按付款的性质填写“库存现金”或“银行存款”;凭证中间为“借方科目”填写与支付现金或银行存款相对应的会计科目。

【例 5-2】 2021 年 1 月 29 日,采购员王兴出差,借支差旅费 600 元,出纳以现金支付。填写“付款凭证”(见图 5-10)。

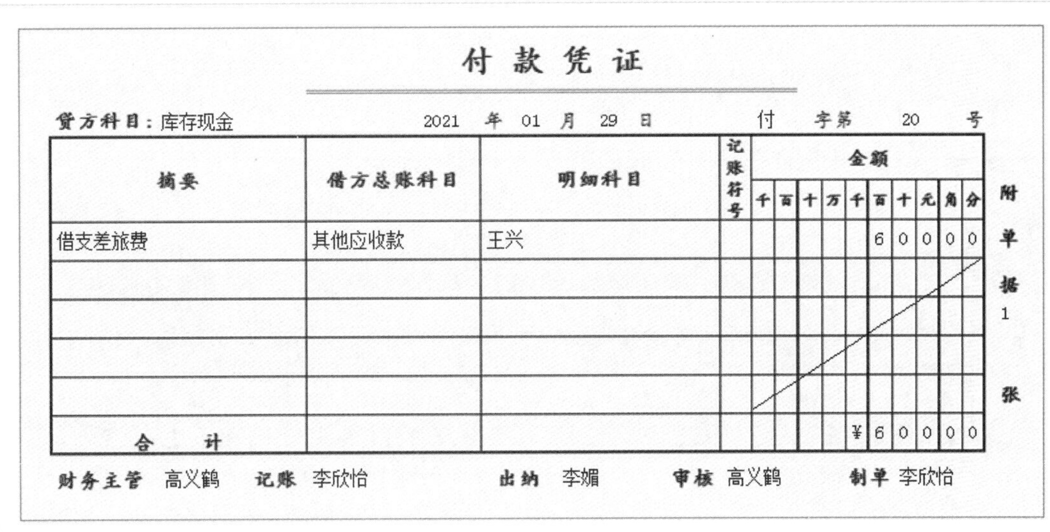

付款凭证

贷方科目：库存现金　　2021 年 01 月 29 日　　付 字第 20 号

摘要	借方总账科目	明细科目	记账符号	金额千	百	十	万	千	百	十	元	角	分
借支差旅费	其他应收款	王兴							6	0	0	0	0
合　计								¥	6	0	0	0	0

附单据 1 张

财务主管 高义鹤　记账 李欣怡　出纳 李媚　审核 高义鹤　制单 李欣怡

图 5-10　付款凭证

注意：对于涉及“库存现金”和“银行存款”之间相互划转的经济业务，为避免重复记账，一般只编制付款凭证，不编收款凭证。例如，①将现金存入银行（银行存款增加，库存现金减少）只需编制库存现金付款凭证；②从银行存款中提取现金（库存现金增加，银行存款减少）只需编制银行存款付款凭证。

(3) 转账凭证是指用于记录不涉及现金和银行存款业务的记账凭证。转账凭证将经济业务事项中所涉及全部会计科目（不包括库存现金和银行存款科目），按照先借后贷的顺序记入“会计科目”栏中的“总账科目”和“明细科目”，并按应借、应贷方向分别记入“借方金额”或“贷方金额”栏。其格式和填列方法与记账凭证基本相同。

【例 5-3】　2021 年 1 月 28 日，生产车间领用原材料，分别领用面粉 2 060 元，白糖 800 元。填写“转账凭证”（见图 5-11）。

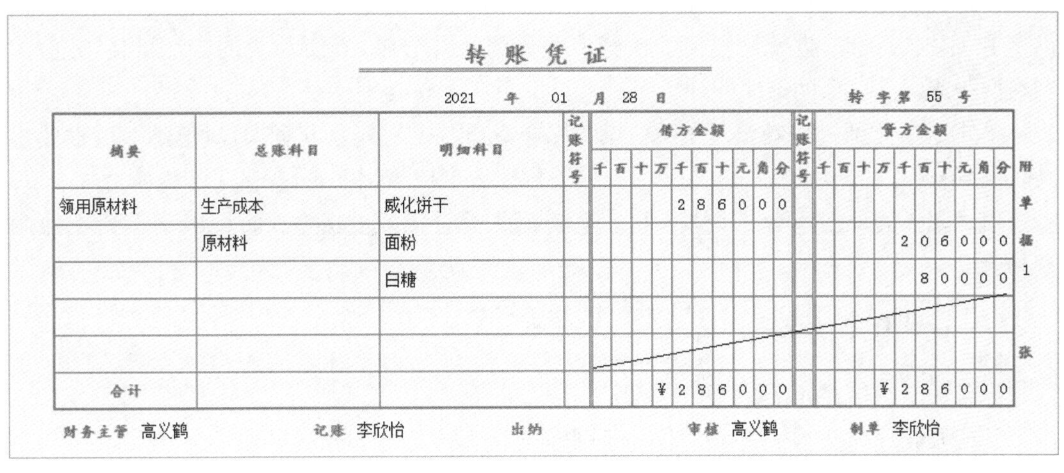

转账凭证

2021 年 01 月 28 日　　转 字第 55 号

摘要	总账科目	明细科目	记账符号	借方金额千	百	十	万	千	百	十	元	角	分	记账符号	贷方金额千	百	十	万	千	百	十	元	角	分
领用原材料	生产成本	威化饼干						2	8	6	0	0	0											
	原材料	面粉																	2	0	6	0	0	0
		白糖																		8	0	0	0	0
合计							¥	2	8	6	0	0	0					¥	2	8	6	0	0	0

附单据 1 张

财务主管 高义鹤　记账 李欣怡　出纳　审核 高义鹤　制单 李欣怡

图 5-11　转账凭证

2. 通用记账凭证

通用记账凭证,是指格式统一并由各类经济业务共同使用的记账凭证。即无论是在收款、付款,还是在转账业务中都可使用通用记账凭证。

【例 5-4】 2021 年 1 月 21 日,办公室报销业务招待费,金额 2 600 元,出纳以现金支付。填写"通用记账凭证"(见图 5-12)。

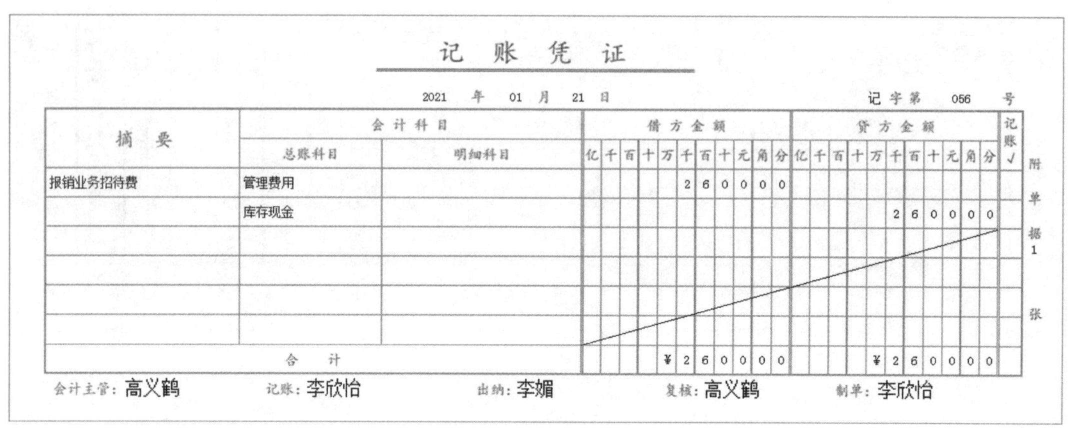

记 账 凭 证

2021 年 01 月 21 日　　记字第 056 号

摘要	会计科目		借方金额										贷方金额										记账
	总账科目	明细科目	亿	千	百	十	万	千	百	十	元	角	分	亿	千	百	十	万	千	百	十	元	角	分	✓
报销业务招待费	管理费用							2	6	0	0	0	0												
	库存现金																		2	6	0	0	0	0	
合计							¥	2	6	0	0	0	0					¥	2	6	0	0	0	0	

附单据 1 张

会计主管:高义鹤　记账:李欣怡　出纳:李媚　复核:高义鹤　制单:李欣怡

图 5-12 记账凭证

(二) 按填制方式分类

1. 复式凭证

复式凭证是将一笔经济业务事项所涉及的全部会计科目及其发生额均在同一张记账凭证中反映的一种记账凭证。它是实际工作中应用最普遍的记账凭证。例如,[例 5-1]~[例 5-4]采用的都是复式记账凭证。

复式凭证全面地反映了经济业务的账户对应关系,便于了解经济业务的全貌,了解资金的来龙去脉,有利于检查会计分录的正确性,减少凭证的张数。

2. 单式记账凭证

单式记账凭证是在一张记账凭证上只填列每笔会计分录中的一方科目,其对应科目只供参考,不据以记账,也就是把某一项经济业务的会计分录,其所涉及的会计科目,分散填制在两张或两张以上的记账凭证。

单式记账凭证过去在银行业采用较多,主要原因在于其业务量大,对信息及时性要求高,采用单式凭证,分别由不同的会计人员进行凭证审核与记账,可提高工作效率。

单式记账凭证便于分工记账,但是填制记账凭证的工作量大,而且出现差错不容易查找。

二、记账凭证的基本内容

记账凭证的格式如下(见图 5-13):

从记账凭证的基本格式可以看出,记账凭证的基本内容包括:

(1) 记账凭证的名称;

(2) 填制记账凭证的日期;

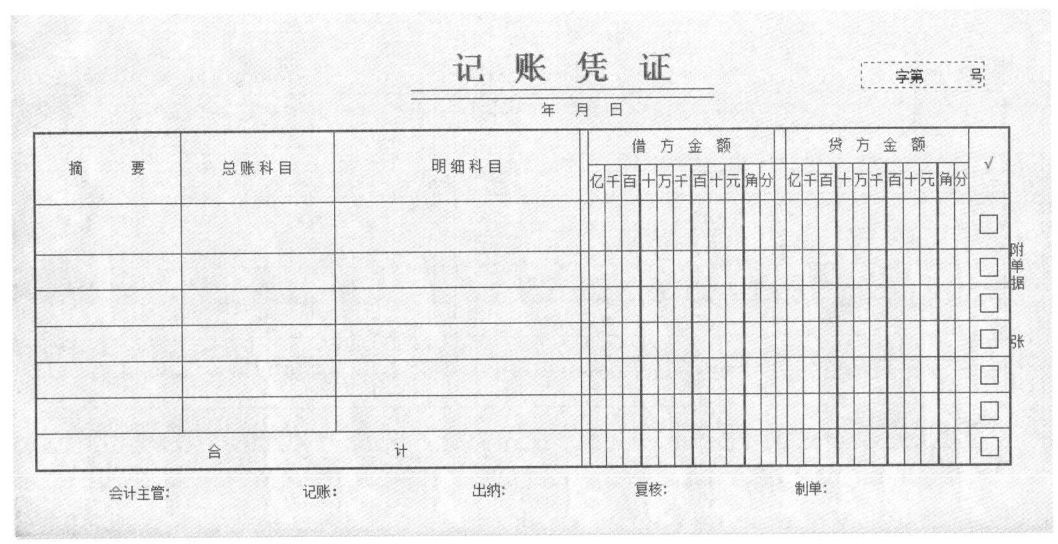

记 账 凭 证

字第 号

年 月 日

摘 要	总账科目	明细科目	借方金额 亿千百十万千百十元角分	贷方金额 亿千百十万千百十元角分	√
					□
					□
					□
					□
					□
					□
合 计					□

附单据 张

会计主管: 记账: 出纳: 复核: 制单:

图 5-13 记账凭证

(3) 记账凭证的编号;

(4) 经济业务事项的内容摘要;

(5) 经济业务事项所涉及的会计科目及其记账方向(借方、贷方);

(6) 经济业务事项的金额;

(7) 记账标记;

(8) 所附原始凭证张数;

(9) 会计主管、记账、审核、出纳、制单等有关人员签章。

三、记账凭证的编制要求

(1) 记账凭证各项内容必须完整。各项内容包括日期、编号、摘要、会计分录(科目)、金额合计、人员签章等必须完整。

(2) 记账凭证应按月连续编号。记账凭证的编号方法有多种,可采用顺序编号方法,即将所有的记账凭证按日期顺序编号,如"记字第××号";也可以按现金收付,银行存款收付和转账业务三类分别编号,具体地可编号为"收字第××号","付字第××号","转字第××号";还可以按现金收入、现金支出、银行存款收入、银行存款支出、转账五类进行编号,则具体的编号可为"现收第××号","现付第××号","银收第××号","银付第××号","转字第××号",每月从第1号编起。一笔经济业务需要填制两张以上记账凭证的,可以采用分数编号法编号。

【例5-5】 某公司本月共编制记账凭证70张,凭证编号分别从"记字001"到"记字070",其中第62笔经济业务,所涉及的会计科目较多,需要填制两张会计凭证,则可以分别编号为"记字062 1/2"和"记字062 2/2"。具体样式见表5-14。这样,就可知道,该公司本月共发生经济业务70笔,而其中的第62笔经济业务用了两张记账凭证。

记账凭证

2021 年 01 月 31 日　　　　记字第 062 1/2 号

摘要	总账科目	明细科目	记账	借方金额										记账	贷方金额									
			√	千	百	十	万	千	百	十	元	角	分	√	千	百	十	万	千	百	十	元	角	分
结转损益类（费用）账户	本年利润				3	6	7	5	1	1	7	7	4											
	主营业务成本															3	1	2	1	0	4	9	1	5
	税金及附加																2	4	4	3	3	3	7	4
	销售费用																	3	0	7	8	8	8	2
	管理费用																1	8	8	1	4	9	2	2
	财务费用																	2	8	8	4	8	8	1
合　计																								

附单据　张

财务主管 高义鹤　　记账 李欣怡　　出纳　　审核 高义鹤　　制单 李欣怡

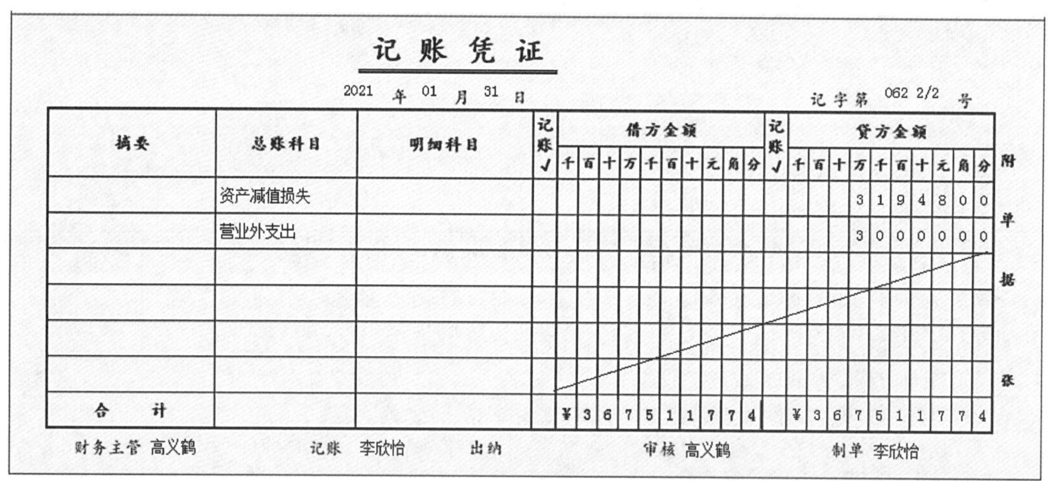

记账凭证

2021 年 01 月 31 日　　　　记字第 062 2/2 号

摘要	总账科目	明细科目	记账	借方金额										记账	贷方金额									
			√	千	百	十	万	千	百	十	元	角	分	√	千	百	十	万	千	百	十	元	角	分
	资产减值损失																	3	1	9	4	8	0	0
	营业外支出																	3	0	0	0	0	0	0
合　计				¥	3	6	7	5	1	1	7	7	4		¥	3	6	7	5	1	1	7	7	4

附单据　张

财务主管 高义鹤　　记账 李欣怡　　出纳　　审核 高义鹤　　制单 李欣怡

图 5-14　记账凭证记字第 062 1/2 号和第 062 2/2 号

（3）记账凭证的书写应清楚、规范。相关要求同原始凭证。

（4）记账凭证可以根据每一张原始凭证填制，或根据若干张同类原始凭证汇总编制，也可以根据原始凭证汇总表填制。但不得将不同内容和类别的原始凭证汇总填制在一张记账凭证上。

（5）除结账和更正错误的记账凭证可以不附原始凭证外，其他记账凭证必须附有原始凭证。

（6）填制记账凭证发生错误，应当重新填制。

四、记账凭证的审核

记账凭证是登记账簿的直接依据，为保证账簿记录的正确性，要求在记账前必须对已经填制的记账凭证进行审核，具体审核内容包括。

1. 内容是否真实

审核记账凭证是否有原始凭证为依据，所附原始凭证凭证内容与记账凭证的内容是否一致。

2. 项目是否齐全

审核日期、凭证编号、摘要、会计科目、金额、所附原始凭证张数及相关人员签章等是否

填写齐全。

3. 科目是否正确

审核记账凭证的应借、应贷科目是否使用正确，是否符合会计准则的相关规定。

4. 金额是否正确

审核记账凭证所记录的金额与所附的原始凭证的相关金额是否一致。

5. 书写是否正确

审核记账凭证书写是否工整、清晰，是否按规定使用蓝黑墨水。

在记账凭证审核过程中，如果发现差错，应查明原因，按照规定的办法及时处理和更正。只有经过审核无误的记账凭证，才能作为登记账簿的直接依据。如果在登记账簿之后，发现记账凭证的错误，应该按规定的办法进行更正；如果发现尚未入账前，发现记账凭证错误，应该重新进行填制。

第四节　会计凭证的传递与保管

一、会计凭证的传递

会计凭证的传递是指从会计凭证的取得或填制时起至归档保管过程中，在单位内部有关部门和人员之间的传送程序。

会计凭证的传递要从两个方面考虑：第一，应当满足会计制度设计的要求，保证凭证经过必需的传递环节；第二，还要考虑效率性的要求，要节约凭证传递时间，减少传递工作量。

会计凭证的传递主要包括凭证的传递路线、传递时间和传递手续等三个方面的内容。

1. 传递路线

各单位应根据经济业务的特点、机构设置和人员分工情况，明确规定会计凭证填制的联次和流程。既要使会计凭证经过必要的环节进行审核和处理，又要避免会计凭证在不必要的环节停留，从而保证会计凭证沿着最简捷、最合理的路线传递。

2. 传递时间

各单位应考虑各部门和有关工作人员的工作内容和工作量在正常情况下完成的时间。明确规定各种凭证在各个环节上停留的最长时间，不能拖延和积压会计凭证，以免影响会计工作的正常程序。一切会计凭证的传递和处理，都应在报告期内完成，不允许跨期。否则将会影响会计核算工作的准确性和及时性。

3. 传递手续

各单位在会计凭证传递过程中的衔接手续，应当做到既完备严密，又简便易行。凭证的收发，交换都应按一定的手续制度办理，以保证会计凭证的安全和完整。

二、会计凭证的保管

会计凭证的保管是指会计凭证记账后的整理、装订、归档和存查工作。

(1) 会计凭证应定期装订成册，防止散失。会计部门应将各种记账凭证按照编号顺序连同所附的原始凭证，定期装订成册，以防散失。

原始凭证较多时,可单独装订保管,但应在凭证封面注明所属记账凭证的日期、编号和种类,同时在所属记账凭证上注明“附件另订”和原始凭证的名称和编号,以便查阅。

从外单位取得的原始凭证遗失时,应取得原签发单位盖有公章的证明,并注明原始凭证的号码、金额及内容等,由经办单位会计主管机构负责人、会计主管人员和单位负责人批准后,才能代作原始凭证。若确实无法取得证明的,如车票丢失,则应由当事人写明详细情况,由经办单位会计主管机构负责人、会计主管人员和单位负责人批准后,才能代作原始凭证。

(2) 会计凭证封面应注明单位名称、凭证种类、凭证张数、起止号数、年度、月份、会计主管人员、装订人员等有关事项(见图 5-15),会计主管人员和保管人员应在封面上签章。

记账凭证封面

单位全称	湖南怡清源茶业有限公司		
凭证类别	记账凭证		
凭证起止日期	2021 年 12 月 1 日至 2021 年 12 月 31 日	卷　　号	
凭证起止号数	本册自第 1 号至第 57 号	保管期限	30 年
凭证张数	本册共 57 张	经办会计	周丹
单据张数	本册共　张	立卷人	

图 5-15　会计凭证封面

(3) 会计凭证应加贴封条,防止抽换凭证。原始凭证不得外借。单位会计人员借阅会计凭证时,应经会计主管人员同意,并填写借阅登记簿。其他单位如有特殊原因确实需要使用时,经本单位会计机构负责人、会计主管人员批准,可以复制。向外单位提供的原始凭证复制件,应在专设的登记簿上登记,并由提供人员和收取人员共同签名、盖章。

(4) 每年装订成册的会计凭证,在年度终了时可暂由单位会计机构保管一年,期满后应当移交本单位档案机构统一保管。出纳人员不得兼管会计档案。会计档案的保管期限分永久和定期两类,按照会计档案管理办法的规定,会计凭证(包括原始凭证和记账凭证)的保管期限为 30 年。

本章练习题

一、简答题

1. 会计凭证的作用有哪些?
2. 原始凭证的填制要求有哪些?审核内容包括哪些方面?
3. 记账凭证的填制要求有哪些?审核内容包括哪些方面?

二、单选题

1. 下列不属于原始凭证的会计凭证是(　　)。
A. 一次凭证　　B. 累计凭证　　C. 转账凭证　　D. 汇总凭证
2. 下列会计凭证中,不属于原始凭证的是(　　)。
A. 发货票　　B. 购货合同
C. 领料单　　D. 银行开来的支款通知
3. 以银行存款偿还某单位欠款,应编制(　　)。

A. 收款凭证　B. 付款凭证　C. 转账凭证　D. 计算凭证

4. 收款凭证应登记(　　)。

A. 库存现金的减少　B. 银行存款的减少

C. 其他货币资金的减少　D. 银行存款的增加

5. 记账凭证与所附原始凭证在金额上应(　　)。

A. 相等　B. 不相等　C. 基本相等　D. 可能相等

6. 下列不属于原始凭证构成要素的是(　　)。

A. 凭证名称　B. 凭证编号　C. 凭证日期　D. 会计分录

7. 不需要在转账凭证上签章的是(　　)。

A. 出纳　B. 制单　C. 稽核　D. 主管

8. 企业会计人员所编制的会计分录不体现在(　　)上。

A. 收款凭证　B. 付款凭证　C. 转账凭证　D. 原始凭证

9. 下列不是自制原始凭证的是(　　)。

A. 收料单　B. 耗用材料汇总表

C. 银行收款通知　D. 领料单

10. 借记“应收账款”账户,贷记“其他业务收入”账户的会计分录,应填制(　　)。

A. 收款凭证　B. 付款凭证

C. 转账凭证　D. 收款和付款凭证

11. 记账凭证是根据(　　)填制的。

A. 专用凭证　B. 通用凭证

C. 审核无误的原始凭证　D. 汇总凭证

12. 原始凭证上书写阿拉伯数字时,要求数字高度一般占格高的(　　)。

A. 1/2　B. 3/4　C. 1/4　D. 1/3

13. 一笔经济业务需要编制多张记账凭证时,可采用(　　)方法进行凭证编号。

A. 连续编号法　B. 顺序编号法　C. 分数编号法　D. 小数编号法

三、多选题

1. 下列属于记账凭证基本内容的有(　　)。

A. 填制凭证的日期　B. 经济业务摘要

C. 会计科目和金额　D. 所附原始凭证的张数

2. 下列科目可能是收款凭证借方科目的有(　　)。

A.“短期借款”　B.“应收账款”　C.“银行存款”　D.“库存现金”

3. 下列科目中,可能是付款凭证借方科目的有(　　)。

A.“库存现金”　B.“银行存款”　C.“其他应收款”　D.“预付账款”

4. 原始凭证审核的内容主要包括原始凭证的(　　)。

A. 真实性　B. 合理性　C. 正确性　D. 完整性

5. 记账凭证按其填列会计科目的数目不同,可分为(　　)。

A. 收款凭证　B. 付款凭证　C. 单式记账凭证　D. 复式记账凭证

6. 限额领料单属于(　　)。

A. 原始凭证　B. 累计凭证　C. 外来原始凭证　D. 自制原始凭证

7. 下列属于一次性原始凭证的有(　　)。

A. 领料单　　B. 限额领料单　　C. 收料单　　D. 销货发票

8. 各种原始凭证必须具备的基本要素包括(　　)。

A. 经济业务的内容摘要　　B. 借贷的会计科目

C. 有关人员的签章　　D. 填制单位签章

9. 收款凭证的贷方科目可能为(　　)。

A. “库存现金”　　B. “银行存款”　　C. “应收账款”　　D. “管理费用”

10. 会计凭证按照填制的程序和用途,可分为(　　)。

A. 通用凭证　　B. 专用凭证　　C. 原始凭证　　D. 记账凭证

11. 原始凭证按照填制的手续不同,可分为(　　)。

A. 一次凭证　　B. 累计凭证　　C. 汇总凭证　　D. 外来凭证

12. 专用记账凭证包括(　　)。

A. 收款凭证　　B. 付款凭证　　C. 通用凭证　　D. 转账凭证

13. 以下属于汉字大写数字的有(　　)。

A. 三　　B. 肆　　C. 五　　D. 陆

E. 柒　　F. 捌

14. 装订会计凭证时,会计凭证的封面应注明(　　)。

A. 单位全称　　B. 凭证种类　　C. 凭证张数　　D. 起止号数

四、业务题

(一) 目的:练习专用记账凭证的编制方法。

资料:云龙公司 2020 年 12 份发生如下经济业务:

1. 11 月 5 日,购买专利权 210 000 元,款项尚未支付。
2. 11 月 8 日,收到应收的兴汉商场货款 39 860 元存入银行。
3. 11 月 9 日,将现金 1 800 元存入银行。
4. 11 月 10 日,购买办公用品 200 元,库存现金支付。
5. 11 月 12 日,发生广告费 100 000 元,按协议款项半年后支付。

要求:根据上述业务编制记账凭证.

(二) 目的:练习通用记账凭证的编制方法。

资料:某企业 2021 年 1 月份发生下列经济业务。

1. 收到投资者投入资本 200 000 元,存入银行。
2. 借入半年期借款 100 000 元,存入银行。
3. 从银行存款中提取现金 2 800 元备用。
4. 以现金支付管理费用 700 元。
5. 以银行存款 50 000 元归还短期借款。
6. 以存款支付应付账款 4 500 元。
7. 收到应收账款 26 000 元,存入银行。
8. 将现金 1 300 元存入银行。
9. 收到投资者投入的固定资产 180 000 元。

要求:根据上述业务编制通用记账凭证。

第六章　会 计 账 簿

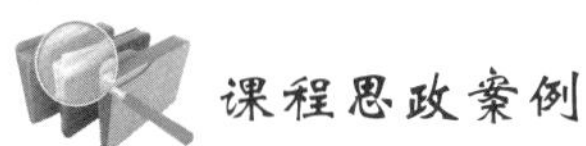
课程思政案例

《会计法》对会计资料的基本要求

会计资料是记录会计核算过程和结果的重要载体，反映相关主体的财务状况和经营成果，是企业评价经营业绩、选择合作对象、进行投资决策的重要依据。对会计资料进行规范的国家统一会计制度比较多，主要有《会计法》《会计基础工作规范》《会计档案管理办法》以及财政部发布的一系列会计准则、会计核算制度等。

《会计法》第十三条规定："会计凭证、会计账簿、财务会计报告和其他会计资料，必须符合根据统一的会计制度的规定……任何单位和个人不得伪造、变造会计凭证、会计账簿及其他会计资料，不得提供虚假的财务会计报告。"针对实际工作中存在的伪造、变造会计资料和提供虚假会计资料的情况，《会计法》从法律的角度，对此做出了限制性、禁止性规定。

《会计法》第十三条还对会计电算化做出规定："使用电子计算机进行会计核算的，其软件及其生成的会计凭证、会计账簿、财务会计报告和其他会计资料，也必须符合国家统一的会计制度的规定。"这是为保证计算机生成的会计资料真实、完整和安全，以加强对会计电算化工作的规范。其有两层含义：①使用电子计算机进行会计核算的单位，使用的会计软件必须符合国家统一的会计制度的规定；②使用电子计算机生成的会计资料必须符合国家统一的会计制度的要求。即使用电子计算机生成的会计凭证、会计账簿、财务会计报告在格式、内容以及会计资料的真实性、完整性等方面，都必须符合国家统一的会计制度的规定。

第一节　会计账簿概述

一、会计账簿的概念与作用

会计账簿，简称账簿，是指由一定格式的账页组成的，以经过审核的会计凭证为依据，全面、系统、连续地记录各项经济业务的簿籍。对于账簿的概念，可以从两方面理解：一是从外表形式看，账簿是由具有一定格式的账页连接而成的簿籍；二是从记录的内容看，账簿是对各项经济业务进行分类和序时记录的簿籍。

会计账簿和会计凭证都是记录经济业务的会计资料，但两者记录的方式不同。会计凭证对经济业务的记录是零散的，每张会计凭证只能就个别的、零星的经济业务进行记录和反映，不能集中地反映某一时期经济活动的全貌和连续、系统全面地核算、监督一个单位经济业务的增减变化情况；而会计账簿对经济业务的记录是分类、序时、全面、连续的，能够把分散在会计凭证中的大量核算资料加以集中,为经营管理提供系统、完整的核算资料。各单位应当按照国家统一的会计制度的规定和会计业务的需要设置会计账簿。

设置和登记账簿,是编制财务报表的基础,是连接会计凭证和报表的中间环节。账簿的设置和登记在会计核算中具有重要作用。

1. 通过账簿的设置与登记,可以记载、储存会计信息

设置会计账簿并将会计凭证所记录的经济业务记入有关账簿,可以全面反映会计主体在一定时期内所发生的各项资金运动,存储所需要的各项会计信息。

2. 通过账簿的设置与登记,可以分类、汇总会计信息

账簿由不同的相互联系的账户所构成,通过账簿记录,一方面可以分门别类地反映各项会计信息,提供一定时期内经济活动的详细情况;另一方面可以通过发生额、余额的计算,提供各方面所需要的总括会计信息,反映财务状况、经营成果和现金流量的综合价值指标。

3. 通过账簿的设置与登记,可以检查和校正会计信息

账簿记录是会计凭证信息的进一步整理,也是会计分析、会计检查的重要依据。如在永续盘存制下,通过有关账户余额与实际盘点或检查结果的核对,可以确认财产的盘盈或盘亏,并根据实际结存数额调整账簿记录,做到账实相符,提供如实、可靠的会计信息。

4. 通过账簿的设置与登记,可以编报和输出会计信息

为了及时反映企业的财务状况、经营成果和现金流量,会计主体应定期进行结账工作,进行有关账簿之间的核对,计算出本期发生额和余额,据以编制财务报表,向有关各方面提供所需要的会计信息。

二、会计账簿的基本内容

在实际工作中,由于各种会计账簿所记录的经济业务不同,账簿的格式也多种多样,但各种账簿都应具备以下基本内容:

(1) 封面。其主要用来标明账簿的名称,如总分类账,各种明细分类账,库存现金日记账、银行存款日记账等。

(2) 扉页。其主要用来列明会计账簿的使用信息及账户目录。扉页正面是账簿启用表,反面是目录,即科目索引。账簿启用表格式如表 6-1 所示。

表 6-1 账簿启用表

<table>
<tr><td colspan="2">单位名称</td><td colspan="6"></td><td colspan="3">单位公章</td></tr>
<tr><td colspan="2">账簿名称</td><td colspan="6"></td><td colspan="3" rowspan="4"></td></tr>
<tr><td colspan="2">账簿编号</td><td colspan="6">字第　号第　册共　册</td></tr>
<tr><td colspan="2">账簿页数</td><td colspan="6">本账簿共计　页</td></tr>
<tr><td colspan="2">启用日期</td><td colspan="6">年　月　日</td></tr>
<tr><td colspan="2">经管人员</td><td colspan="3">接管</td><td colspan="3">移交</td><td colspan="2">会计负责人</td><td>印花税票粘贴处</td></tr>
<tr><td>姓名</td><td>盖章</td><td>年</td><td>月</td><td>日</td><td>年</td><td>月</td><td>日</td><td>姓名</td><td>盖章</td><td rowspan="5"></td></tr>
<tr><td></td><td></td><td></td><td></td><td></td><td></td><td></td><td></td><td></td><td></td></tr>
<tr><td></td><td></td><td></td><td></td><td></td><td></td><td></td><td></td><td></td><td></td></tr>
<tr><td></td><td></td><td></td><td></td><td></td><td></td><td></td><td></td><td></td><td></td></tr>
<tr><td></td><td></td><td></td><td></td><td></td><td></td><td></td><td></td><td></td><td></td></tr>
</table>

(3) 账页。其是账簿用来记录经济业务的主要载体，包括账户的名称、日期栏、凭证种类和编号栏、摘要栏、金额栏以及总页次和分户页次等基本内容。

三、会计账簿与账户的关系

账簿与账户的关系是形式和内容的关系。账簿是由若干账页组成的一个整体，账簿中的每一账页就是账户的具体存在形式和载体，没有账簿，账户就无法存在；账簿序时、分类地记录经济业务，是在各个具体的账户中完成的。因此，账簿只是一个外在形式，账户才是它的实质内容。

四、会计账簿的种类

会计账簿的种类很多，不同类别的会计账簿可以提供不同的信息，满足不同的需要。在实际工作中，通常使用以下方法进行分类。

（一）账簿按用途分类

账簿按用途不同，可分为序时账、分类账和备查账。

(1) 序时账簿，又称日记账。它是按照经济业务发生的时间先后顺序，逐日、逐笔登记经济业务的账簿。序时账簿按其记录的内容，可分为普通日记账和特种日记账。

普通日记账是对全部经济业务按其发生时间的先后顺序逐日、逐笔登记的账簿。登记普通日记账只能由一个人负责，并且每笔会计记录都需要逐笔分别转记到分类账中，工作量很大。特别是随着企业规模的扩大，经济业务的增多及记账凭证的出现，普通日记账不便于登记分类账和登账工作量较大的缺陷逐渐显露。而且由于普通日记账不是分类记录经济业务，不便于日后的查阅，不利于对重要经济业务的严格管理。因此，目前已较少使用普通日记账。普通日记账的格式如表 6-2 所示。

表 6-2　　**普通日记账**　　第 1 页

×年		凭证		会计科目	摘要	借方金额									√	贷方金额									√	过账
月	日	字	号			百	十	万	千	百	十	元	角	分		百	十	万	千	百	十	元	角	分		
1	1	转	1	原材料	购入材料			1	5	0	0	0	0	0												
				应交税费	进项税额				1	9	5	0	0	0												
				应付账款	大华公司													1	6	9	5	0	0	0		
1	1	付	1	库存现金	提取现金			2	0	0	0	0	0	0												
				银行存款	取现													2	0	0	0	0	0	0		
1	2	收	1	银行存款	收货款				5	6	5	0	0	0												
				主营业务收入	销售														5	0	0	0	0	0		
				应交税费	销项税额															6	5	0	0	0		
1	2	付	2	管理费用	办公用品				1	5	3	5	8	9												
				库存现金	付用品款														1	5	3	5	8	9		
1	2	收	2	库存现金	收押金					5	0	0	0	0												
				其他应付款	粤海公司															5	0	0	0	0		

特种日记账是对某一特定种类的经济业务按其发生时间的先后顺序逐日、逐笔登记的账簿。我国的会计制度规定，那些发生频繁，要求严格管理和控制的业务，应设置特种日记账。企业一般都必须设置库存现金和银行存款日记账，对库存现金和银行存款的收付及结存情况进行序时登记，其格式如表 6-3 和表 6-4 所示。当然，各单位还可以根据自身的业务特点和管理需要来确定是否需要设置其他特种日记账，如为登记采购业务而设置的采购日记账，为登记产品销售业务而设置的销售日记账等。

表 6-3 **库存现金日记账** 第 1 页

×年		凭证		对应科目	摘 要	借 方								√	贷 方								√	余 额								√
月	日	字	号			十	万	千	百	十	元	角	分		十	万	千	百	十	元	角	分		十	万	千	百	十	元	角	分	
1	1				上年结转																					8	0	0	0	0	0	
1	1	付	1	银行存款	从银行提取现金		2	0	0	0	0	0	0												2	8	0	0	0	0	0	
1	2	付	2	管理费用	购买办公用品												1	5	3	5	8	9			2	6	4	6	4	1	1	
1	2	收	2	其他应付款	收包装物押金				5	0	0	0	0												2	6	9	6	4	1	1	

表 6-4 **银行存款日记账** 第 1 页

×年		凭证		银行凭证		摘 要	借 方								√	贷 方								√	余 额								√
月	日	字	号	种类	号数		十	万	千	百	十	元	角	分		十	万	千	百	十	元	角	分		十	万	千	百	十	元	角	分	
1	1					上年结转																			5	3	5	8	0	0	0	0	
1	1	付	1	现支	1181	提取现金											2	0	0	0	0	0	0		5	1	5	8	0	0	0	0	
1	2	收	1	汇票	9786	收销售货款			5	8	5	0	0	0											5	2	1	6	5	0	0	0	

（2）分类账簿，简称分类账。它是按照会计要素的具体类别而设置的分类账户进行登记的账簿。账簿按其反映经济业务的详略程度，可分为总分类账簿和明细分类账簿两种。

总分类账簿，亦称总分类账，简称总账。它是根据总分类账户开设的，用来分类登记全部经济业务，提供各种资产、负债、所有者权益以及费用、成本、收入、利润等总括资料的分类账簿。总分类账簿为编制财务报表提供直接数据资料，主要采用三栏式，其格式如表 6-5 所示。

明细分类账簿，亦称明细分类账，简称明细账。它是根据明细分类账户开设的，用来提供明细的核算资料，是对总分类账记录内容的补充和具体化。明细分类账簿可采用的格式

主要有三栏式明细账(格式与三栏式总分类账相同,如表 6-5 所示,将账页名称改为“明细分类账”即可)、数量金额式明细账(见表 6-6)、多栏式明细账(见表 6-7)、横线登记式明细账(见表 6-8)等。

表 6-5　　　**总分类账**

总第____页
分第____页
会计科目:

×年		凭证		摘要	借方									√	贷方									√	借或贷	余额									√
月	日	字	号		百	十	万	千	百	十	元	角	分		百	十	万	千	百	十	元	角	分			百	十	万	千	百	十	元	角	分	

表 6-6　　　**明细分类账**

最高储量:
规格:　　型号:　　计量单位:　　品名:　　最低储量:

×年		凭证		摘要	借方											贷方											余额										
月	日	字	号		数量	单价	百	十	万	千	百	十	元	角	分	数量	单价	百	十	万	千	百	十	元	角	分	数量	单价	百	十	万	千	百	十	元	角	分

规格:　　型号:　　计量单位:　　品名:

表 6-7

计量单位： **生产成本明细分类账** 车间：

完工产量： 产品名称：

年		凭证		摘 要	成 本 项 目					合计
月	日	字	号		直接材料	直接人工	制造费用			

表 6-8 **在途物资明细分类账**

明细科目： 第 1 页

×年		凭 证		摘 要	借 方			贷 方					结余金额
月	日	字	号		买价	采购费用	合计	月	日	字	号	金额	

分类账簿记录的资料是编制会计报表的主要依据，是账簿体系的主体。

(3) 备查账簿，亦称辅助账簿或补充登记簿。它是对某些在序时账簿和分类账簿中未能记载或记载不全的经济业务进行补充登记的账簿。它可以为某些经济业务的内容提供必要的参考资料。例如，反映企业租入固定资产情况的“租入固定资产登记簿”、反映为其他企业代管商品情况的“代管商品物资登记簿”等。

备查账簿只是对其他账簿记录的一种补充，与其他账簿之间不存在严密的依存和勾稽关系。备查账簿根据企业的实际需要设置，没有固定的格式要求。

(二) 账簿按账页格式分类

会计账簿按账页格式的不同，可以分为两栏式账簿、三栏式账簿、多栏式账簿、数量金额式账簿和横线登记式账簿。

1. 两栏式账簿

两栏式账簿是指只有借方和贷方两个金额栏目的账簿。普通日记账和转账日记账一般采用两栏式账簿，如表 6-2 所示。

2. 三栏式账簿

三栏式账簿是指设有借方、贷方和余额三个金额栏目的账簿。各种日记账、总账以及资本、债权、债务明细账都可采用三栏式账簿。三栏式账簿又分为设有对方科目和不设对方科目两种。区别是在摘要栏之前是否有一栏“对方科目”。设有“对方科目”栏的，称为设对方科目的三栏式账簿；不设有“对方科目”栏的，称为不设对方科目的三栏式账簿，其格式与总账的格式基本相同，如表 6-5 所示。

3. 多栏式账簿

多栏式账簿是指在账簿的两个金额栏目（借方和贷方）按需要分设若干专栏的账簿。这种账簿可以按“借方”和“贷方”分别设专栏，也可以只设“借方”或“贷方”专栏，设多少栏则根据需要确定。收入、成本、费用明细账一般采用多栏式账簿，如表 6-7 所示。

4. 数量金额式账簿

数量金额式账簿是指在账簿的借方、贷方和余额三个栏目内，每个栏目再分设数量、单价和金额三小栏，借以反映财产物资的实物数量和价值量的账簿。原材料、库存商品等明细账一般都采用数量金额式账簿，如表 6-6 所示。

5. 横线登记式账簿

横线登记式账簿，又称平行式账簿，是指将前后密切相关的经济业务登记在同一行上，以便检查每笔业务的发生和完成情况的账簿。材料采购、在途物资、应收票据和一次性备用金等明细账一般采用横线登记式账簿，如表 6-8 所示。

（三）账簿按外形特征分类

会计账簿按照外形特征可分为订本式账簿、活页式账簿和卡片式账簿。

1. 订本式账簿

订本式账簿，简称订本账，是指在启用前将编有顺序页码的一定数量的具有专门格式的账页装订在一起的账簿。这种账簿在每张账页上都印有按序编排的号码页次，这样可以防止账页散失或被抽换；但同一账簿在同一时间只能由一人登记，不便于记账人员分工，并且要为每一账户预留若干空白账页，若留页不够则会影响账户的连续记录，留页过多又会造成浪费。所以，这种账簿一般适用于重要的和具有统驭性的总分类账、库存现金日记账、银行存款日记账。

2. 活页式账簿

活页式账簿，简称活页账，是指在启用前和使用过程中将一定数量的账页置于活页夹内，可根据记账内容的变化随时增加或减少部分账页的账簿。这类账簿的优点是记账时可根据实际需要，随时将空白账页装入账簿，或抽去不需要的账页，便于分工记账；其缺点是如果管理不善，可能会造成账页散失或故意抽换账页。活页账一般适用于各类明细分类账。

3. 卡片式账簿

卡片式账簿，简称卡片账，是将一定数量的卡片式账页存放于专设的卡片箱中或卡片串中，可以根据需要随时增添卡片式账页的账簿。根据核算和管理的需要，卡片的正反两面可设置必要的栏次，以反映各种指标。在我国，企业一般只对固定资产的核算采用卡片账形式，也有少数企业在材料核算时用材料卡片。这种账簿的特点是可以跨年度长期使用而无须更换，但易散失。所以这种账卡在使用时要分类、编号、盖章，并置于专门的卡片箱内，并由有关人员妥善保管，以便核查。

第二节　会计账簿的启用与登记要求

一、会计账簿的启用

会计账簿是很重要的经济档案，登记账簿要有专人负责，明确记账责任，以保证账簿资料的合法性和完整性。一般账簿都应每年更换一次，新的会计年度使用新的账簿。新账簿启用时，应当在账簿封面上写明单位名称和账簿名称，由记账人员填写扉页上的账簿启用表。账簿启用表格式见表6-1。启用订本式账簿应当从第一页到最后一页顺序编定页数，不得跳页、缺号。使用活页式账簿应当按账户顺序编号，并须定期装订成册，装订后再按实际使用的账页顺序编定页码，另加目录以便于记明每个账户的名称和页次。

二、会计账簿的登记要求

为了保证账簿记录的正确性，必须根据审核无误的会计凭证登记会计账簿，并符合有关法律、行政法规和国家统一的会计制度的规定，主要有：

(1) 准确完整。登记会计账簿时，应当将会计凭证日期、编号、业务内容摘要、金额和其他有关资料逐项记入账内，做到数字准确、摘要清楚，登记及时，字迹工整。每一会计事项，一方面要记入有关的总账，另一方面要记入该总账所属的明细账。账簿记录中的日期，应该填写记账凭证上的日期；以原始凭证为依据登记日记账及明细账时，账簿记录中的日期应当按有关的原始凭证上的日期填写。

(2) 注明记账符号。账簿登记完毕后，应在记账凭证上签名或盖章，并在记账凭证的"过账"栏内注明账簿页数或画对钩，表示记账完毕，避免重记、漏记。

(3) 书写留白。账簿中书写的文字和数字上面要留有适当的空白，不要写满格，一般应占格距的1/2。这样，一旦发生登记错误，能比较容易地进行更正，同时也方便查账工作。

(4) 正常记账使用蓝黑墨水。为了保持账簿记录的持久性，防涂改，登记账簿必须使用蓝黑墨水或碳素墨水书写，不得使用圆珠笔或者铅笔书写。

(5) 特殊记账使用红墨水。可以使用红色墨水记账的情况包括：按照红字冲账的记账凭证，冲销错误记录；在不设借贷等栏的多栏式账页中，登记减少数；在三栏式账户的余额栏前，如未印明余额方向的，在余额栏内登记负数余额；根据国家统一的规定可以用红字登记的其他会计记录。会计中的红字一般表示负数，因此，除上述情况外，不得使用红色墨水登记账簿。

(6) 顺序连续登记。会计账簿应当按照连续编号的页码顺序登记。记账时发生错误或者隔页、缺号、跳行的，应在空页、空行处用红色墨水画对角线注销，或者注明"此页空白"或"此行空白"字样，并由记账人员和会计机构负责人(会计主管人员)在更正处签章。

(7) 结出余额。凡需要结出余额的账户，结出余额后，应当在"借或贷"栏目内注明"借"或"贷"字样，以示余额的方向；对于没有余额的账户，应在"借或贷"栏内写"平"字，并在"余额"栏"元"位处用"0"表示。库存现金日记账和银行存款日记账必须逐日结出余额。

(8) 过次承前。每一页登记完毕时，应当结出本页发生额合计及余额，在该账页最末一行"摘要"栏注明"转次页"或"过次页"，并将这一金额记入下一页第一行有关金额栏内，在

该行"摘要"栏内注明"承前页",以保持账簿记录的联系性,便于对账和结账。

(9) 不得涂改、刮擦、挖补。如发生账簿记录错误,不得刮擦、挖补或用褪色药水更改字迹,而应采用规定的方法更正。

第三节 会计账簿的格式与登记方法

一、日记账的格式和登记方法

为了加强货币资金管理,企事业等单位都应设置库存现金日记账和银行存款日记账,用以逐日核算和监督库存现金和银行存款的收入、付出和结存情况。

(一) 库存现金日记账的格式与登记方法

库存现金日记账是用来核算和监督库存现金日常收、付和结存情况的序时账簿。库存现金日记账必须采用订本式账簿,账页一般采用"三栏式",其格式如表 6-3 所示。

三栏式库存现金日记账设有借方、贷方和余额三个金额栏,一般将其分别称为收入、支出和结余三个基本栏目。库存现金日记账是由出纳人员根据库存现金收款凭证、库存现金付款凭证以及银行存款的付款凭证,按照库存现金收、付款业务发生时间的先后顺序逐日逐笔登记。其登记方法如下:

(1) 日期栏是指收、付款凭证上的日期,应与库存现金实际收付日期一致。

(2) 凭证栏是指登记入账的收付款凭证的种类和编号,如"库存现金收(付)款凭证",简写为"现收(付)";"银行存款收(付)款凭证",简写为"银收(付)"。凭证栏还应登记凭证的编号数,以便于查账和核对。

(3) 摘要栏摘要说明登记入账的经济业务的内容。文字要简练,但要能说明问题。

(4) 对方科目栏是指库存现金收入的来源科目或支出的用途科目。如银行提取现金,其来源科目(即对方科目)为"银行存款"。其作用在于了解经济业务的来龙去脉。

(5) 借方、贷方栏(或收入、支出栏)是指库存现金本期实际收、付的金额。

(6) 余额栏指库存现金的结存数。每日终了,应分别计算库存现金收入和支出的合计数,结出余额,同时将余额与出纳员保管的库存现金核对,即通常所说的"日清"。如账款不符应查明原因,并记录备案。月终同样要计算库存现金收、付和结存的合计数,通常称为"月结"。

(二) 银行存款日记账的格式与登记方法

银行存款日记账是用来核算和监督银行存款每日的收入、支出和结余情况的账簿。银行存款日记账应按企业在银行开立的账户和币种分别设置,每个银行账户设置一本日记账,由出纳人员根据与银行存款收付业务有关的记账凭证,按时间先后顺序逐日逐笔进行登记。根据银行存款收款凭证和有关的库存现金付款凭证(如现金存入银行的业务)登记银行存款收入栏,根据银行存款付款凭证登记其支出栏,每日结出存款余额。

银行存款日记账的格式与库存现金日记账相同,采用订本式账簿,账页一般采用三栏式。三栏式银行存款日记账的格式如表 6-4 所示。

银行存款日记账的登记方法与库存现金日记账的登记方法基本相同。其登记方法如下：

（1）日期栏：系指收付款凭证上的日期。

（2）凭证栏：系指登记入账的收付款凭证的种类和编号（与库存现金日记账的登记方法一致）。

（3）银行凭证栏：系指登记银行的结算凭证的种类和编号。如采用“转账支票”付款，种类可以简写“转支”，编号写转账支票上的号码。记账时标明每笔业务的结算凭证及编号，便于与银行核对账目。

（4）摘要栏：摘要说明登记入账的经济业务的内容。文字要简练，但要能概括说明问题。

（5）收入、支出栏（或借方、贷方栏）：系指银行存款本期实际收、付的金额。

（6）余额栏：指银行存款的结存数。每日终了，应分别算出银行存款收入和支出的合计数，计算出余额，做到日清，月终应计算出银行存款全月收入、支出的合计数，做到月结。

二、总分类账的格式与登记方法

总分类账是指按照总分类账户分类登记以提供总括会计信息的账簿。总分类账簿最常用的格式为三栏式，设有借方、贷方和余额三个金额栏目。

总分类账的登记方法因登记的依据不同而有所不同。经济业务少的小型单位的总分类账可以根据记账凭证逐笔登记，经济业务多的大中型单位的总分类账可以根据记账凭证汇总表（又称科目汇总表）或汇总记账凭证等定期登记。

如表 6-9 所示总分类账采用的是记账凭证账务处理程序，如表 6-10 所示总分类账采用的是科目汇总表账务处理程序。

表 6-9　　**总分类账**

总第 10 页
分第 1 页
会计科目：原材料

××年		凭证		摘要	借方									√	贷方									√	借或贷	余额									√
月	日	字	号		百	十	万	千	百	十	元	角	分		百	十	万	千	百	十	元	角	分			百	十	万	千	百	十	元	角	分	
1	1			上年结转																					借			4	6	8	9	5	0	0	
1	1	转	1	采购材料验收入库			1	5	0	0	0	0	0												借			6	1	8	9	5	0	0	
1	8	转	2	生产领用材料													1	2	5	0	0	0	0		借			4	9	3	9	5	0	0	

表 6-10

总分类账

总第 10 页
分第 1 页
会计科目:原材料

××年		凭证		摘要	借方									√	贷方									√	借或贷	余额									√
月	日	字	号		百	十	万	千	百	十	元	角	分		百	十	万	千	百	十	元	角	分			百	十	万	千	百	十	元	角	分	
1	1			上年结转																					借			4	6	8	9	5	0	0	
1	10	科汇	1	上旬发生			1	5	0	0	0	0	0				1	2	5	0	0	0	0		借			4	9	3	9	5	0	0	

三、明细分类账的格式与登记方法

明细分类账是根据有关明细分类账户设置并登记的账簿。它能提供交易或事项比较详细、具体的核算资料,以弥补总账所提供核算资料的不足。因此,各企业单位在设置总账的同时,还应设置必要的明细账。明细分类账一般采用活页式账簿、卡片式账簿。明细分类账一般根据记账凭证和相应的原始凭证来登记。

根据各种明细分类账所记录经济业务的特点,明细分类账的常用格式主要有以下四种。

(一) 三栏式

三栏式账页设有借方、贷方和余额三个栏目,用来分类核算各项经济业务,提供详细核算资料的账簿,其格式与三栏式总账格式相同。其格式如表 6-11 所示。

(二) 数量金额式

数量金额式账页适用于既要进行金额核算,又要进行数量核算的账户。例如,原材料、库存商品等存货账户,其借方(收入)、贷方(发出)和余额(结存)都分别设有数量、单价、金额三个专栏。其格式如表 6-12 所示。

数量金额式账页提供了企业有关财产物资数量和金额收、发、存的详细资料,从而能加强财产物资的实物管理和使用监督,保证这些财产物资的安全与完整。

总第 5 页
分第 1 页
会计科目：大华公司

表 6-11

应付账款明细分类账

×年		凭证		摘要	借方									√	贷方									√	借或贷	余额									√
月	日	字	号		百	十	万	千	百	十	元	角	分		百	十	万	千	百	十	元	角	分			百	十	万	千	百	十	元	角	分	
1	1			上年结转																					贷				5	0	0	0	0	0	
1	1	转	1	购原材料欠款													1	7	5	5	0	0	0		贷			2	2	5	5	0	0	0	
1	8	付	4	用存款偿还欠款			2	0	0	0	0	0	0												贷				2	5	5	0	0	0	

表 6-12

原材料明细分类账

最高储量：
规格：　　　　型号：　　　　计量单位：吨　　　　品名：线材　　　　最低储量：

×年		凭证		摘要	借方											贷方											余额										
月	日	字	号		数量	单价	百	十	万	千	百	十	元	角	分	数量	单价	百	十	万	千	百	十	元	角	分	数量	单价	百	十	万	千	百	十	元	角	分
1	1			上年结转																							10	1 500			1	5	0	0	0	0	0
1	1	转	1	购入	10	1 500			1	5	0	0	0	0	0												20	1 500			3	0	0	0	0	0	0
1	4	转	3	产品领用												8	1 500			1	2	0	0	0	0	0	12	1 500			1	8	0	0	0	0	0

（三）多栏式

多栏式账页将属于同一个总账科目的各个明细科目合并在一张账页上进行登记，即在

这种格式账页的借方或贷方金额栏内按照明细科目设若干专栏。其格式适用于收入、成本、费用类科目的明细核算，其格式如表 6-13 所示。

表 6-13　　**管理费用明细分类账**　　第 1 页

×年		凭证		摘要	借方							贷方	余额
月	日	字	号		工资薪金	折旧	物料消耗	办公费用	水电费	差旅费	其他		
1	2	付	2	购买办公用品				1 535.89					1 535.89
1	5	转	5	领用材料			500						2 035.89
1	10	付	12	报销差旅费						800			2 835.89
1	16	付	18	支付水电费					1 200				4 035.89
1	30	转	13	计提折旧		1 185							5 220.89
1	31	转	16	计提分配工资	25 895.50								31 116.39
1	31	转	18	月末结转								31 116.39	0
				本月合计	25 895.50	1 185	500	1 535.89	1 200	800		31 116.39	0

在实际工作中，为减少栏次，成本、费用类科目的明细账也可以只按借方发生额设专栏，贷方发生额由于每月发生的笔数很少，可以在借方直接用红字登记。其格式如表 6-14 所示。

表 6-14　　**管理费用明细分类账**　　第 1 页

×年		凭证		摘要	借方							合计
月	日	字	号		工资薪金	折旧	物料消耗	办公费用	水电费	差旅费	月末结转	
1	2	付	2	购买办公用品				1 535.89				1 535.89
1	5	转	5	领用材料			500					500.00
1	10	付	12	报销差旅费						800		800.00
1	16	付	18	支付水电费					1 200			1 200.00
1	30	转	13	计提折旧		1 185						1 185.00

（续表）

×年		凭证		摘要	借方							合计
月	日	字	号		工资薪金	折旧	物料消耗	办公费用	水电费	差旅费	月末结转	
1	31	转	16	计提分配工资	25 895.50							25 895.50
1	31	转	18	月末结转							31 116.39	31 116.39
				本月合计	25 895.50	1 185	500	1 535.89	1 200	800	31 116.39	0

（四）横线登记式

横线登记式账页是采用横线登记，即将每一相关的业务登记在一行，从而可依据每一各个栏目的登记是否齐全来判断该项业务的进展情况。这种格式适用于登记材料采购、在途物资、应收票据和一次性备用金业务。在途物资明细账一般采用这种格式的账簿，如表 6-15 所示。

表 6-15　　**在途物资明细分类账**

明细科目：华东物资公司——钢材　　第 1 页

×年		凭证		摘要	借方			贷方					结余金额
月	日	字	号		买价	采购费用	合计	月	日	字	号	金额	
1	5	付	6	购入钢材	5 500	300	5 800	4	8	转	6	5 800	0
1	7	付	8	购入钢材	7 200	400	7 600	4	9	转	8	7 600	0
1	8	转	9	购入钢材	2 800	500	3 300	4	11	转	10	3 300	0
4	15	付	17	购入钢材	1 000	200	1 200						
4	19	付	21	购入钢材	1 300	250	1 550						

四、总分类账户与明细分类账户的平行登记

（一）总分类账户与明细分类账户的关系

总分类账户是所属明细分类账户的统驭账户，对所属明细分类账户起着控制作用；明细分类账户则是总分类账户的从属账户，对其所隶属的总分类账户起着辅助作用。总分类账户及其所属明细分类账户的核算对象是相同的，它们所提供的核算资料互相补充，只有把两者结合起来，才能既总括又详细地反映同一核算内容。因此，总分类账户和明细分类账户必须平行登记。

（二）总分类账户与明细分类账户平行登记的要点

平行登记是指所发生的每项经济业务都要以会计凭证为依据，一方面记入有关总分类账户，另一方面记入所属明细分类账户的方法。总分类账户与明细分类账户平行登记的要点如下。

1. 方向相同

在总分类账户及其所属的明细账户中登记同一项经济业务时，方向通常相同，即在总分类账户中记入借方，在其所属的明细分类账户中也应记入借方。在总分类账户中记入贷方，在其所属的明细分类账户中一般也应记入贷方。

2. 期间一致

发生的经济业务，记入总分类账户和所属明细分类账户的具体实践可以有先后，但应在同一会计期间记入总分类账户和所属明细分类账户。

3. 金额相等

记入总分类账户的金额必须与记入其所属的一个或几个明细账分类账户的金额合计数相等。

第四节　对账与结账

一、对账

（一）对账的概念

对账就是核对账目，是对账簿记录所进行的核对工作。在会计核算工作中，由于种种原因，有时难免会发生各种差错和账实不符的现象。对账就是为了保证账簿记录的真实性、完整性和准确性，定期或不定期地对有关数据进行检查和核对，以便为编制会计报表提供真实、可靠数据资料。

对账工作一般在月末进行，即在记账之后结账之前进行。

（二）对账的内容

对账一般可以分为账证核对、账账核对和账实核对。

1. 账证核对

账簿是根据经过审核之后的会计凭证登记的，但实际工作中仍有可能发生账证不符的情况，记账后，应将账簿记录与会计凭证核对，核对账簿记录与原始凭证、记账凭证的时间、凭证字号、内容、金额等是否一致,记账方向是否相符,做到账证相符。

2. 账账核对

各个会计账簿是一个有机整体,既有分工,又有衔接,目的就是全面、系统、综合地反映企事业单位的经济活动与财务收支情况,各种账簿之间的这种衔接依存关系就是账簿的钩稽关系。利用这种关系,可以通过账簿的相互核对发现记账工作是否有误。一旦发现错误,就应立即更正。账账核对的内容主要包括:

(1) 总分类账簿之间的核对。按照"资产＝负债＋所有者权益"这一会计等式和"有借必有贷,借贷必相等"的记账规则,总分类账簿各账户的期初余额、本期发生额和期末余额之间存在对应的平衡关系,各账户的期末借方余额合计和贷方余额合计也存在平衡关系。通过这种等式和平衡关系,可以检查总账记录是否正确、完整。这项核对工作通常采用编制"总分类账户本期发生额和余额对照表(简称试算平衡表)"来完成。

(2) 总分类账簿与所属明细分类账簿之间的核对。总分类账各账户的期末余额应与其所属的各明细分类账的期末余额之和核对相符。

(3) 总分类账簿与序时账簿之间的核对。我国企事业单位必须设置库存现金日记账和银行存款日记账。库存现金日记账必须每天与库存现金核对相符,银行存款日记账也必须定期与银行对账。在此基础上,还应检查库存现金总账与库存现金日记账的期末余额,银行存款总账与银行存款日记账的期末余额是否相符。

(4) 明细分类账簿之间的核对。例如,会计部门有关实物资产的明细账与财产物资保管部门或使用部门的明细账定期核对,以检查其余额是否相符。核对的方法一般是由财产物资保管部门或使用部门定期编制收发存汇总表报会计部门核对。

3. 账实核对

账实核对是指各项财产物资、债权债务等账面余额与实有数之间的核对。账实核对的内容主要包括:

(1) 库存现金日记账账面余额与现金实际库存数逐日核对是否相符。

(2) 银行存款日记账账面余额与银行对账单的余额定期核对是否相符。

(3) 各项财产物资明细账账面余额与财产物资的实有数定期核对是否相符。

(4) 有关债权债务明细账账面余额与对方单位的债权债务账面记录核对是否相符。

二、结账

(一) 结账的概念

结账是一项将账簿记录定期结算清楚的账务工作。在一定时期结束时(如月末、季末、年末),为了编制财务报表,需要进行结账,具体包括月结、季结和年结。结账的内容通常包括两个方面:一是结清各种损益类账户,并据以计算确定本期利润;二是结出各资产、负债和所有者权益账户的本期发生额合计和期末余额。

(二) 结账的程序

(1) 结账前,将本期发生的经济业务全部登记入账,并保证其正确性,对于发现的错误,应采用适当的方法进行更正。

(2) 在本期经济业务全面入账的基础上,根据权责发生制的要求,调整有关账项,合理确定应计入本期的收入和费用。

应计收入和应计费用的调整。应计收入是指那些已在本期实现、因款项未收而未登记入账的收入。企业发生的应计收入，主要是本期已经发生且符合收入确认标准，但尚未收到相应款项的销售商品或提供劳务收入。这类调整事项，应确认为本期收入，借记"应收账款"等账户，贷记"主营业务收入"等账户；待以后收到款项时，借记"库存现金""银行存款"等账户，贷记"应收账款"等账户。

应计费用是指已经发生但尚未支付的费用。企业发生的应计费用，如应付未付的借款利息等，由于本期已经受益，应当在本期确认为费用，借记"管理费用""财务费用"等账户，贷记"应付利息"等账户；待以后支付款项时，借记"应付利息"等账户，贷记"银行存款""库存现金"等账户。

收入分摊和成本分摊的调整。收入分摊是指企业已经收取有关款项，但未完成或未全部完成销售商品或提供劳务，需在期末按本期已经完成的比例，分摊确认本期已实现收入的金额，并调整以前预收款项时形成的负债。如企业销售商品预收定金、提供劳务预收佣金。在收到预收款项时，应借记"银行存款"等账户，贷记"合同负债"等账户；在以后根据销售商品或提供劳务确认当期收入时，进行期末账项调整，借记"合同负债"等账户，贷记"主营业务收入"等账户。

成本分摊是指为了正确计算各个会计期间的盈亏，将已经发生且能使若干个会计期间受益的支出在其受益的会计期间进行合理分配。如企业已经支出，但应由本期和以后各期负担的预付款项，应借记"预付账款"等账户，贷记"银行存款"等账户；在会计期末进行账项调整时，借记"管理费用"等账户，贷记"预付账款"等账户。

(3) 将各损益类账户余额全部转入"本年利润"账户，结平所有损益类账户。

(4) 结出资产、负债和所有者权益账户的本期发生额和余额，并转入下期。

上述工作完成后，就可以根据总分类账和明细分类账的本期发生额和期末余额，分别进行试算平衡。

(三) 结账的方法

结账方法的要点有以下几个方面。

(1) 对不需按月结计本期发生额的账户，如各项应收应付款明细账和各项财产物资明细账等，每次记账以后，都要随时结出余额，每月最后一笔余额是月末余额，即月末余额就是本月最后一笔经济业务记录的同一行内余额。月末结账时，只需要在最后一笔经济业务记录之下通栏划单红线，不需要再次结计余额。

(2) 库存现金、银行存款日记账和需要按月结计发生额的收入、费用等明细账，每月结账时，要在最后一笔经济业务记录下面通栏划单红线，结出本月发生额和余额，在摘要栏内注明"本月合计"字样，并在下面通栏划单红线。

(3) 对于需要结计本年累计发生额的明细账户，每月结账时，应在"本月合计"行下结出自年初起至本月末止的累计发生额，登记在月份发生额下面，在摘要栏内注明"本年累计"字样，并在下面通栏划单红线。12 月末的"本年累计"就是全年累计发生额，全年累计发生额下通栏划双红线。

(4) 总账账户平时只需结出月末余额。年终结账时，为了总括地反映全年各项资金运动情况的全貌，核对账目，要将所有总账账户结出全年发生额和年末余额，在摘要栏内注明"本年合计"字样，并在合计数下通栏划双红线。

(5) 年度终了结账时，有余额的账户，应将其余额结转下年，并在摘要栏注明"结转下年"字样；在下一会计年度新建有关账户的第一行余额栏内填写上年结转的余额，并在摘要栏注明"上年结转"字样，使年末有余额账户的余额如实地在账户中加以反映，以免混淆有余额的账户和无余额的账户。

第五节　错账查找与更正方法

一、错账查找方法

在记账过程中，各种各样的差错可能发生，产生错账，如重记、漏记、数字颠倒、数字错位、数字记错、科目记错、借贷方向记反等，从而影响会计信息的准确性。会计人员应及时找出差错，并予以更正。错账查找的方法主要有：

1. 差数法

差数法是指按照错账的差数查找错账的方法。在记账过程中只登记了会计分录的借方或贷方，漏记了另一方，从而形成试算平衡表中借方合计与贷方合计不等。例如，借方金额遗漏，会使该金额在贷方超出；贷方金额遗漏，会使该金额在借方超出。会计人员可以通过回忆和与相关金额的记账核对来查找这样的差错。

2. 尾数法

尾数法是指对于发生的差错只查找末尾数，以提高查错效率的方法。这种方法适合于借贷方金额其他位数都一致，而只有末尾数出现查错的情况。如只差 0.5 元，只需看一下尾数有"0.5"的金额，看是否已将其登记入账。

3. 除 2 法

除 2 法是指以差数除以 2 来查找错账的方法。当某个借方金额错记入贷方(或相反)时，出现错账的差数表现为错误的 2 倍，将此差数用 2 去除，得出的商即是反向的金额。例如，应记入库存现金日记账借方的 5 000 元而误记入贷方，则会使库存现金日记账上的期末余额比库存现金总分类账上的期末余额小 10 000 元，用 10 000 除以 2 的商 5 000 元即为借贷方向相反的金额。同理，如果借方总额大于贷方 800 元，即应查找有无 400 元的贷方金额误记入借方。

4. 除 9 法

除 9 法是指以差数除以 9 来查找错账的方法，适用于以下三种情况：

(1) 将数字写小。例如，将 5 000 元写成 500 元，错误数字小于正确数字的 9 倍。查找的方法是：以差数除以 9 得出的商即为写错的数字，商乘以 10 即为正确的数字。上例差数 4 500(5 000－500)除以 9，商 500 即为错数，扩大 10 倍后即可得出正确的数字 5 000 元。

(2) 将数字写大。例如，将 3 000 写成 30 000，错误数字大于正确数字 9 倍。查找的方法是：以差数除以 9 得出的商为正确的数字，商乘以 10 后所得的积为错误数字。上例差数 27 000(30 000－3 000)除以 9 以后，所得的商 3 000 为正确数字，3 000 乘以 10(即 30 000)为错误数字。

(3) 邻数颠倒

在记账时，有时易将相邻的两位数或三位数的数字登记颠倒了，如将 75 记成 57，将 568

记成了 658，它们的差数分别是 18 和 90，都可以被 9 整除，这样知道错误问题之后，进一步判断错误在哪一笔业务上就可以了。

二、错账更正方法

在记账过程中，会计人员可能由于种种原因会使账簿记录发生错误。对于发生的账簿记录错误，会计人员应该采用正确、规范的方法予以更正，不得涂改、挖补、刮擦或者用药水消除字迹，不得重新抄写。错账的更正方法一般有划线更正法、红字更正法和补充登记法三种。

(一) 划线更正法

在结账前发现账簿记录有文字或数字错误，而记账凭证没有错误，采用划线更正法。更正时，可在错误的文字或数字上划一条红线，在红线的上方填写正确的文字或数字，并由记账人员及会计机构负责人(会计主管人员)在更正处盖章，以明确责任。但应注意，更正时不得只划销错误数字，应将全部数字划销，并保持原有数字清晰可辨，以便审查。

【例 6-1】 202×年 1 月 5 日，企业发生生产产品领用原材料的业务，会计制单员填制的审核无误的记账凭证如表 6-16 所示。

表 6-16

记账凭证

202×年 1 月 5 日　　　　记字第21号

摘要	会计科目		借方金额									贷方金额									记账签章
	总账科目	明细科目	百	十	万	千	百	十	元	角	分	百	十	万	千	百	十	元	角	分	
生产领用	生产成本	A 产品				5	4	8	5	0	0										√
原材料	原材料	甲材料													5	4	8	5	0	0	√
合　计					¥	5	4	8	5	0	0			¥	5	4	8	5	0	0	

附件 1 张

会计主管：王成　　出纳审核：陈红　　制单：王丽

此记账凭证经审核无误，但记账员依据此凭证登记原材料总账时，将其中的金额“5 485”元在原材料总账上写成了“5 458”元。更正这种错误，应将错误数字“5 458”元全部用红线注销后，再在上方写上正确数字“5 485”，而不是只删改“58”两个数字。更正方法如表 6-17 所示。

(二) 红字更正法

记账后发现记账凭证中应借、应贷会计科目有错误所引起的记账错误。更正的方法是用红字填写一张与原记账凭证完全相同的记账凭证，在摘要栏内写明“注销某月某日某号凭证”，并据以用红字登记入账，以示注销原记账凭证，然后用蓝字填写一张正确的记账凭证，并据以用蓝字登记入账。

【例 6-2】 1 月 31 日，企业会计人员通过对账发现，本月 12 日发生的以银行存款购买办公用品 1 500 元的业务，填制记账凭证时，制单员误编下列记账凭证(见表 6-18)，并已登记入账。

总第 10 页

分第 1 页

会计科目:原材料

表 6-17 **总分类账**

××年		凭证		摘　要	借　方									√	贷　方									√	借或贷	余　额									√
月	日	字	号		百	十	万	千	百	十	元	角	分		百	十	万	千	百	十	元	角	分			百	十	万	千	百	十	元	角	分	
1	1			上年结转																					借			4	6	8	9	5	0	0	
1	2	记	5	购入原材料			1	5	8	0	0	0	0																						
1	5	记	21	领用原材料										王成				5 ~~5~~	4 ~~4~~	8 ~~5~~	5 ~~8~~	0 ~~0~~	0 ~~0~~												
1	8	记	30	领用原材料														6	8	5	0	0	0												

表 6-18 **记账凭证**

202×年 1 月 12 日　　记字第32号

摘要	会计科目		借方金额									贷方金额									记账签章
	总账科目	明细科目	百	十	万	千	百	十	元	角	分	百	十	万	千	百	十	元	角	分	
购买办公	管理费用	办公费				1	5	0	0	0	0										√
用品	库存现金														1	5	0	0	0	0	√
合　计					¥	1	5	0	0	0	0			¥	1	5	0	0	0	0	

附件 1 张

会计主管:王成　　出纳:杨红　　审核:陈红　　制单:王丽

以上记账凭证中,贷方科目应为“银行存款”。发现了错误必须予以更正。这种由记账凭证错误,导致账簿登记错误,不能采用划线更正法直接在有关的账户中进行更正。应采用红字更正法。红字更正法的步骤如下:

(1) 首先,用红字填制如下记账凭证(见表 6-19),并登记入账,冲销原错误记录。

表 6-19

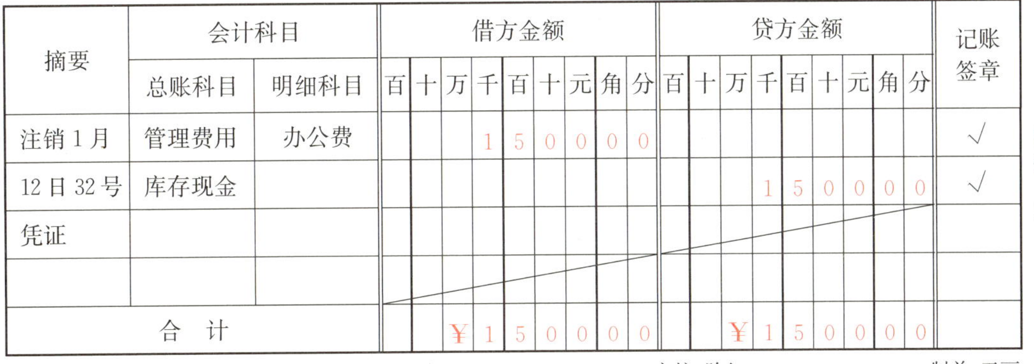

记账凭证

202×年 1 月 31 日　　　　记字第125号

摘要	会计科目		借方金额									贷方金额									记账签章
	总账科目	明细科目	百	十	万	千	百	十	元	角	分	百	十	万	千	百	十	元	角	分	
注销 1 月	管理费用	办公费				1	5	0	0	0	0										√
12 日 32 号	库存现金														1	5	0	0	0	0	√
凭证																					
合　计					¥	1	5	0	0	0	0			¥	1	5	0	0	0	0	

附件0张

会计主管:王成　　出纳:杨红　　审核:陈红　　制单:王丽

说明:此注销记账凭证的编号为 125,是假定在发现错误前单位的记账凭证已连续编号到了 124 号。也就是说,编制注销凭证时要和单位原有记账凭证顺序编号,到时和原有记账凭证一起按顺序装订保管。

(2) 用蓝字填制正确的记账凭证,并据以登账。正确记账凭证填制如表 6-20 所示。

表 6-20

记账凭证

202×年 1 月 31 日　　　　记字第126号

摘要	会计科目		借方金额									贷方金额									记账签章
	总账科目	明细科目	百	十	万	千	百	十	元	角	分	百	十	万	千	百	十	元	角	分	
订正 1 月	管理费用	办公费				1	5	0	0	0	0										√
12 日 32 号	银行存款														1	5	0	0	0	0	√
凭证																					
合　计					¥	1	5	0	0	0	0			¥	1	5	0	0	0	0	

附件0张

会计主管:王成　　出纳:杨红　　审核:陈红　　制单:王丽

这种由于记账凭证中会计科目错误而导致登账错误,采用红字更正法进行更正后,在有关账簿中的记录轨迹如图 6-1 所示。

管理费用		库存现金		银行存款	
(32) 1 500 (125) 1 500 (126) 1 500		(32) 1 500 (125) 1 500		(126) 1 500	

图 6-1　账簿错误记录更正示意

记账后发现记账凭证和账簿记录中应借、应贷会计科目无误，只是所记金额大于应记金额所引起的记账错误。更正的方法是：按多记的金额用红字编制一张与原记账凭证应借、应贷科目完全相同的记账凭证，在摘要栏内写明“冲销某月某日某号记账凭证多记金额”以冲销多记的金额，并据以用红字登记入账。

【例 6-3】 1 月 31 日，企业会计人员通过对账发现，本月 22 日发生的以银行存款偿还前欠货款 20 000 元的业务，填制记账凭证时，制单员误编下列记账凭证如表 6-21 所示，并已登记入账。

表 6-21

记账凭证

202×年 1 月 22 日　　　　记字第85号

摘要	会计科目		借方金额									贷方金额									记账签章
	总账科目	明细科目	百	十	万	千	百	十	元	角	分	百	十	万	千	百	十	元	角	分	
偿还前欠	应付账款	大华公司		2	0	0	0	0	0	0	0										√
货款	银行存款												2	0	0	0	0	0	0	0	√
合　计			¥	2	0	0	0	0	0	0	0	¥	2	0	0	0	0	0	0	0	

附件1张

会计主管：王成　　出纳：杨红　　审核：陈红　　制单：王丽

根据业务发生的实际情况，借、贷方金额应为“20 000”元。而制单员在记账凭证上写成了“200 000”元，并据以登记了账簿，于是错账产生了，必须予以更正。这种由记账凭证错误，导致账簿登记错误，不能采用划线更正法直接在有关的账户中进行更正，也应采用红字更正法。这种会计科目无误，只是金额多记引起的错误，只要编制一张冲销凭证如表 6-22 所示，并将其登记入账，错账就订正了。

表 6-22

记账凭证

202×年 1 月 31 日　　　　记字第128号

摘要	会计科目		借方金额									贷方金额									记账签章
	总账科目	明细科目	百	十	万	千	百	十	元	角	分	百	十	万	千	百	十	元	角	分	
冲销 1 月	应付账款	大华公司		1	8	0	0	0	0	0	0										√
22 日记	银行存款												1	8	0	0	0	0	0	0	√
字 85 号凭																					
证多记																					
金额																					
合　计			¥	1	8	0	0	0	0	0	0	¥	1	8	0	0	0	0	0	0	

附件0张

会计主管：王成　　出纳：杨红　　审核：陈红　　制单：王丽

这种记账凭证上科目无误，金额多记的而导致的错账，采用红字(更正法)冲销法进行更正后，在有关账簿中的记录轨迹如图 6-2 所示。

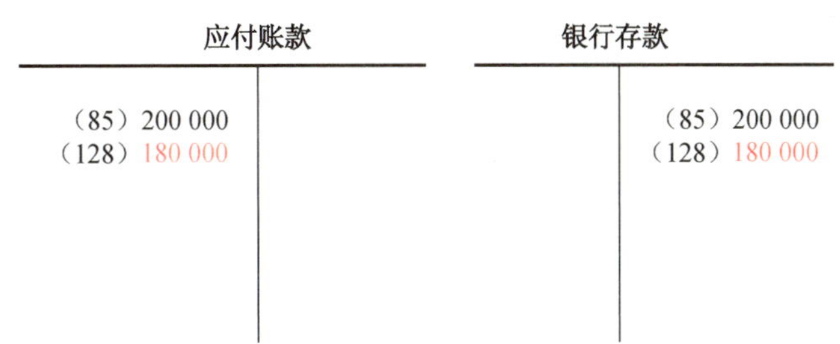

图 6-2　账簿错误记录更正示意(2)

(三) 补充登记法

记账后发现记账凭证和账簿记录中应借、应贷会计科目无误，只是金额小于应记金额时，采用补充登记法，更正的方法是：按少记的金额用蓝字填制一张与原记账凭证应借、应贷科目完全相同的记账凭证，在摘要栏写明“补记某年某月某日某号凭证少记金额”，以补充少记的金额，并据以用蓝字登记入账。

【例 6-4】 1 月 31 日，企业会计人员通过对账发现，本月 30 日发生的以银行存款归还短期借款 300 000 元的业务，填制记账凭证时，制单员误编下列记账凭证如表 6-23 所示，并已登记入账。

偿还的借款实际金额应为“300 000”元，而记账凭证上记载的是“30 000”元，且已登记入账，错账产生了，必须更正。这种由记账凭证错误，导致账簿登记错误，不能采用划线更正法直接在有关的账户中进行更正。这种会计科目无误，只是金额少记引起的错误，只要编制一张补充凭证如表 6-24 所示，并将其登记入账，错账就订正了。

表 6-23

记账凭证

202×年 1 月 30 日　　　　记字第120号

摘要	会计科目		借方金额									贷方金额									记账签章
	总账科目	明细科目	百	十	万	千	百	十	元	角	分	百	十	万	千	百	十	元	角	分	
归还短期	短期借款				3	0	0	0	0	0	0										√
借款	银行存款													3	0	0	0	0	0	0	√
合　计				¥	3	0	0	0	0	0	0		¥	3	0	0	0	0	0	0	

附件 1 张

会计主管：王成　　出纳：杨红　　审核：陈红　　制单：王丽

表 6-24

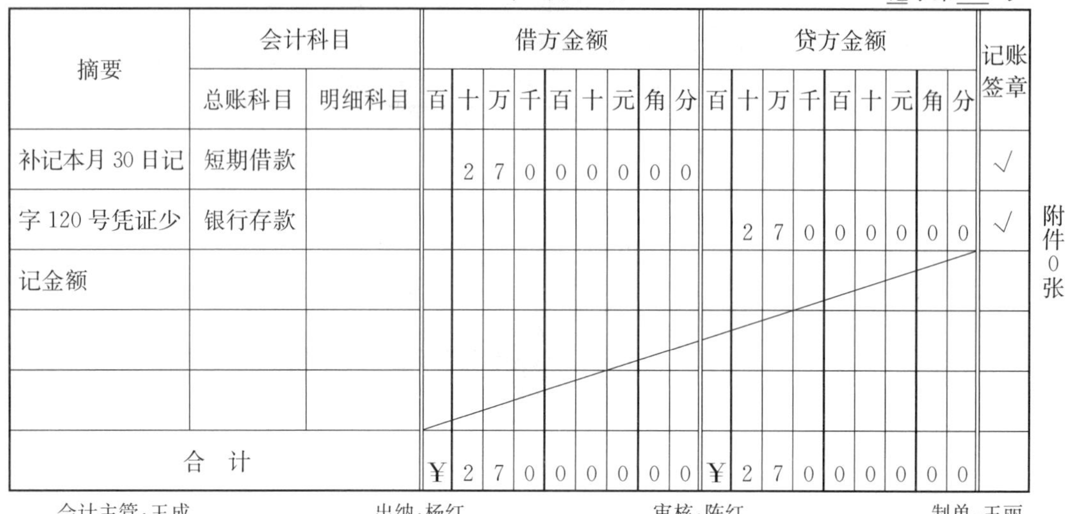

记账凭证

202×年1月31日　　　　记字第129号

摘要	会计科目		借方金额									贷方金额									记账签章
	总账科目	明细科目	百	十	万	千	百	十	元	角	分	百	十	万	千	百	十	元	角	分	
补记本月30日记	短期借款			2	7	0	0	0	0	0	0										√
字120号凭证少	银行存款												2	7	0	0	0	0	0	0	√
记金额																					
合　计			¥	2	7	0	0	0	0	0	0	¥	2	7	0	0	0	0	0	0	

附件0张

会计主管：王成　　出纳：杨红　　审核：陈红　　制单：王丽

这种记账凭证上科目无误，金额少记的而导致的错账，采用补充登记法进行更正后，在有关账簿中的记录轨迹如图 6-3 所示。

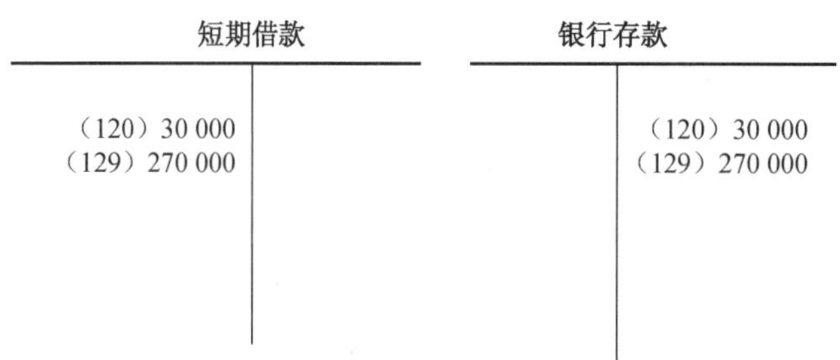

图 6-3　账簿错误记录更正示意(3)

错账更正的三种方法中红字更正法和补充登记法都是用来更正因记账凭证错误而产生的记账错误，如果非因记账凭证的差错而产生的记账错误，只能用划线更正法更正。

以上三种方法是针对当年内发现的填写记账凭证或者登记账簿错误而采用的更正方法，如果发现以前年度记账凭证中有错误（指会计科目和金额）并导致账簿登记出现差错，应当用蓝字或黑字填制一张更正的记账凭证。因错误的账簿记录已经在以前会计年度进行结账或决算，不可能将已经决算的数字进行红字冲销，只能用蓝字或黑字凭证对除文字外的一切错误进行更正，并在更正凭证上特别注明“更正××年度错账”的字样。

第六节 会计账簿的更换与保管

一、会计账簿的更换

会计账簿的更换通常在新会计年度建账时进行。总账、日记账和多栏式明细账应每年更换一次,备查账簿可以连续使用。

二、会计账簿的保管

年度终了,各种账户在结转下年、建立新账后,一般应将旧账集中统一管理。会计账簿暂由本单位财务会计部门保管一年,期满以后,由本单位财务会计部门编造清册移交本单位的档案部门保管。

各种账簿应当按年度分类归档,编造目录,妥善保管。既要保证在需要时能迅速查阅,又要保证各种账簿的安全和完整。保管期满后,还要按照规定的审批程序批准后才能销毁。

本章练习题

一、简答题

1. 会计账簿的意义是什么?
2. 简述会计账簿的分类。
3. 登记账簿的规则有哪些?
4. 简述各种错账更正方法在适用情况、具体操作上的差异。
5. 简述对账的主要内容。
6. 简述结账的方法。

二、单选题

1. 总分类账也称( )。
   A. 明细分类账　B. 总账　C. 明细账　D. 备查账
2. 将现金日记账账面余额与现金实际库存数相核对,称为( )。
   A. 账证核对　B. 账账核对　C. 账实核对　D. 账表核对
3. 银行存款日记账账面余额每月与开户银行对账单核对,称为( )。
   A. 账证核对　B. 账单核对
   C. 账实核对　D. 账表核对
4. 活页式账簿主要适用于( )。
   A. 现金日记账　B. 银行存款日记账
   C. 总分类账　D. 明细分类账
5. 登记账簿应以审核无误的( )为依据。
   A. 会计科目　B. 会计要素　C. 会计凭证　D. 会计报表
6. 年度结账后,应将各有关账户的( )结转下年度,过入新账。
   A. 年初余额　B. 本年增加发生额

C. 本年减少发生额　　D. 年末余额

7. 下列账户不采用多栏式明细分类账的有（　　）。

A. “生产成本”　　B. “管理费用”

C. “实收资本”　　D. “销售费用”

8. 总分类账户和明细分类账户应进行平行登记，平行登记的要点不包括（　　）。

A. 同方向登记　　B. 反方向登记

C. 同时期登记　　D. 同金额登记

9. 租入固定资产备查登记簿按用途分类属于（　　）。

A. 分类账簿　　B. 通用日记账

C. 备查账簿　　D. 专用日记账

10. 会计人员在根据记账凭证登记入账时，误将600元记成6 000元，而记账凭证无误，应采用（　　）进行更正。

A. 补充登记法　　B. 划线更正法

C. 红字更正法　　D. 蓝字登记法

11. 下列会计科目中，采用三栏式明细账格式的是（　　）。

A. “生产成本”　　B. “销售费用”

C. “原材料”　　D. “应收账款”

12. 新的会计年度开始，启用新账时，可以继续使用，不必更换新账的是（　　）。

A. 总分类账　　B. 银行存款日记账

C. 固定资产卡片　　D. 管理费用明细账

13. 生产成本明细账一般采用（　　）。

A. 三栏式　　B. 数量金额式

C. 多栏式　　D. 卡片式

14. 在登账后，发现记账凭证中应借、应贷方向或会计科目发生错误，可用（　　）更正。

A. 补充登记法　　B. 划线更正法

C. 红字更正法　　D. 平行登记法

三、多选题

1. 银行存款日记账（　　）。

A. 由出纳人员登记　　B. 由会计人员登记

C. 账页格式为三栏式　　D. 账页格式为数量金额式

2. 下列有关总分类账的说法，正确的有（　　）。

A. 按照总分类科目设置　　B. 采用订本式账簿

C. 账页格式为三栏式　　D. 根据原始凭证登记

3. 下列账户的明细账格式采用数量金额式的有（　　）。

A. “应收账款”　　B. “应付账款”

C. “原材料”　　D. “库存商品”

4. 登记总分类账的依据可以是（　　）。

A. 记账凭证　　B. 原始凭证汇总表

C. 明细分类账　　D. 汇总记账凭证

5. 错账查找的方法一般有(　　)。

A. 顺查法和逆查法　　B. 抽查法和偶合法

C. 补充登记法　　D. 平行登记法

6. 下列账户的明细账格式采用三栏式的有(　　)。

A. “应收账款”　　B. “短期借款”

C. “原材料”　　D. “实收资本”

7. 作为账簿主体的账页一般包括(　　)。

A. 账户名称　　B. 记账日期　　C. 摘要栏　　D. 金额栏

8. 登记账簿时,应将会计凭证的(　　)逐项过入账内。

A. 日期　　B. 编号

C. 经济业务内容摘要　　D. 金额

9. 登记明细分类账的依据可以是(　　)。

A. 记账凭证　　B. 原始凭证

C. 原始凭证汇总表　　D. 总分类账

10. 下列说法正确的有(　　)。

A. 明细分类账也称明细账　　B. 备查账也称辅助账

C. 日记账也称序时账　　D. 活页账也称卡片账

11. 可以用于登记银行存款日记账的会计凭证有(　　)。

A. 银行存款收款凭证　　B. 银行存款付款凭证

C. 现金收款凭证　　D. 现金付款凭证

四、判断并改错题

1. 账簿按用途不同,可分为备查账和订本账。(　　)
2. 现金日记账和银行存款日记账必须采用订本式账簿。(　　)
3. 定期结账包括按月、按季、按年结账。(　　)
4. 账证核对是指各种账簿记录与财产物资进行核对。(　　)
5. 银行存款总账的期末余额应与银行存款日记账的期末余额核对相符。(　　)
6. 登记账簿应做到内容完整、数字准确、摘要清楚、登记及时。(　　)
7. 登记账簿时的日期既要写会计凭证上的日期,又要写实际登账日的日期。(　　)
8. 登记账簿可以用钢笔和黑墨水书写,也可使用铅笔和圆珠笔。(　　)
9. 红色墨水一般只能在结账划线,书写本月合计、改错和冲账时使用。(　　)
10. 凡要结出余额的账户,结出余额后应在“借或贷”栏内写明“借”或“贷”字样,以表示余额的方向。(　　)
11. 各总分类账户的期末余额与所属各明细分类账户的期末余额之和应核对相符,这属于账账核对。(　　)
12. “差额除二法”可以用来查找记账过程中由于记反方向而发生的差错。(　　)
13. 原始凭证可以登记明细账,但不能登记总账。(　　)

五、实务题

(一) 总分类账户的试算平衡

1. 目的:掌握总分类账户的试算平衡

2. 资料：

(1) 可可工厂202×年4月30日总分类账余额如下：

资产类账户	金 额	负债及所有者权益类账户	金额
库存现金	600	短期借款	135 000
银行存款	103 950	实收资本	900 000
应收账款	120 000		
原材料	210 450		
固定资产	600 000		
合 计	1 035 000	合 计	1 035 000

(2) 可可工厂202×年5月1日至31日发生下列经济业务：

① 5月5日，借入短期借款120 000元，存入银行。

② 5月8日，从银行提取现金1 000元备用。

③ 5月9日，购入原材料一批100 000元，增值税进项税额为13 000元，货款未付。

④ 5月15日，接受投资人李全投资200 000元，存入银行。

⑤ 5月17日，购入固定资产一台，价款80 000元，增值税额10 400元，款项以银行存款支付，固定资产交付使用。

⑥ 5月27日，将现金500元存入银行。

⑦ 5月31日，以银行存款35 000元归还部分短期借款。

3. 要求：

(1) 根据资料(1)开设总分类账户。见格式(1)。

(2) 根据资料(2)编制记账凭证(以会计分录代替)。见格式(2)。

(3) 根据编制的记账凭证(以会计分录代替)，登记总分类账户。

(4) 31日结出总分类账户5月发生额、余额，编制总分类账试算表，检查总账登记的正确与否。见格式(3)。

4. 格式：

表6-26 **总 分 类 账**

户名：库存现金 单位：元

202×年		凭证字号	摘 要	借 方	贷 方	借或贷	余 额
			期初余额			借	

总分类账

户名:银行存款

202×年		凭证字号	摘要	借方	贷方	借或贷	余额
			期初余额			借	

总分类账

户名:应收账款

202×年		凭证字号	摘要	借方	贷方	借或贷	余额
			期初余额			借	

总分类账

户名:原材料

202×年		凭证字号	摘要	借方	贷方	借或贷	余额
			期初余额			借	

总分类账

户名:固定资产

202×年		凭证字号	摘要	借方	贷方	借或贷	余额
			期初余额			借	

总分类账

户名:短期借款

202×年		凭证字号	摘要	借方	贷方	借或贷	余额
			期初余额			贷	

总分类账

户名:实收资本

202×年		凭证字号	摘要	借方	贷方	借或贷	余额
			期初余额			贷	

总分类账

户名:应交税费

202×年		凭证字号	摘要	借方	贷方	借或贷	余额

总分类账

户名:应付账款

202×年		凭证字号	摘要	借方	贷方	借或贷	余额

记账凭证(以会计分录代替)

日期	凭证字号	摘要	总账科目	借方金额	贷方金额

总分类账户发生额及余额试算表

202×年 5 月 31 日

总账科目	月初余额		本月发生额		月末余额	
	借方	贷方	借方	贷方	借方	贷方
库存现金						
银行存款						
应收账款						
原材料						
固定资产						
短期借款						
应付账款						
应交税费						

（续表）

总账科目	月初余额		本月发生额		月末余额	
	借方	贷方	借方	贷方	借方	贷方
实收资本						
合　计						

（二）银行存款日记账的登记

某公司202×年1月1日银行存款日记账余额56 890元，1月上旬发生下列银行存款收付业务，要求据此登记银行存款日记账。

1. 2日，从银行借入短期借款80 000元，存入银行。
2. 3日，以银行存款62 000元偿还应付账款。
3. 4日，从银行提取现金3 800元备用。
4. 6日，以银行存款购买固定资产49 000元。
5. 8日，销售产品一批，售价51 000元，增值税6 630元，款项存入银行。
6. 9日，购买材料一批，进价31 000元，增值税4 030元，款项以银行存款支付。
7. 10日，以银行存款支付产品销售费用4 880元。

（三）总账与明细账的平行登记

1. 资料

(1) 云龙公司202×年6月1日原材料、应付账款的总分类账户和明细分类账户余额如下：

原　材　料　　　金额单位：元

账户名称	数量	计量单位	单位成本	明细账余额	总账余额
A材料	10 000	千克	10	100 000	
B材料	1 000	千克	2	2 000	
原材料					102 000

应 付 账 款　　　单位：元

账户名称	明细账余额	总账余额
正大公司	15 000	
南海公司	12 000	
应付账款		27 000

(2) 6月份发生下列经济业务(增值税业务暂略)：

① 1日，用银行存款偿还正大公司欠款5 000元，南海公司欠款2 000元。

② 5日，购进下列材料，已验收入库，货款未付。

材料名称	数量	单价	金额	供应单位
A 材料	5 000 kg	10 元/kg	50 000 元	正大公司
B 材料	2 000 kg	2 元/kg	4 000 元	南海公司

③ 15 日，生产车间领用下列材料生产 A 产品：

材料名称	数量	单价	金额
A	4 000 kg	10 元/kg	40 000 元
B	1 000 kg	2 元/kg	2 000 元

④ 25 日，购进下列材料，已验收入库，货款暂欠：

材料名称	数量	单价	金额	供应单位
A	2 500 kg	10 元/kg	25 000 元	正大公司
B	2 000 kg	2 元/kg	4 000 元	南海公司

⑤ 31 日，用银行存款偿还正大公司欠款 14 000 元，南海公司欠款 1 000 元。

2. 要求：

(1) 根据资料(1)开设原材料、应付账款的总账及明细账，并将余额记入账户中。

(2) 根据资料(2)发生的经济业务编制记账凭证(可用会计分录代替)。

(3) 登记原材料、应付账款总账及所属明细分类账，并分别计算本期发生额合计和期末余额。

(4) 根据平行登记的结果编制原材料、应付账款明细账户本期发生额及余额表。

(四) 错账更正

1. 会计赵平在处理业务“开出现金支票 2 000 元，支付办公费”时，所做会计凭证上分录为：

借：管理费用　　2 000
　贷：库存现金　　2 000

并已登记入账。请用正确的方法帮助赵平更正。

2. 会计赵平在处理业务“收到黄河公司偿还前欠货款 46 800 元”时，会计凭证无误，登记“应收账款”明细账时，将金额记入了借方，登记“银行存款”总账摘要时，把“黄河公司”写成了“黄海公司”，请用正确的方法进行更正。

3. 会计赵平在处理业务“向银行借入 6 个月借款 600 000 元”时，所做会计凭证上分录为：

借：银行存款　　60 000
　贷：短期借款　　60 000

并已登记入账。请用正确的方法帮助赵平更正。

4. 会计赵平在处理业务"购买办公用品 920 元,现金支付"时,所做会计凭证上分录为:

借:管理费用　　902

　贷:库存现金　　902

并已登记入账。请用正确的方法帮助赵平更正。

第七章 财 产 清 查

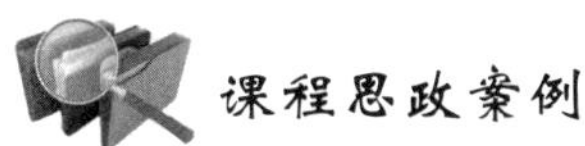

坚守会计职责

某公司为减少存货，利用自身在采购市场上的强势地位，要求供应商将其货物事先存放到该公司为供应商开辟的寄存库内，合同规定供应商应当始终保持满足公司3个月生产需求的货物存量。该公司物流部业务人员可以根据实际生产需要，随时到寄存库中提货，然后根据实际使用数量向供应商办理结算付款，在年度内的正常情况下，这类结算相当于占用了供应商的资金，没有什么问题。但从年底前的3个月开始，该公司为了降低当年的生产成本，提高企业财务成绩，管理层默许物流部门无票领用供应商在寄存库中的货物，并拖延办理领用结算时间。由于供应商之间竞争激烈，都想扩大对该公司的销售份额，结果供应商就口头答应了延迟结算的要求。公司在盘点年末存货时出现了盘盈情况，会计人员也没有去查明原因，按照领导指示记入营业外收入。

分析：《会计法》规定，各单位的会计机构、会计人员对本单位实行会计监督。财产清查是会计监督的一个有效途径。在本案例中，会计人员不能有效地行使其监督职能，导致会计监督不力。会计人员对本单位会计工作和会计资料真实性、完整性应负责任。在本案例中，会计人员没有正确履行其职责，没有承担其应有的职业责任，违反了会计应有的正直、诚实、廉洁、独立的基本准则。

第一节 财产清查概述

一、财产清查的概念及原因

财产清查就是通过对货币资金、实物资产和往来款项进行盘点或核对，确定其实存数，查明账存数与实存数是否相符的一种专门方法。

企业在经营过程中，由于各种情况的出现，会造成资产账存数和实存数不相等。其主要原因有以下几种情况：

(1) 实物资产发生的自然损溢；

(2) 物资在收发过程中，由于计量、计算问题在数量或质量上的差错；

(3) 因管理不善，或者贪污盗窃，营私舞弊造成的财产损失；

(4) 记账过程中出现的错记、漏记或重记；

(5) 自然灾害造成的非常损失；

(6) 未达账项引起的账账、账实不符等。

因此,企业为了掌握资产的真实情况,保证会计信息的真实性和准确性,必须对本单位各项财产物资、往来款项进行定期或不定期的清查,使账簿资料与实存数额相一致。

二、财产清查的种类

财产清查可按下列不同标准进行分类。

(一) 按其清查范围分类

按清查范围分类可以分为全面清查和局部清查。

1. 全面清查

全面清查是指对企业所有的财产进行清查、盘点和核对。其特点是清查内容多、范围广、工作量大,花费的时间长,一般适用于以下几种情况:

(1) 年终决算;

(2) 单位撤销、合并或改变隶属关系;

(3) 中外合资、国内联营前;

(4) 单位主要负责人调离工作岗位;

(5) 资产评估、清产核资等活动。

2. 局部清查

局部清查就是对部分财产物资进行盘点和核对。其特点是清查范围小、涉及人员少,但专业性较强,一般适用于以下几种情况:

(1) 更换财产物资保管人员时;

(2) 发生自然灾害造成意外损失时;

(3) 上级主管、财政、税务、银行等有关部门对本单位进行会计检查时,发现贪污盗窃、营私舞弊等行为。

局部清查的对象主要是流动性较大的财产和贵重物资,例如:

(1) 现金,出纳应于每日业务终了时盘点核对;

(2) 银行存款,出纳人员每月至少应同银行核对一次;

(3) 库存商品、原材料、周转材料等,应有计划有重点的抽查盘点;贵重物资每月应盘点一次;

(4) 债权债务,每年至少应同对方核对一次到两次。

(二) 按其清查时间分类

按清查时间分类可以分为定期清查和不定期清查。

1. 定期清查

定期清查是指根据制度规定或预先计划安排对财产所进行的清查。定期清查可以是全面清查,也可以是局部清查。定期清查一般在年末、季末、月末或是每日结账前定期进行,企业在编制年度财务会计报告前,也要对企业财产进行全面清查。

2. 不定期清查

不定期清查是指事前没有清查计划,当某些事件发生时再根据需要所进行的临时性清查。例如,更换财产物资保管人员时;发生自然灾害或意外损失时;上级主管、财政、税务、银行等部门对本单位进行会计检查时;企业发生改变或隶属关系发生变化时。

此外，按照财产清查执行单位不同，财产清查还可分为内部清查和外部清查。

三、财产物资的盘存制度

财产清查的主要目的是确定财产物资账存数和实存数是否相等，以达到弄清账实、查明原因，提高经营管理水平的目的。而实存数的确定主要采用“永续盘存制”和“实地盘存制”两种不同的方法。

（一）永续盘存制

永续盘存制即账面盘存制，采用这种方法，企业需要设置完整的明细账，发生的每一笔存货业务，都要严格根据会计凭证在会计账簿中连续登记，并随时计算账面余额。

账面期末余额 = 账面期初余额 + 本期增加额 − 本期减少额

优点是通过实时的明细记录，有利于加强存货的管理与控制。

缺点是完整连续的存货明细账记录、核算，工作量较大。

（二）实地盘存制

实地盘存制即定期盘存制，采用这种方法，企业平时在账簿中只登记财产物资的增加数，不登记减少数。到月末，再对财产物资进行实地盘点，根据盘点确定实有数，从而倒挤出本月财产物资的减少数。即：

本期减少数 = 账面期初余额 + 本期增加数 − 期末实际结存数

其优点是工作简单、工作量少。

其缺点是财产物资的减少数没有严密的手续，不能随时反映和监督各项财产物资的收、发、结的情况，同时毁损、盗窃和丢失的情况不能反映。

因而，实地盘存制比较适合于一些价值较低、品种复杂、交易频繁的财产物资和一些损耗大，数量不稳定的鲜活物资。所以除特殊情况采用实地盘存制外，应尽量采用永续盘存制。

综上所述，无论采用哪种盘存制度，都必须对财产物资进行定期或不定期的清查盘点。

四、财产清查的程序

为保证财产清查工作的有序进行，应根据如下程序组织财产清查工作：

（1）建立财产清查组织。由企业财务部门组织成立财产清查小组，配备相应的清查人员，准备相关财产清查工具，组织和领导财产清查工作；

（2）组织清查人员学习有关法律、法规、政策规定，以提高财产清查工作的质量；

（3）确定清查对象、范围，明确清查任务；

（4）制定清查方案，具体安排清查内容、时间、步骤、方法，以及必要的清查前准备；

（5）清查时本着先清查数量、核对有关账簿记录等，后认定质量的原则进行；

（6）填制盘存清单；

（7）根据盘存清单填制实物、往来账项清查结果报告表。

五、财产清查结果的处理要求

（1）分析产生差异原因，找出处理对策；

（2）及时调整账簿，保证账实相符；

(3) 及时处理积压资产，清理往来款项；

(4) 总结经验教训，建立合理的资产管理制度。

第二节　货币资金的清查

一、库存现金的清查

主要采用实地盘点的方法来确定库存现金的实存数，然后再与现金日记账的账面余额核对，以查明账实是否相符及盈亏情况。

在企业日常业务活动中，现金收支频繁，容易出现差错，因此出纳人员应当每天进行现金盘点，并与现金日记账的账面余额核对，做到日清月结，账实相符。除此之外，单位还应当组织清查人员对现金进行定期或不定期的检查。

(一) 现金清查步骤

(1) 盘点库存现金的实有数额；

(2) 与现金日记账的余额进行核对；

(3) 核查账实是否一致，以及盈亏情况；

(4) 盘点结束后，将现金盘点结果填列到"库存现金盘点报告表(见表 7-1)"，由盘点人员和出纳员共同签章。

表 7-1　　库存现金查点报告表

单位名称：　　　　　　　　　　　　年　月　日

实存金额	账存金额	对比结果		备注
		盘盈	盘亏	

负责人(签章)：　　　　盘点人(签章)：　　　　出纳员(签章)：

(二) 盘点时应注意以下情况

(1) 库存现金盘点时，出纳员必须在场；

(2) 盘点时，需要注意有无违反库存现金管理规定，如以白条抵库、库存现金超过规定限额现象等；账务处理和账簿记录有无错误等；

(3) "库存现金盘点报告表"是反映现金实存数的原始凭证，也是查明账实发生差异原因和调整账簿记录的依据。

(三) 财产清查结果处理的步骤与账户设置

1. 财产清查结果处理的步骤

企业进行财产清查(指所有资产，不仅限于库存现金)，如果账存数与实存数一致，则无须进行账务处理，如果账存数与实存数不一致，则要进行账务调整。若实存数大于账存数，则称为盘盈；实存数小于账存数，则称为盘亏。如果实存的财产物资质量存在问题，不能按正常的财产物资使用的，称为毁损。

对财产清查结果的处理可以按照以下两个步骤进行：

(1) 审批前处理。通过“实存账存对比表”“盘点报告表”等，填制记账凭证，登记有关账簿，对账簿记录进行调整，达到账实相符。同时还要对货币资金、财产物资及债权债务等的盘盈和盘亏进行分析，提出处理意见，并报经有关领导及部门审批。

(2) 审批后的处理。财产清查的各种损溢，应于期末前查明原因，并且根据相关管理的权限，由企业部门（股东大会或董事会）、领导（经理、厂长）批准后，在期末结账前处理完毕。财务部门应严格根据处理意见进行账务处理，填制凭证和登记账簿。并根据相关责任，追回由于责任者造成的相关损失。

2. 财产清查结果处理的账户设置

为反映和监督各单位在财产清查过程中查明的各种财产物资的盈亏、毁损及处理情况，企业应设置“待处理财产损溢”账户（固定资产的盘盈和毁损是通过“以前年度损益调整”和“固定资产清理”账户核算）。

该账户的贷方登记财产清查过程中发生的各项待处理财产盘盈数及批准转销的待处理财产盘亏和毁损数；借方登记待处理财产盘亏或毁损数及批准转销的待处理财产盘盈数。财产清查的盈亏及毁损，必须在期末结账前处理完毕，该账户期末无余额。

为加强对流动资产和固定资产的损溢进行核算，该账户下设“待处理流动资产损溢”“待处理非流动资产损溢”两个明细科目如表 7-2 所示。

表 7-2

借方　　　　待处理财产损溢	贷方
批准前：财产物资的盘亏数、毁损数 批准后：转销的财产物资盘盈数	批准前：待处理财产盘盈数 批准后：转销的财产物资盘亏及毁损数

(四) 库存现金清查结果的账务处理

1. 库存现金盘盈的账务处理

批准前，财产清查过程中发现库存现金盘盈（长款），应根据“库存现金盘点报告表”，及时办理入账手续，调整账簿记录，保证账实相符。应按照盘盈金额借记“库存现金”科目，贷记“待处理财产损溢——待处理流动资产损溢”科目。

批准后，查明原因并经相关负责部门批准后，按照盘盈的金额，借记“待处理财产损溢——待处理流动资产损溢”科目，贷方按照不同情况分别处理：如果需要支付或者归还他人的金额，贷记“其他应付款”科目；如果盘盈原因无法查明，贷记“营业外收入”科目。

【例 7-1】 某公司在财产清查时发现库存现金比账面余额多 160 元，经反复核查，无法查明原因。会计处理如下：

批准前：借：库存现金　　160

　　　　　贷：待处理财产损溢——待处理流动资产损溢　　160

批准后：借：待处理财产损溢——待处理流动资产损溢　　160

　　　　　贷：营业外收入　　160

【例 7-2】 某企业在清点库存现金时，发现现金长款 300 元，原因待查。

借：库存现金　　300
　贷：待处理财产损溢——待处理流动资产损溢　　300

经反复核查，300 元盘盈现金中，有 100 元属于应付给员工张华的款项；剩余 200 元原因不明。

借：待处理财产损溢——待处理流动资产损溢　　300
　贷：其他应付款——张华　　100
　　营业外收入　　200

2. 库存现金盘亏的账务处理

批准前：财产清查过程中发现库存现金盘亏（短款），应根据“库存现金盘点报告表”，及时办理入账手续，调整账簿记录，保证账实相符。应按照盘亏金额，借记“待处理财产损溢——待处理流动资产损溢”账户，贷记“库存现金”账户。

批准后：查明原因并经相关负责部门批准后，如果损失中有可收回保险公司和个人赔偿金额，借记“其他应收款”；如果损失是由于管理不善造成的，借记“管理费用”；如果是自然灾害造成的净损失，借记“营业外支出”。按照盘亏的金额，贷记“待处理财产损溢——待处理流动资产损溢”科目。

【例 7-3】 某公司在现金清查中发现库存现金比账面余额短缺 85 元，经查明是由于出纳员李丽疏忽大意造成的。会计处理如下：

批准前：借：待处理财产损溢——待处理流动资产损溢　　85
　　　　　贷：库存现金　　85

批准后：借：其他应收款——李丽　　85
　　　　　贷：待处理财产损溢——待处理流动资产损溢　　85

【例 7-4】 收到[例 7-3]中出纳人员李丽的赔款 85 元。

借：库存现金　　85
　贷：其他应收款——李丽　　85

【例 7-5】 某有限责任公司在财产清查时发现库存现金短款 360 元，经反复查对，原因不明。会计处理如下：

借：待处理财产损溢——待处理流动资产损溢　　360
　贷：库存现金　　360

借：管理费用——库存现金短款　　360
　贷：待处理财产损溢——待处理流动资产损溢　　360

二、银行存款的清查

银行存款的清查主要是将单位登记的“银行存款日记账”与开户行送来的“银行对账单”逐笔核对，查明银行存款的实有数额与日记账是否有差额，如果有差异，并查明原因。具体核对步骤：

（1）相关业务登记入账。核对前，应把与银行存款有关的收入、支出业务登记入账；并认

真核查银行存款日记账的记录是否正确和完整，若发现有错记或漏记的，应及时更正、补记。

（2）与银行"对账单"逐笔核对。经核对，如果两者余额相等，一般说明双方记账基本正确。如果两者不一致，则可能有两方面的原因，一是记账错误（企业或银行），二是存在未达账项。

（一）未达账项

1. 未达账项概念

所谓未达账项是指在企业和银行之间，由于凭证的传递时间不同，而导致了双方记账时间不一致，即一方已接到有关结算凭证并已经登记入账，而另一方由于尚未接到有关结算凭证尚未入账。

2. 未达账项产生原因

未达账项总的来说有两大类型四种情况。

一是企业已经入账而银行尚未入账的款项。

（1）企业已收款入账，银行尚未收款入账（企业已收，银行未收）。例如，企业销售商品收到转账支票并送存银行，企业已经登记"银行存款"增加，而在对账前银行对该笔业务尚未入账的款项。

（2）企业已付款入账，银行尚未付款入账（企业已付，银行未付）。例如，企业采购原材料，向对方开出转账支票，企业根据支票存根已登记"银行存款"的减少，但在对账前，对方企业未到银行办理转账业务，即银行未收到该支票，未登记银行存款的减少得款项。

二是银行已经入账而企业尚未入账的款项。

（1）银行已收款入账，企业尚未收款入账（银行已收，企业未收）。例如，银行收到外单位采用托收承付结算方式支付的购货款项，银行方面已经登记入账，但企业尚未收到银行通知，而未入账的款项。

（2）银行已付款入账，企业尚未付款入账（银行已付，企业未付）。例如，企业和银行办理委托付款业务支付水电费，银行按照规定支付相关费用，并登记入账，但企业尚未收到付款凭证而未入账的款项。

如果发现"银行存款日记账"与"对账单"余额不符，首先要核对记账是否有错误，如果有误，先更正差错。然后在记账正确的前提下对未达账项进行调节。

对未达账项的调节，应该编制"银行存款余额调节表"对有关的账项进行调整，调整后，双方余额相等。

（二）银行存款余额调节表

1. 银行存款余额调节表的编制程序

（1）把"银行存款日记账"与"银行对账单"以结算凭证的种类、金额、号码为依据，逐笔勾对。双方都有记录的，打上"√"。

（2）找出"未达账项"，即双方账户中没有打"√"的款项。

（3）将未达账项按上述四种情况分类合计，并计入"银行存款余额调节表"相应栏目。

（4）计算双方账户调节后的余额。

若企业拥有几个银行户头，则应分别设置银行存款日记账。每个会计期末，分别将"银行存款日记账"和对应的"对账单"核对，分别编制"银行存款余额调节表"。

2. 银行存款余额调节表的格式如表 7-3 所示。

表 7-3　　银行存款余额调节表

年　月　日　　单位:元

项　目	金　额	项　目	金　额
银行存款日记账余额		银行对账单余额	
加:银行已收企业未收款		加:企业已收银行未收款	
减:银行已付企业未付款		减:企业已付银行未付款	
调节后存款余额		调节后存款余额	

其计算公式如下：

银行存款日记账余额＋银行已收企业未收款－银行已付企业未付款＝
银行对账单余额＋企业已收银行未收款－企业已付银行未付款

通过调节,如果调节后的余额相等,一般说明企业和银行登记没有错误,如果调节后余额不等,则说明企业或银行记账有误,需要进一步查明原因,予以更正。

【例 7-6】 莲花公司 202×年 5 月 31 日银行存款日记账余额 12 200 元。银行对账单余额 11 300 元,经逐笔核对后发现如下未达账项：

(1) 银行收到某企业支付莲花公司购货款 1 500 元已入账,企业尚未入账。

(2) 企业将收到的产品销售收入 1 000 元送往银行,企业已入账,而银行尚未入账。

(3) 银行代扣公司应交的水电费 1 800 元已入账,但尚未通知公司。

(4) 公司购买原材料,开出转账支票一张,金额为 400 元,企业已登记入账,而银行尚未入账。

根据以上资料编制银行存款余额调节表,如表 7-4 所示。

表 7-4　　银行存款余额调节表

202×年 5 月 31 日　　单位:元

项　目	金　额	项　目	金　额
企业银行存款日记账余额	12 200	银行对账单余额	11 300
加:银行已收企业未收款项	1 500	加:企业已收银行未收款项	1 000
减:银行已付企业未付款项	1 800	减:企业已付银行未付款项	400
调节后的存款余额	11 900	调节后的存款余额	11 900

从以上编制过程可以看出,在企业与银行记账都没有问题的前提下,调节后余额应该相等,该数额既不是企业银行存款日记账余额,也不是对账单余额,而是在该时点银行存款实有数。“银行存款余额调节表”只起到对账作用,不能作为调整账面余额的原始凭证。

第三节　实物资产的清查

一、实物资产的清查方法

实物资产的清查主要包括对存货的清查和固定资产的清查。存货一般包括原材料、在

产品、库存商品、低值易耗品等。对这些财产物资的清查，不仅要核对数量，还要查看质量，看看有无损坏，变质的情况。同时由于实物资产种类繁多，情况复杂，在清查时往往要根据实际情况，针对不同的清查对象，选择不同的清查方法。实物中最常用的是实地盘点法和技术推算法。

1. 实地盘点法

实地盘点法是指在财产物资存放地，用相关工具逐一清点财产物资数量的一种方法。采用这种方法，数据准确可靠，现实中大多数物资清查都采用这种方法，但是工作量比较大。

2. 技术推算法

技术推算法是指利用相关的技术和工具，推算出财产物资实存数的一种方法。该方法主要适用于价值比较低，逐一清点比较困难的物资，如砂石、原煤等。

为了明确相关经济责任，进行财产清查时，有关财产物资的保管人员必须在场，并参加清查盘点工作。盘点现金时，出纳员必须到场；盘点财产实物时，其保管人员必须到场等。清查后盘点结果，及时计入盘存单上，由盘点人和实物保管人签字或盖章。盘存单是记录实物盘点结果的书面文件，也是反映资产实有数的原始凭证，如表 7-5 所示。

表 7-5　　　　盘　存　单

单位名称：　　　　盘点时间：　　　　编　号：

财产类型：　　　　存放地址：　　　　金额单位：

编　号	名　称	计量单位	数　量	备　注

盘点人签章：　　　　实物保管人签章：

为了进一步查明盘点结果同账簿余额是否一致，还应根据盘存单和账簿记录编制实存账存对比表。该表是财产清查中非常重要的原始凭证，也是分析差异原因，明确经济责任的重要依据，如表 7-6 所示。

表 7-6　　　　实存账存对比表

单位名称：　　　　年　月　日

编号	类别及名称	计量单位	单价	实存		账存		差异				备注
								盘盈		盘亏		
				数量	金额	数量	金额	数量	金额	数量	金额	

主管人员：　　　　会计：　　　　制表：

二、存货清查的账务处理

企业在财产清查中查明的各种存货的盘盈、盘亏和毁损情况，也应通过“待处理财产损溢”科目核算。

批准前，存货盘盈，一方面借记“原材料/库存商品”等，另一方面贷记“待处理财产损溢——待处理流动资产损溢”。存货盘亏，一方面借记“待处理财产损溢——待处理流动资产损溢”，另一方面贷记“原材料/库存商品”等。

根据“实存账存对比表”再编制记账凭证，登记入账，使账实相符。同时根据企业的管理权限，报相关部门或人员批准。

批准后，对于盘盈的存货，一般是由于收发计量不准确或自然升溢等原因造成，经批准后冲减“管理费用”，同时结转“待处理财产损溢——待处理流动资产损溢”。

对于盘亏的存货，按照残料价值，借记“原材料”；属于管理不善、收发计量不准确、自然损耗而产生的定额内的损耗等原因造成的损失，借记“管理费用”；应由过失人负责赔偿的，借记“其他应收款”科目；属于非常损失(自然灾害)造成的损失，借记“营业外支出”。贷记“待处理财产损溢——待处理流动资产损溢”。同时，由于管理不善造成的存货损失，增值税进项税应转出，记入贷方“进项税额转出”。

【例 7-7】 某企业在原材料清查中，发现钢板盘盈 6 吨，每吨 3 500 元。

借：原材料　　21 000
　贷：待处理财产损溢——待处理流动资产损溢　　21 000

经查明，这项盘盈材料，系因计量不准而形成的溢余，经批准冲减“管理费用”。

借：待处理财产损溢——待处理流动资产损溢　　21 000
　贷：管理费用　　21 000

【例 7-8】 某企业在存货清查过程中发现一批没有入账的原材料 1 000 千克，结合其他同类材料确定其总成本为 3 500 元。其批准前、后的会计处理为：

借：原材料　　3 500
　贷：待处理财产损溢——待处理流动资产损溢　　3 500

借：待处理财产损溢——待处理流动资产损溢　　3 500
　贷：管理费用　　3 500

【例 7-9】 某企业在财产清查过程中发现盘亏原材料 1 500 元，盘亏库存商品 2 700 元。

借：待处理财产损溢——待处理流动资产损溢　　4 200
　贷：原材料　　1 500
　　　库存商品　　2 700

经调查发现，原材料盘亏是由于收发计量造成的，库存商品盘亏是由于保管失职造成。

借：管理费用　　1 500
　　其他应收款　　3 051
　贷：待处理财产损溢——待处理流动资产损溢　　4 200
　　　应交税费——应交增值税——进项税额转出　　351

三、固定资产清查

固定资产的盘盈，作为前期差错处理，主要是通过“以前年度损益调整”科目核算。盘盈固定资产按照重置成本入账，借记“固定资产”，贷记“以前年度损益调整”科目，涉及所得税和留存收益的，按照相关规定处理。

固定资产盘亏可能是由自然灾害、责任事故、失窃等原因造成的。

批准前，对于盘亏的固定资产，在批准前应按其账面净值借记“待处理财产损溢——待处理非流动资产损溢”账户，按其账面已提折旧计入“累计折旧”账户，按其账面原始价值贷记“固定资产”账户。

批准后，固定资产盘亏原因不同，其账务处理也不同。一般的处理方法是：固定资产损失中由相关责任人或保险公司赔偿的部分，经批准计入“其他应收款”；由自然灾害所导致的固定资产损失净额，在扣除保险公司赔偿款外，经批准应计入“营业外支出”，在此不考虑增值税等相关事项；丢失的固定资产，经批准后应作为“营业外支出”（不考虑增值税等相关事项）。

【例 7-10】 某企业在财产清查中，发现账外设备一台，其重置成本 4 800 元。

在审批之前，编制会计分录如下：

借：固定资产　　4 800
　贷：以前年度损益调整　　4 800

【例 7-11】 企业财产清查中，发现短缺设备一台，其账面原价 36 000 元，已提折旧12 000 元。

借：待处理财产损溢——待处理非流动资产损溢　　24 000
　　累计折旧　　12 000
　贷：固定资产　　36 000

经查该设备短缺属自然灾害造成的，某保险公司同意赔偿 10 000 元，其余列入营业外支出。

借：营业外支出　　14 000
　　其他应收款——某保险公司　　10 000
　贷：待处理财产损溢——待处理非流动资产损溢　　24 000

第四节　往来款项的清查

一、往来款项的清查方法

往来款项主要包括各种应收款、应付款、暂收款等款项。往来款项的清查主要采取“询证核对法”，即发函询证同对方核对账目。具体程序如下：

(1) 将本单位往来账项核对清楚，确认准确无误后。

(2) 编制“往来款项对账单”，送达对方单位，与债务人或债权人进行核对。对方单位收到对账单，如核对相符，应在回单上盖章后退回。如发现数字不符，应将不符情况在回单上注明或另抄对账单退回，作为进一步核对的依据，如表 7-7 所示。

表 7-7　　往来款项对账单(第一款)

账户名称：　　　　年　月　日

业务序号	金　额	发生日期	核对情况		备　注
			相符情况	不符情况	
合　计					

往来款项对账单(第二款)

____________________ 单位:

你单位20××年×月×日购入我单位×产品××件,已付货款×××元,尚有×××元货款未付,请核对后将回单联寄回。

核查单位:(盖章)

202×年×月×日

沿此虚线裁开,将以下回单联寄回!

往来款项对账单(回联)

核查单位:

你单位寄来的"往来款项对账单"已经收到,经核对相符无误(或不符,应注明具体内容)。

××单位(盖章)

20××年×月×日

(3) 收到回单后,根据清查结果编制"往来款项清查表"。在清查中,尤其要注意有无争议款项,未达账项、无法收回款项等。对不同的情况要加以处理,及时催收处理,避免和减少损失,如表7-8所示。

表7-8　　往来款项清查表

明细分类账户		清查结果		核对不符原因分析			备 注
名称	账面金额	核对相符金额	核对不符金额	未达账项金额	有争议款项金额	其 他	

清查人员(签章):　　　　记账人员(签章):

二、往来款项清查的账务处理

在财产清查中,对于经查明确无法收回的应收款项或无法支付的应付款项,按规定程序报经批准后,应分不同情况进行核销。

1. 无法收回账款的处理——应收账款

无法收回的应收款项,通常确认为坏账,坏账的出现原因主要有以下几个方面:①因债务人破产或者死亡,以其破产财产或其遗产偿债后,确实不能收回。②因债务单位撤销,资不抵债或者现金流量严重不足,确定不能收回。③因发生严重的自然灾害等导致债务单位停产而在短时间内无法清偿债务,确实无法收回。④因债务人逾期未履行偿债义务超过3年,经核查确实无法收回。

对于在资产清查中,经查确实无法收回的坏账,其坏账损失的核算通常有两种方法。

(1) 直接转销法,就是在认为应收账款无法收回时,直接将应收账确认为费用。

(2) 坏账准备法,就是平时按规定计提比例计提坏账准备,待发生坏账时,将其金额冲减坏账准备,一般企业会采用备抵法。

【例 7-12】 某企业在往来款项的清查中,查明应收甲公司货款 8 000 元,经催收收回的 5 500 元,存入银行,余款因故无法收回,转作坏账损失。

收回部分应收账款时,应作会计分录如下:

借:银行存款　　5 500
　贷:应收账款——甲公司　　5 500

将无法收回的应收账款,列作坏账损失。其会计分录如下:

(1) 直接转销法

借:管理费用　　2 500
　贷:应收账款——甲公司　　2 500

(2) 坏账准备备抵法

借:坏账准备　　2 500
　贷:应收账款——甲公司　　2 500

2. 无法支付账款的处理——应付账款

对于在财产清查中,经查确实无法支付的应付款项,在按规定的程序报经批准后,转作营业外收入。

【例 7-13】 华谊公司在往来结算款项的清查中,经查应付 B 公司的货款 8 000 元,因为对方单位已撤销,确定无法支付,经批准,作为营业外收入处理。

借:应收账款——B 公司　　8 000
　贷:营业外收入　　8 000

本章练习题

一、简答题

1. 试述财产清查的种类。
2. 简述永续盘存制与实地盘存制。
3. 如何进行财产物资的清查?
4. 如何进行银行存款的清查?
5. 何为未达账项?未达账项有哪几种?
6. 如何编制银行存款余额调节表?
7. 如何进行债权债务的清查?

二、单选题

1. 企业年终决算前,需要(　　)。
　A. 对所有财产进行实物盘点　　B. 对重要财产进行局部清查
　C. 对所有财产进行全面清查　　D. 对流动性较大的财产进行重点清查
2. 大堆、笨重物资的实物数量的清查方法,常用的是(　　)。
　A. 永续盘存制　　B. 实地盘存制　　C. 实物盘点法　　D. 技术推算法

3. 对现金的清查方法应采用(　　)。

A. 技术推算法　　B. 实物盘点法　　C. 实地盘存制　　D. 查询核对法

4. 银行存款的清查是将银行存款日记账记录与(　　)核对。

A. 银行存款收款、付款凭证　　B. 总分类账银行存款科目

C. 银行对账单　　D. 开户银行的会计记录

5. 对于长期挂账的应付账款,在批准转销时应记入(　　)科目。

A. “营业外支出”　　B. “营业外收入”

C. “资本公积”　　D. “待处理财产损溢”

6. 采用实地盘存制时,财产物资的期末结存数就是(　　)。

A. 账面结存数　　B. 实地盘存数　　C. 收支抵减数　　D. 滚存结余数

7. 下列单据不可以作为记账凭证编制依据的有(　　)。

A. 银行存款余额调节表　　B. 实存账存对比表

C. 发料凭证汇总表　　D. 银行付款通知

8. 材料盘亏的损失不记入下列(　　)账户。

A. “管理费用”　　B. “其他应收款”

C. “以前年度损益调整”　　D. “营业外支出”

9. 固定资产盘亏、毁损的净损失应计入下列(　　)账户。

A. “管理费用”　　B. “其他应收款”

C. “以前年度损益调整”　　D. “营业外支出”

10. 银行对账单上有一笔支付到期商业汇票款 320 000 元,企业银行存款日记账上没有该笔业务,这笔款项可能是未达账项中(　　)的款项。

A. 企业已收银行未收　　B. 企业已付银行未付

C. 银行已收企业未收　　D. 银行已付企业未付

三、多选题

1. 采用实物盘点法的清查对象有(　　)。

A. 固定资产　　B. 原材料　　C. 银行存款　　D. 现金

2. 通过财产清查要求做到(　　)。

A. 账物相符　　B. 账款相符　　C. 账账相符　　D. 账证相符

3. 企业银行存款日记账账面余额大于银行对账单余额的原因有(　　)。

A. 企业账簿记录有差错　　B. 银行账簿记录有差错

C. 企业已作收入入账,银行未达　　D. 银行已作支出入账,企业未达

4. 财产清查中遇到有账实不符时,用以调整账簿记录的原始凭证有(　　)。

A. 实存账存对比表　　B. 现金盘点报告表

C. 银行对账单　　D. 银行存款余额调节表

5. 查询核对法一般适用于(　　)的清查。

A. 债权债务　　B. 银行存款　　C. 现金　　D. 往来款项

6. 财产物资盘亏的损失可能计入下列(　　)账户。

A. “管理费用”　　B. “其他应收款”

C. “以前年度损益调整”　　D. “营业外支出”

7. 未达账项有以下(　　)的款项。

A. 企业已收银行未收　　B. 企业已付银行未付

C. 银行已收企业未收　　D. 银行已付企业未付

8. 财产清查的小组成员包括(　　)。

A. 单位有关领导　B. 会计人员　C. 质检人员　D. 财产保管人员

9. 财产清查的业务准备工作包括(　　)。

A. 校准计量器具　　B. 将相关账户结出余额

C. 准备相关表格　　D. 取得对账单

10. 财产清查按其清查范围可以分为(　　)。

A. 全面清查　B. 局部清查　C. 定期清查　D. 不定期清查

四、业务题

资料一:某企业202×年6月30日银行存款日记账余额为635 000元,银行对账单余额为607 000元。经与银行对账,发现有以下未达账项:

1) 6月28日,企业销售产品一批,货款51 000元,收到转账支票,但尚未到银行办理有关手续。

2) 6月29日,企业开出现金支票5 000元,企业已记账,而银行尚未记账。

3) 6月29日,C公司偿付前欠货款20 000元,银行已收入企业账户,企业尚未记账。

4) 6月30日,银行代企业支付本月水电费2 000元,银行已划出,企业尚未记账。

要求:根据以上资料编制银行存款余额调节表。

资料二:某企业在财产清查中,发现下列盘盈、盘亏的会计事项。

1) 盘亏现金400元,原因不明。

2) 盘盈A材料800元,经查属计量不准造成。

3) 盘亏B材料230元,经查属定额内损耗。

4) 盘亏C材料500元,经查属保管人员失职造成的损失。

5) 盘亏机器一台,原价4 400元,已提折旧1 100元。

上述各项盘盈、盘亏经查明属实,报经领导审核批准,做如下处理:

1) 盘亏现金系出纳员责任,由出纳员赔偿。

2) 盘盈材料作冲减管理费用处理。

3) 盘亏材料中属定额内损耗,作管理费用处理,属于保管人员失职造成的损失,责成过失人赔偿,作“其他应收款”处理。

4) 盘亏机器系自然灾害造成的,作“营业外支出”处理。

要求:(1) 将上述清查结果,编制审批前的会计分录。

(2) 根据报经领导审核批准意见,编制审批后的会计分录。

第八章　财务报表

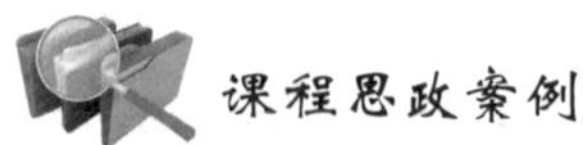

诚信终能赢得财富

一个顾客走进一家汽车维修店，自称是某运输公司的汽车司机。“在我的账单上多写点零件，我回公司报销后，有你一份好处。”他对店主说。但店主拒绝了这样的要求。顾客纠缠说：“我的生意不算小，会常来的，你肯定能赚很多钱！”店主告诉他，这事无论如何也不会做。顾客气急败坏地嚷道：“谁都会这么干的，我看你是太傻了。”店主火了，他要那个顾客马上离开，到别处谈这种生意去。这时，顾客露出微笑并满怀敬佩地握住店主的手：“我就是那家运输公司的老板，我一直在寻找一个固定的、信得过的维修店，你还让我到哪里去谈这笔生意呢？”

面对诱惑，不心动，不为其所惑，虽平淡如行云，质朴如流水，却让人领略到一种山高海深。这是一种闪光的品格——诚信。

第一节　财务报表概述

一、财务报表的含义

财务报表是企业定期编制反映企业在某一特定时日的财务状况和某一会计期间的经营成果、现金流量等会计信息的文件。财务报表是财务会计报告的核心内容，其包括资产负债表、利润表、现金流量表、所有者权益(或股东权益)变动表以及附注。

二、财务报表的分类

(一) 按会计报表反映的资金运动状态不同分类

1. 静态会计报表

静态会计报表反映企业资金运动处于某一相对静止状态情况的会计报表，其是企业某一特定时日(月末、季末、年末)的资产、负债、所有者权益等财务状况的报表，如资产负债表。

2. 动态会计报表

动态会计报表反映企业在某一会计期间(月度、季度、半年度、年度)经营成果和现金流量的会计报表。如利润表、现金流量表、所有者权益变动表等。

(二) 按编制会计报表的主体不同分类

1. 个别会计报表

个别会计报表是指母公司或者子公司编制的，仅仅反映公司自身的财务状况、经营成果和现金流量的报表。个别会计报表反映的是单个企业法人的财务状况和经营成果，反映的对象是企业法人。个别会计报表是由独立的法人企业编制，所有企业都需要编制个别会计报表。

2. 合并会计报表

合并会计报表简称合并报表，指综合反映以产权纽带关系而构成的企业集团在某一特定时日或某一会计期间整体财务状况、经营成果和资金流转情况的会计报表，是由企业集团对其他有控制权的控股公司或母公司编制。合并会计报表主要包括合并资产负债表、合并利润表、合并利润分配表、合并现金流量表以及合并所有者权益变动表等。

(三) 按编制会计报表的时间不同分类

1. 年度会计报表

年度会计报表简称为年报，在年度终了时编制，并于年度终了后四个月内报出。年度报表应该包括资产负债表、利润表、现金流量表和所有者权益变动表。

2. 中期会计报表

中期会计报表是指短于一个完整会计年度的报告期间为基础编制的报表，其又可分为半年度、季度、月度财务报表。中期会计报告反映企业过去的财务状况和经营成果，为报表使用者提供决策有用的信息，帮助其预测企业年度内未来期间的财务状况和经营成果，有助于投资者、债权人对企业的未来做出正确的分析和预测。

三、财务报表编制前的准备工作

会计人员在编制财务会计报表前首先需要完成以下相关工作。

(1) 认真核查会计账簿和相关资料，重点检查是否存在因会计差错或会计政策变更需要调整的情况，确保全部经济业务全部处理完毕。

(2) 认真核对相关账目，确保账簿记录的正确。

(3) 认真结出相关账簿的发生额和期末余额，并核对各账簿之间的余额。

四、财务报表的编制要求

财务报表是企业重要的会计信息，我国《企业会计准则》规定在编制会计报表时应该遵循一定的要求，主要包括以下八个方面。

(一) 企业应当以持续经营为基础

企业应当以持续经营为基础，根据实际发生的交易和事项，按照《企业会计准则》和其他各项会计准则的规定进行确认和计量，在此基础上编制财务报表。企业不应以附注披露代替确认和计量，不恰当的确认和计量也不能通过充分披露相关会计政策而纠正。

如果企业预计以持续经营为基础编制报表不再合理时，企业应当改用其他基础编制财务报表，并在附注中披露产生这一事实及其原因，但不能以附注披露代替确认和计量。

(二) 选择正确的会计核算基础编制

企业除现金流量表按照收付实现制编制外，其他报表应当采用权责发生制编制。

(三) 财务报表项目的列报应当在各个会计期间保持一致

财务报表项目的列报应当在各个会计期间保持一致，不得随意变更，但有两种情况除外，一是企业处理会计准则要求改变财务报表项目的列报，二是企业经营业务的性质发生重大变化或对企业经营影响较大的交易或事项发生后，变更财务报表项目的列报能够提供更可靠、更相关的会计信息。

（四）项目之间的金额不得相互抵销

财务报表中的资产项目和负债项目的金额、收入项目和费用项目的金额、直接计入当期利润的利得项目和损失项目的金额不得相互抵销，但其他会计准则另有规定的除外。但要注意的是这三种情况不属于抵销：一是一组类似交易形成的利得和损失应当以净额列示；二是资产或负债项目按扣除备抵项目后的净额列示；三是非日常活动产生的利得和损失，以同一交易形成的收益扣减相关费用后的净额列示。

（五）编制当期报表时应当把前期的报表数据一并列报

为了使会计信息的使用者比较分析，当期财务报表的列报，至少应当提供所有列报项目上一个可比会计期间的比较数据，以及与理解当期财务报表相关的说明，但其他会计准则另有规定的除外。

财务报表的列报项目发生变更的，应当至少对可比期间的数据按照当期的列报要求进行调整，并在附注中披露调整的原因和性质，以及调整的各项目金额。对可比数据进行调整不切实可行的，应当在附注中披露不能调整的原因。

（六）应该遵守重要性原则

在合理预期下，财务报表某项目的省略或错报会影响使用者据此做出经济决策的项目具有重要性。

重要性应当根据企业所处的具体环境，从项目的性质和金额两方面予以判断。重要性的判断标准一经确定，不得随意变更。判断项目性质的重要性，应当考虑该项目在性质上是否属于企业日常活动、是否显著影响企业的财务状况、经营成果和现金流量等因素；判断项目金额大小的重要性，应当考虑该项目金额占资产总额、负债总额、所有者权益总额、营业收入总额、营业成本总额、净利润、综合收益总额等直接相关项目金额的比重或所属报表单列项目金额的比重。

（七）至少应当按年编制财务报表

一般来说，企业至少应当按年编制财务报表。如果年度财务报表涵盖的期间短于一年的，应当披露年度财务报表的涵盖期间、短于一年的原因以及报表数据不具可比性的事实。

（八）其他

企业应当在财务报表的显著位置披露编报企业的名称、资产负债表日或财务报表涵盖的会计期间、人民币金额单位。财务报表是合并会计报表的，应当予以标明。

第二节　资产负债表

一、资产负债表的含义及作用

（一）资产负债表的含义

资产负债表是反映企业在某一特定的时日（指月末、季末、年末）资产、负债及所有者权

益构成情况的静态会计报表。

资产负债表的编制是以“资产＝负债＋所有者权益”平衡等式为理论依据，把企业在特定的日期（月末、季末、年末）全部资产、全部负债和全部所有者权益进行分类汇总编报而成的，是企业必须编制的主要会计报表之一。

（二）资产负债表的作用

资产负债表的作用主要体现在如下 4 个方面。

（1）反映企业在某一特定日期的资产总额及其具体构成的状况，揭示企业资产的具体结构，帮助会计信息的使用者分析企业的经济资源以及分布情况。例如，从流动资产来看，就可以了解到企业在银行的存款以及变现能力，掌握资产的实际流动性与质量。

（2）反映企业在某一特定日期的负债总额及其构成，揭示企业的资产来源及其构成。分析企业当前与未来需要支付的债务数额。负债总额表示企业承担债务的多少，负债和所有者权益的比重反映了企业的财务安全程度。负债结构反映了企业偿还负债的紧迫性和偿债压力的大小。

（3）反映企业所有者权益的具体情况，了解企业现有投资者在企业投资总额中所占的份额，有助于报表使用者分析、预测企业生产经营安全程度和抗风险的能力。

（4）反映企业的偿债能力，其包括短期的清偿能力和长期的偿还能力和结构，预测企业的发展前景。

二、资产负债表的格式

资产负债表的格式有账户式和报告式两种，我国《企业会计准则》规定资产负债表应该采用账户式报表。

（一）基本结构

账户式资产负债表的基本结构类似于账户，分为左、右两方，左方列为资产，右方列为负债和所有者权益。

在左方资产项目中，又按照流动性（又称变现能力）的大小由大到小自上而下依次排列。在右方，负债排在上方，排完负债后再排所有者权益。如“货币资金”“交易性金融资产”等排在上面，流动性小的资产如“固定资产”等排在下面。在右方负债项目里，又按照偿还期的长短，偿还期短的排在先，偿还期长的排在后面。如“短期借款”“应付票据”“应付账款”等流动负债排在上方，“长期借款”等非流动负债排在中间，在企业清算之前不需要偿还的所有者权益项目排在后面。

（二）报表的构成

账户式资产负债表由表首、表体和表尾组成，表体是报表的主体和核心。

表首即表头，是资产负债表的基本信息部分，主要要填列报表的名称、编制单位、填报的日期、报表代号和金额计量的单位。表体是资产负债表的主体内容，其反映报表详细具体的内容。表尾部分主要是标明资产负债表的备注、补充和其他需要说明的情况。账户式资产负债表的格式如表 8-1 所示。

表 8-1　　资产负债表

会企 01 表

编制单位：　　年　月　日　　单位：元

资产	期末余额	上年年末余额	负债和所有者权益（或股东权益）	期末余额	上年年末余额
流动资产：			流动负债：		
货币资金			短期借款		
交易性金融资产			交易性金融负债		
衍生金融资产			衍生金融负债		
应收票据			应付票据		
应收账款			应付账款		
应收款项融资			预收款项		
预付款项			合同负债		
其他应收款			应付职工薪酬		
存货			应交税费		
合同资产			其他应付款		
持有待售资产			持有待售负债		
一年内到期的非流动资产			一年内到期的非流动负债		
其他流动资产			其他流动负债		
流动资产合计			流动负债合计		
非流动资产：			非流动负债：		
债权投资			长期借款		
其他债权投资			应付债券		
长期应收款			其中：优先股		
长期股权投资			永续债		
其他权益工具投资			租赁负债		
其他非流动金融资产			长期应付款		
投资性房地产			预计负债		
固定资产			递延收益		
在建工程			递延所得税负债		
生产性生物资产			其他非流动负债		
油气资产			非流动负债合计		
使用权资产			负债合计		
无形资产			所有者权益（或股东权益）：		
开发支出			实收资本（或股本）		
商誉			其他权益工具		
长期待摊费用			其中：优先股		

（续表）

资产	期末余额	上年年末余额	负债和所有者权益（或股东权益）	期末余额	上年年末余额
递延所得税资产			永续债		
其他非流动资产			资本公积		
非流动资产合计			减:库存股		
			其他综合收益		
			专项储备		
			盈余公积		
			未分配利润		
			所有者权益（或股东权益）合计		
资产总计			负债和所有者权益（或股东权益）总计		

三、资产负债表的编制方法

资产负债表的填列内容主要包括“上年年末余额”栏和“期末余额”栏。

（一）资产负债表“上年年末余额”栏的填列方法

资产负债表的“上年年末余额”栏根据上年年末资产负债表的“期末余额”栏内所列的数据填列。

（二）资产负债表“期末余额”栏目的填列方法

1. 直接根据总账账户的期末余额填列

资产负债表中某些项目是直接依据某个总账账户的期末余额填列的。如，“短期借款”“应付职工薪酬”“实收资本”“资本公积”“盈余公积”等。

2. 根据几个总账账户的期末余额计算分析填列

资产负债表中的一些项目是根据几个总账账户的期末余额计算分析填列的。例如，“货币资金”项目，应该根据“库存现金”“银行存款”“其他货币资金”三个总账账户期末余额的合计数填列。

3. 根据相关总账的明细账户余额计算分析填列

资产负债表中的部分项目需要同时根据相关总账明细账户的余额计算分析填列。例如，“应收账款”和“预收款项”两个项目，需要分别根据“应收账款”和“预收账款”两个账户所属明细账户的期末借方或贷方余额计算填列；又如，“应付账款”和“预付款项”两个项目，需要分别根据“应付账款”和“预付账款”两个科目所属明细账户的期末贷方或借方余额计算填列。

4. 根据总账账户和明细账户的余额分析计算填列

资产负债表有的项目是根据总账科目和明细账户的余额分析计算填列的。例如，“长期借款”项目，应根据“长期借款”总账账户余额减去“长期借款”账户所属明细账户中自资产负债表日起一年内到期的长期借款，而把自资产负债表日起一年内到期的长期借款填入到“一年内到期的非流动负债”项目。

5. 根据账户与其备抵账户相抵销后的净额填列

资产负债表的有些项目需要根据有关账户余额减去其备抵账户后的净额填列。例如，资产负债表中“应收票据”“应收账款”“长期股权投资”“在建工程”等项目，应当根据“应收票据”“应收账款”“长期股权投资”“在建工程”等账户的期末余额减去“坏账准备”“长期股权投资减值准备”“在建工程减值准备”等备抵账户余额后的净额填列。“投资性房地产”（采用成本模式计量）、“固定资产”项目，应当根据“投资性房地产” “固定资产”账户的期末余额，减去“投资性房地产累计折旧”“投资性房地产减值准备”“累计折旧”“固定资产减值准备”等备抵账户的期末余额，以及“固定资产清理”账户期末余额后 的净额填列；“无形资产”项目，应当根据“无形资产”账户的期末余额，减去“累计摊销”“无形资产减值准备”等备抵账户余额后的净额填列。

6. 综合运用上述方法计算分析填列

资产负债表的部分项目，应综合运用上述方法计算分析填列。例如，“存货”项目，应根据“在途物资”“原材料”“库存商品”“周转材料”“委托加工物资”“生产成本”等总账账户期末余额的汇总数，减去“存货跌价准备”等账户期末余额后的净额填列。

四、各项目“期末余额”的具体内容及填列方法

（一）资产项目的填列方法

（1）“货币资金”项目，反映企业库存现金、银行结算户存款、外埠存款、银行汇票存款、银行本票存款、信用卡存款、信用证保证金存款等的合计数。本项目应根据“库存现金”“银行存款”“其他货币资金”账户期末余额的合计数填列。

（2）“交易性金融资产”项目，反映资产负债表日企业分类为以公允价值计量且其变动计入当期损益的金融资产，以及企业持有的指定为以公允价值计量且其变动计入当期损益的金融资产的期末账面价值。该项目应根据“交易性金融资产”科目的相关明细科目期末余额分析填列。自资产负债表日起超过一年到期且预期持有超过一年的以公允价值计量且其变动计入当期损益的非流动金融资产的期末账面价值，在“其他非流动金融资产”项目反映。

（3）“应收票据”项目，反映企业资产负债表日以摊余成本计量的、因销售商品、提供劳务等而收到的商业汇票，包括银行承兑汇票和商业承兑汇票。本项目应根据“应收票据”账户的期末余额，减去“坏账准备”账户中有关应收票据计提的坏账准备期末余额后的金额填列。

（4）“应收账款”项目，反映企业资产负债表日以摊余成本计量的、因销售商品、产品和提供劳务等应向购买单位收取的各种款项。本项目应根据“应收账款”和“预收账款”账户所属各明细账户的期末借方余额合计减去“坏账准备”账户中有关应收账款计提的坏账准备期末余额后的金额填列。如果“应收账款”账户所属明细账户期末有贷方余额，应在本表“预收账款”项目内填列。

（5）“应收款项融资”项目，反映资产负债表日以公允价值计量且其变动计入其他综合收益的应收票据和应收账款等。

（6）“预付款项”项目，反映企业按照购货合同规定预付给供应单位的款项等。本项目应根据“预付账款”和“应付账款”账户所属各明细账户的期末借方余额合计数，减去“坏账准备”账户中有关预付款项计提的坏账准备期末余额后的金额填列。如“预付账款”账户所

属各明细账户期末有贷方余额的，应在资产负债表“应付账款”项目内填列。

(7)“其他应收款”项目，反映企业除应收票据、应收账款、预付账款等经营活动以外的其他各种应收、暂付的款项。本项目应根据“应收利息”“应收股利”和“其他应收款”账户的期末余额合计数，减去“坏账准备”账户中有关其他应收款计提的坏账准备期末余额后的金额填列。其中的“应收利息”仅反映相关金融工具已到期可收取但于资产负债表日尚未收到的利息。基于实际利率法计提的金融工具的利息应包含在相应金融工具的账面余额中。

(8)“存货”项目，反映企业期末在库、在途和在加工中的各种存货的可变现净值或成本(成本与可变现净值孰低)。本项目应根据“材料采购”“原材料”“库存商品”“周转材料”“委托加工物资”“发出商品”“生产成本”“受托代销商品”等账户的期末余额合计，减去“委托代销商品款”“存货跌价准备”账户期末余额后的金额填列。材料采用计划成本核算，以及库存商品采用计划成本核算或售价核算的企业，还应按加或减材料成本差异、商品进销差价后的金额填列。

(9)“合同资产”项目，反映企业按照《企业会计准则第 14 号——收入》(2018)的相关规定，根据本企业履行履约义务与客户付款之间的关系在资产负债表中列示的合同资产。“合同资产”项目应根据“合同资产”账户的相关明细账户期末余额分析填列，同一合同下的合同资产和合同负债应当以净额列示，其中净额为借方余额的，应当根据其流动性在“合同资产”或“其他非流动资产”项目中填列，已计提减值准备的，还应以减去“合同资产减值准备”账户的期末余额后的金额填列；其中净额为贷方余额的，应当根据其流动性在“合同负债”或“其他非流动负债”项目中填列。

(10)“持有待售资产”项目，反映资产负债表日划分为持有待售类别的非流动资产及划分为持有待售类别的处置组中的流动资产和非流动资产的期末账面价值。该项目应根据“持有待售资产”账户的期末余额，减去“持有待售资产减值准备”账户的期末余额后的金额填列。

(11)“一年内到期的非流动资产”项目，反映企业预计自资产负债表日起一年内变现的非流动资产。本项目应根据有关账户的期末余额分析填列。

(12)“债权投资”项目，反映资产负债表日企业以摊余成本计量的长期债权投资的期末账面价值。该项目应根据“债权投资”账户的相关明细账户期末余额，减去“债权投资减值准备”账户中相关减值准备的期末余额后的金额分析填列。自资产负债表日起一年内到期的长期债权投资的期末账面价值，在“一年内到期的非流动资产”项目反映。企业购入的以摊余成本计量的一年内到期的债权投资的期末账面价值，在“其他流动资产”项目反映。

(13)“其他债权投资”项目，反映资产负债表日企业分类为以公允价值计量且其变动计入其他综合收益的长期债权投资的期末账面价值。该项目应根据“其他债权投资”账户的相关明细账户期末余额分析填列。自资产负债表日起一年内到期的长期债权投资的期末账面价值，在“一年内到期的非流动资产”项目反映。企业购入的以公允价值计量且其变动计入其他综合收益的一年内到期的债权投资的期末账面价值，在“其他流动资产”项目反映。

(14)“长期应收款”项目，反映企业的长期应收款项，包括融资租赁产生的应收款项，采用递延方式具有融资性质的销售商品和提供劳务等产生的应收款项等。本项目应根据“长期应收款”账户的期末余额，减去相应的“未实现融资收益”账户和“坏账准备”账户所属相关明细账户期末余额后的金额填列。

(15)“长期股权投资”项目，反映投资方对被投资单位实施控制、重大影响的权益性投资，以及对其合营企业的权益性投资。本项目应根据“长期股权投资”账户的期末余额，减去“长期股权投资减值准备”账户的期末余额后的金额填列。

（16）“其他权益工具投资”项目，反映资产负债表日企业指定为以公允价值计量且其变动计入其他综合收益的非交易性权益工具投资的期末账面价值。该项目应根据“其他权益工具投资”账户的期末余额填列。

（17）“投资性房地产”项目，反映企业采用成本模式计量的投资性房地产的成本。企业采用公允价值模式计量投资性房地产的，也通过本账户核算。本项目根据“投资性房地产”账户的期末余额减去“投资性房地产累计折旧（摊销）”账户的余额，再减去提取的“投资性房地产减值准备”账户后的净额填列。

（18）“固定资产”项目，反映企业固定资产期末账面价值和企业尚未清理完毕的固定资产清理净损益。该项目应根据“固定资产”账户的期末余额，减去“累计折旧”和“固定资产减值准备”账户的期末余额后的金额，以及“固定资产清理”账户的期末余额填列。

（19）“在建工程”项目，反映资产负债表日企业尚未达到预定可使用状态的在建工程的期末账面价值和企业为在建工程准备的各种物资的期末账面价值。该项目应根据“在建工程”账户的期末余额，减去“在建工程减值准备”账户的期末余额后的金额，以及“工程物资”账户的期末余额，减去“工程物资减值准备”账户的期末余额后的金额填列。

（20）“使用权资产”项目，反映资产负债表日承租人企业持有的使用权资产的期末账面价值。该项目应根据“使用权资产”账户的期末余额，减去“使用权资产累计折旧”和“使用权资产减值准备”账户的期末余额后的金额填列。

（21）“无形资产”项目，反映企业持有的无形资产，包括专利权、非专利权、商标权、著作权、土地使用权等。本项目应根据“无形资产”账户的期末余额，减去“累计摊销”和“无形资产减值准备”账户期末余额后的金额填列。

（22）“开发支出”项目，反映企业开发无形资产的过程中能够资本化形成无形资产成本的支出部分。本项目应当根据“研发支出”账户中所属的“资本化支出”明细账户期末余额填列。

（23）“商誉”项目，反映企业合并中形成的商誉价值。本项目应根据“商誉”账户余额减去“商誉减值准备”账户后的净额填列。

（24）“长期待摊费用”项目，反映企业已经发生但应由本期和以后各期负担的分摊期限在1年以上的各项费用。长期待摊费用在一年内（含一年）摊销的部分，在资产负债表“一年内到期的非流动资产”项目填列。本项目应根据“长期待摊费用”账户的期末余额减去将于一年内（含一年）摊销的数额后的金额填列。

（25）“递延所得税资产”项目，反映企业根据所得税准则确认的可抵扣暂时性差异产生的所得税资产。本项目应根据“递延所得税资产”账户的期末余额填列。

（26）“其他非流动资产”项目，反映企业除上述非流动资产以外的其他非流动资产。本项目应根据有关账户的期末余额填列。

（二）负债项目的填列方法

（1）“短期借款”项目，反映企业向银行或其他金融机构等借入的期限在一年以下（含一年）的各种借款。本项目应根据“短期借款”账户的期末余额填列。

（2）“交易性金融负债”项目，反映企业资产负债表日承担的交易性金融负债，以及企业

持有的直接指定为以公允价值计量且其变动计入当期损益的金融负债的期末账面价值。该项目应根据“交易性金融负债”账户的相关明细账户期末余额填列。

(3)“应付票据”项目，反映企业购买材料、商品和接受劳务供应等而开出承兑的商业汇票，包括银行承兑汇票和商业承兑汇票。本项目应根据“应付票据”账户的期末余额填列。

(4)“应付账款”项目，反映企业因购买材料、商品和接受劳务供应等经营活动应支付的款项。本项目应根据“应付账款”和“预付账款”账户所属各明细账户的期末贷方余额合计数填列；如“应付账款”账户所属明细账户期末有借方余额的，应在资产负债表“预付款项”项目内填列。

(5)“预收款项”项目，反映企业按照购货合同规定预付给供应单位的款项。本项目应根据“预收账款”和“应收账款”账户所属各明细账户的期末贷方余额合计数填列。如“预收款项”账户所属各明细账户期末有借方余额的，应在资产负债表“应收账款”项目内填列。

(6)“合同负债”项目，反映企业履行履约义务与客户付款之间的关系在资产负债表中列示的合同负债。“合同负债”项目应根据“合同负债”账户的相关明细账户期末余额分析填列。

(7)“应付职工薪酬”项目，反映企业根据有关规定应付给职工的工资、职工福利、社会保险费、住房公积金、工会经费、职工教育经费、非货币性福利、辞退福利等各种薪酬。外商投资企业按规定从净利润中提取的职工奖励及福利基金，也在本项目列示。本项目应根据“应付职工薪酬”账户所属的各明细账户的期末余额填列。

(8)“应交税费”项目，反映企业按照税法规定计算应交纳的各种税费，包括增值税、消费税、所得税、资源税、土地增值税、城市维护建设税、房产税、土地使用税、车船税、教育费附加、矿产资源补偿费等。企业代扣代交的个人所得税，也通过本项目列示。企业所交纳的税金不需要预计应交数的，如印花税、耕地占用税等，不在本项目列示。本项目应根据“应交税费”账户的期末贷方余额填列，应依据工作实际设置明细账进行明细核算。“应交税费”账户下的“应交增值税”“未交增值税”“待抵扣进项税额”“待认证进项税额”“增值税留抵税额”等明细账户期末借方余额应根据情况，在资产负债表中的“其他流动资产”或“其他非流动资产”项目列示；“应交税费——待转销项税额”等账户期末贷方余额应根据情况，在资产负债表中的“其他流动负债”或“其他非流动负债”项目列示；“应交税费”账户下的“未交增值税”“简易计税”“转让金融商品应交增值税”“代扣代交增值税”等账户期末贷方余额应在资产负债表中的“应交税费”项目列示。

(9)“其他应付款”项目，反映企业除应付票据、应付账款、预收账款、应付职工薪酬、应交税费等经营活动以外的其他各项应付、暂收的款项。本项目应根据“应付利息”“应付股利”“其他应付款”账户的期末余额合计数填列。其中，“应付利息”账户仅反映相关金融工具已到期应支付但于资产负债表日尚未支付的利息。基于实际利率法计提的金融工具的利息应包含在相应金融工具的账面余额中。

(10)“持有待售负债”项目，反映资产负债表日处置组中与划分为持有待售类别的资产直接相关的负债的期末账面价值。本项目应根据“持有待售负债”账户的期末余额填列。

(11)“一年内到期的非流动负债”项目，反映企业非流动负债中将于资产负债表日后一年内到期部分的金额，如将于一年内偿还的长期借款、长期应付款和应付债券。本项目应根据上述账户的期末余额填列。

(12)“其他流动负债”项目，反映企业除上述流动负债以外的其他流动负债。本项目应根据有关账户的期末余额填列。如其他流动负债价值较大的,应在财务报表附注中披露其内容及金额。

(13)“长期借款”项目,反映企业向银行或其他金融机构借入的期限在一年以上(不含一年)的各项借款。本项目应根据“长期借款”账户的总账账户和明细账户分析填列。

(14)“应付债券”项目,反映企业为筹集长期资金而发行的债券本金和利息。本项目应根据“应付债券”账户的期末余额填列。

(15)“租赁负债”项目,反映资产负债表日承租人企业尚未支付的租赁付款额的期末账面价值。该项目应根据“租赁负债”账户的期末余额填列。自资产负债表日起一年内到期应予以清偿的租赁负债的期末账面价值,在“一年内到期的非流动负债”项目反映。

(16)“长期应付款”项目,反映企业除长期借款和应付债券以外的其他各种长期应付款项。本项目应根据“长期应付款”账户的期末余额,减去相关的“未确认融资费用”账户的期末余额后的金额,以及“专项应付款”账户的期末余额填列。

(17)“预计负债”项目,反映企业确认的对外提供担保、未决诉讼、产品质量保证、重组义务、亏损性合同等预计负债。本项目应根据“预计负债”账户的期末余额填列。

(18)“递延收益”项目,反映尚待确认的收入或收益。本项目核算包括企业根据政府补助准则确认的应在以后期间计入当期损益的政府补助金额、售后租回形成融资租赁的售价与资产账面价值差额等其他递延性收入。本项目应根据“递延收益”账户的期末余额填列。本项目中摊销期限只剩一年或不足一年的,或预计在一年内(含一年)进行摊销的部分,不得归类为流动负债,仍在本项目中填列,不转入“一年内到期的非流动负债”项目。

(19)“递延所得税负债”项目,反映企业确认的应纳税暂时性差异产生的所得税负债。本项目应根据“递延所得税负债”账户期末余额填列。

(20)“其他非流动负债”项目,反映企业除长期借款、应付债券等项目以外的其他非流动负债。本项目应根据有关科目的期末余额填列。其他非流动负债项目应根据有关账户期末余额减去将于一年内(含一年)到期偿还数后的余额填列。非流动负债各项目中将于一年内(含一年)到期的非流动负债,应在“一年内到期的非流动负债”项目内单独反映。

(三)所有者权益项目的填列方法

(1)“实收资本(或股本)”项目,反映企业各投资者实际投入的资本(或股本)总额。本项目应根据“实收资本”(或“股本”)账户的期末余额填列。

(2)“其他权益工具”项目,反映资产负债表日企业发行在外的除普通股以外分类为权益工具的金融工具的期末账面价值,并下设“优先股”和“永续债”两个项目,分别反映企业发行的分类为权益工具的优先股和永续债的账面价值。

(3)“资本公积”项目,反映企业资本公积的期末余额。本项目应根据“资本公积”账户的期末余额填列。

(4)“其他综合收益”项目,反映企业其他综合收益的期末余额。本项目应根据“其他综合收益”账户的期末余额填列。

(5)“专项储备”项目,反映高危行业企业按国家规定提取的安全生产费的期末账面价值。本项目应根据“专项储备”账户的期末余额填列。

(6)“盈余公积”项目,反映企业盈余公积的期末余额。本项目应根据“盈余公积”账户的期末余额填列。

(7)“未分配利润”项目,反映企业尚未分配的利润。本项目应根据“本年利润”账户和“利润分配”账户的余额计算填列。未弥补的亏损在本项目内以“－”号填列。

五、资产负债表填制实例

某公司202×年12月31日各账户期末余额如表8-2所示。

表8-2　　某公司账户期末余额表

账户	期末余额	
	借方	贷方
库存现金	3 200	
银行存款	120 300	
其他货币资金	40 000	
原材料	180 000	
库存商品	200 000	
应收账款	32 000	
——甲公司	48 000	
——乙公司		16 000
其他应收款	8 000	
坏账准备		6 000
——应收账款		4 800
——其他应收款		1 200
预付账款	5 000	
——丙公司		5 000
——丁公司	10 000	
固定资产	150 000	
累计折旧		5 000
固定资产减值		18 000
应付账款		25 000
——A公司		30 000
——B公司	5 000	
预收账款		5 000
——C公司	7 000	
——D公司		12 000

（续表）

账户	期末余额	
	借方	贷方
应交税费		5 000
应付利息		6 000
其他应付款		2 500
短期借款		150 000
长期借款		350 000 （其中 100 000 元将于 7 月到期）
实收资本		160 000
盈余公积		6 000

根据上述资料，编制资产负债表如表 8-3 所示。

表 8-3　　某公司资产负债表（简表）

编制单位：　某公司　　202×年 12 月 31 日　　单位：元

资产	年末余额	负债和所有者权益	年末余额
货币资金	163 500	短期借款	150 000
		应付账款	35 000
应收票据		应付票据	
应收账款	50 200	预收款项	28 000
预付款项	15 000	应付职工薪酬	
存货	380 000	应交税费	5 000
其他应收款	6 800	其他应付款	8 500
一年内到期的非流动资产		一年内到期的非流动负债	100 000
固定资产	127 000	长期借款	250 000
在建工程		实收资本	160 000
无形资产		盈余公积	6 000
长期待摊费用		未分配利润	
资产总计	742 500	负债和所有者权益总计	742 500

说明：根据表 8-2 总分类账户期末余额表资料，在编制资产负债表时，要注意以下项目的填列：

（1）货币资金＝3 200＋120 300＋40 000＝163 500（元）。

（2）应收账款＝48 000＋7 000－4 800＝50 200（元）。

（3）存货＝180 000＋200 000＝380 000（元）。

（4）长期借款＝350 000－100 000＝250 000（元）。

第三节 利 润 表

一、利润表的含义和作用

(一) 利润表的含义

利润表是反映企业在某一会计期间经营成果的会计报表。利润表是依据“收入－费用＝利润”这一等式为理论依据来编制的。利润表可以提供企业在某一会计期间的收入、费用和利润形成的动态情况。

(二) 利润表的作用

(1) 利润表能反映企业在某一会计期间的收入实现情况。

(2) 利润表能反映企业在某一会计期间的费用和支出情况。

(3) 利润表能反映企业在某一会计期间的经营成果实现情况,帮助会计信息的使用者了解企业经营成果、分析企业的获利能力及盈利增长趋势、做出经济决策提供依据。

二、利润表的格式

利润表一般包括表头、表体两部分。表头部分包括报表名称、报表编号、编制单位、编制时间、金额单位等。表体部分包括利润形成的各个具体项目,利润表是把企业的收入、费用支出以及损失和利得加以归类列示,分步计算的。按反映利润形成的过程不同,利润表主要有两种格式:一是单步式利润表,二是多步式利润表。我国《企业会计准则》规定,企业应当采用多步式利润表。

多步式利润表是按利润的形成分层次来列示其具体内容的一种利润表,反映企业利润的形成过程。多步式利润表一般按下列四个步骤计算利润。

(1) 计算营业利润。先计算企业营业收入,再减去为取得营业收入而发生的相关成本、税金、销售费用、管理费用、财务费用和资产减值损失后,再加上其他收益、投资收益等后计算得出营业利润。

(2) 计算利润总额。在计算得出营业利润基础后,加上营业外收入,减去营业外支出后计算得出利润总额。

(3) 计算净利润。在计算利润总额后,减去本期计入损益的所得税费用后计算得出净利润。

(4) 计算综合收益总额。以净利润(或净亏损)和其他综合收益为基础,计算出综合收益总额。

多步式利润表的格式如表 8-4 所示。

表 8-4 利 润 表

会企 02 表

编制单位: 年 月 单位:元

项 目	本期金额	上期金额
一、营业收入		
减:营业成本		

（续表）

项　　目	本期金额	上期金额
税金及附加		
销售费用		
管理费用		
研发费用		
财务费用		
其中：利息费用		
利息收入		
加：其他收益		
投资收益（损失以“－”号填列）		
其中：对联营企业和合营企业的投资收益		
以摊余成本计量的金融资产终止确认收益（损失以“－”号填列）		
净敞口套期收益（损失以“－”号填列）		
公允价值变动收益（损失以“－”号填列）		
信用减值损失（损失以“－”号填列）		
资产减值损失（损失以“－”号填列）		
资产处置收益（损失以“－”号填列）		
二、营业利润（亏损以“－”号填列）		
加：营业外收入		
减：营业外支出		
三、利润总额（亏损总额以“－”号填列）		
减：所得税费用		
四、净利润（净亏损以“－”号填列）		
（一）持续经营净利润（净亏损以“－”号填列）		
（二）终止经营净利润（净亏损以“－”号填列）		
五、其他综合收益的税后净额		
（一）不能重分类进损益的其他综合收益		
1. 重新计量设定受益计划变动额		
2. 权益法下不能转损益的其他综合收益		
3. 其他权益工具投资公允价值变动		

（续表）

项　　目	本期金额	上期金额
4. 企业自身信用风险公允价值变动		
（二）将重分类进损益的其他综合收益		
1. 权益法下可转损益的其他综合收益		
2. 其他债权投资公允价值变动		
3. 金融资产重分类计入其他综合收益的金额		
4. 其他债权投资信用减值准备		
5. 现金流量套期		
6. 外币财务报表折算差额		
六、综合收益总额		
七、每股收益		
（一）基本每股收益		
（二）稀释每股收益		

三、利润表的编制方法

利润表编制的原理是"收入－费用＝利润"的会计平衡公式和收入与费用的配比原则。编制利润表主要是要填列报表当中的"上期金额"和"本期金额"栏目。

（一）"上期金额"栏目的填列方法

"上期金额"栏应根据上年该期利润表"本期金额"栏内所列数字填列。如果上年同期利润表规定的各个项目的名称和内容与本期不一致，应对上年该期利润表各个项目名称和数字按照本期的规定进行调整后，再填入利润表"上期金额"栏内。

（二）"本期金额"栏目的填列方法

利润表中"本期金额"栏目主要依据损益类各账户的本期实际发生额填列。具体填列方法如下：

（1）"营业收入"项目，反映企业经营主要业务和其他业务所确认的收入总额，应根据"主营业务收入"账户和"其他业务收入"账户的本期发生额合计后填列。

（2）"营业成本"项目，反映企业经营主要业务及其他业务发生的与当期主营业务收入和其他业务成本相配比的实际成本总额，应根据"主营业务成本"账户和"其他业务成本"账户的本期发生额合计后填列。

（3）"税金及附加"项目，反映企业日常经营活动应该负担的消费税、资源税、城市维护建设税、教育费附加及房产税、土地使用税、车船税、印花税等税费，应根据"税金及附加"账户的本期发生额填列。

（4）"销售费用""管理费用"项目，反映企业当期发生的期间费用，应分别根据"销售费用""管理费用"账户的本期发生额填列。

(5)“研发费用”项目，反映企业进行研究与开发过程中发生的费用化支出以及计入管理费用的自行开发无形资产的摊销。本项目应根据“管理费用”账户下的“研发费用”明细账户的发生额以及“管理费用”账户下“无形资产摊销”明细账户的发生额分析填列。

(6)“财务费用”项目，反映企业为筹集生产经营所需资金等而发生的应予费用化的利息支出。本项目应根据“财务费用”科目的相关明细科目发生额分析填列。其中：“利息费用”项目，反映企业为筹集生产经营所需资金等而发生的应予费用化的利息支出，本项目应根据“财务费用”科目的相关明细科目的发生额分析填列。“利息收入”项目，反映企业应冲减财务费用的利息收入，本项目应根据“财务费用”账户的相关明细账户的发生额分析填列。

(7)“其他收益”项目，反映计入其他收益的政府补助，以及其他与日常活动相关且计入其他收益的项目。本项目应根据“其他收益”账户的发生额分析填列。企业作为个人所得税的扣缴义务人，根据《中华人民共和国个人所得税法》收到的扣缴税款手续费，应作为其他与日常活动相关的收益在本项目中填列。

(8)“投资收益”项目，反映企业以各种方式对外投资所取得的扣除投资损失后的净收益。本项目应根据“投资收益”账户本期发生额计算分析填列。如为投资损失，以“－”号填列。

(9)“净敞口套期收益”项目，反映净敞口套期下被套期项目累计公允价值变动转入当期损益的金额或现金流量套期储备转入当期损益的金额。本项目应根据“净敞口套期损益”账户的发生额分析填列；如为套期损失，本项目以“－”号填列。

(10)“公允价值变动收益”项目，反映企业应当计入当期损益的资产或负债公允价值变动收益。本项目应根据“公允价值变动损益”账户的发生额分析填列，如为净损失，本项目以“－”号填列。

(11)“信用减值损失”项目，反映企业按照《企业会计准则第22号——金融工具确认和计量》(2018)的要求计提的各项金融工具信用减值准备所确认的信用损失。本项目应根据“信用减值损失”账户的发生额分析填列。

(12)“资产减值损失”项目，反映企业有关资产发生的减值损失。本项目应根据“资产减值损失”账户的发生额分析填列。

(13)“资产处置收益”项目，反映企业出售划分为持有待售的非流动资产(金融工具、长期股权投资和投资性房地产除外)或处置组(子公司和业务除外)时确认的处置利得或损失，以及处置未划分为持有待售的固定资产、在建工程、生产性生物资产及无形资产而产生的处置利得或损失。债务重组中因处置非流动资产(金融工具、长期股权投资和投资性房地产除外)产生的利得或损失和非货币性资产交换中换出非流动资产(金融工具、长期股权投资和投资性房地产除外)产生的利得或损失也包括在本项目内。本项目应根据“资产处置损益”账户的发生额分析填列；如为处置损失，本项目以“－”号填列。

(14)“营业利润”项目，反映企业实现的营业利润。如为亏损，本账户以“－”号填列。

(15)“营业外收入”项目，反映企业发生的除营业利润以外的收益，主要包括与企业日常活动无关的政府补助、盘盈利得、捐赠利得(企业接受股东或股东的子公司直接或间接的捐赠，经济实质属于股东对企业的资本性投入的除外)等。本项目应根据“营业外收入”账户的发生额分析填列。

(16)“营业外支出”项目，反映企业发生的除营业利润以外的支出，主要包括公益性捐

赠支出、非常损失、盘亏损失、非流动资产毁损报废损失等。本项目应根据“营业外支出”账户的发生额分析填列。

（17）“利润总额”项目，反映企业实现的利润。如为亏损，本项目以“－”号填列。

（18）“所得税费用”项目，反映企业应从当期利润总额中扣除的所得税费用。本项目应根据“所得税费用”账户的发生额分析填列。

（19）“净利润”项目，反映企业实现的净利润。如为亏损，本项目以“－”号填列。

（20）“其他综合收益的税后净额”项目，反映企业根据企业会计准则规定未在损益中确认的各项利得和损失扣除所得税影响后的净额。

（21）“综合收益总额”项目，反映企业净利润与其他综合收益（税后净额）的合计金额。

（22）“每股收益”项目，包括基本每股收益和稀释每股收益两项指标，反映普通股或潜在普通股已公开交易的企业，以及正处在公开发行普通股或潜在普通股过程中的企业的每股收益信息。

四、利润表的编制方法举例

【例 8-2】 1. 资料：某公司 202×年 12 月各损益账户发生额资料（未结转利润前）如表 8-5 所示。假定该公司无纳税调整项目。

2. 要求：根据所给资料编制该公司 12 月份的利润表。

表 8-5　　**某公司各损益账户发生额**

202×年 12 月　　单位：元

账户名称	本月借方发生额	本月贷方发生额
主营业务收入		1 800 000
其他业务收入		100 000
其他业务成本	60 000	
主营业务成本	1 000 000	
税金及附加	30 000	
销售费用	13 000	
管理费用	34 000	
财务费用	3 000	其中：利息费用 5 000 元，利息收入 2 000 元
所得税费用	195 000	
投资收益	15 000	25 000
营业外收入		12 000
营业外支出	8 000	

根据所给资料编制该公司 12 月份的利润表如表 8-6 所示。

表 8-6　　利润表(简表)　　会企 02 表

编制单位:甲公司　　202×年 12 月　　单位:元

项　　目	本期金额	上期金额
一、营业收入	1 900 000	
减:营业成本	1 060 000	
税金及附加	30 000	
销售费用	13 000	
管理费用	34 000	
研发费用		
财务费用	3 000	
其中:利息费用	5 000	
利息收入	2 000	
加:其他收益		
投资收益(损失以"—"号填列)	10 000	
其中:对联营企业和合营企业的投资收益		
以摊余成本计量的金融资产终止确认收益(损失以"—"号填列)		
净敞口套期收益(损失以"—"号填列)		
公允价值变动收益(损失以"—"号填列)		
信用减值损失(损失以"—"号填列)		
资产减值损失(损失以"—"号填列)		
资产处置收益(损失以"—"号填列)		
二、营业利润(亏损以"—"号填列)	770 000	
加:营业外收入	12 000	
减:营业外支出	8 000	
三、利润总额(亏损总额以"—"号填列)	774 000	
减:所得税费用	193 500	
四、净利润(净亏损以"—"号填列)	580 500	
(一) 持续经营净利润(净亏损以"—"号填列)	580 500	
(二) 终止经营净利润(净亏损以"—"号填列)		
五、其他综合收益的税后净额		

（续表）

项　　目	本期金额	上期金额
（一）不能重分类进损益的其他综合收益		
六、综合收益总额	580 500	
七、每股收益		
（一）基本每股收益		
（二）稀释每股收益		

说明：根据上述表 8-5 各损益账户发生额资料，在编制利润表 8-6 表时，大部分项目都是根据各损益账户发生额直接填列，但要注意以下项目的填列：

（1）营业收入＝1 800 000＋100 000＝1 900 000（元）。

（2）营业成本＝100 000＋60 000＝1 060 000（元）。

（3）财务费用＝5 000 － 2 000 ＝ 3 000（元）。

（4）投资收益＝25 000－15 000＝10 000（元）。

第四节　现 金 流 量 表

一、现金流量表的概念

现金流量表是反映企业在一定会计期间现金及现金等价物流进和流出情况的报表，是体现企业财务状况变动的动态报表。

这里讲的现金不仅包括现金，还包括企业的银行存款和其他货币资金；现金等价物是指企业持有的期限短（指自购买日起 3 个月到期）、流动性强、易于转换为已知金额现金、价值变动及风险都很小的投资。现金等价物虽然不是现金，但其变现能力非常强、支付能力等同于现金，故可视为现金。

会计信息使用者可以通过现金流量表了解企业经营情况是否良好、资金运行是否正常以及偿付能力的大小；帮助会计信息使用者衡量企业经营风险，预测发展前景。

二、现金流量表的格式和内容

现金流量表包括表首、正表和补充资料三个部分。表首部分包括报表的名称、编制的单位、编制的会计期间、报表编号、计量单位等。正表部分包括经营活动产生的现金流量、投资活动产生的现金流量、筹资活动产生的现金流量、汇率变动对现金及现金等价物的影响、现金及现金等价物增加净额、期末现金及现金等价物余额等 6 项内容。补充资料部分包括将净利润调整为经营活动现金流量、不涉及现金收支的投资和筹资活动、现金及现金等价物净增加额 3 项内容。现金流量表（主表）如表 8-7 所示。

表 8-7　　现金流量表(主表)　　会企 03 表

编制单位：　　年　月　　单位：

项　　目	注释	本期金额	上期金额
一、经营活动产生的现金流量：			
销售商品、提供劳务收到的现金	1		
收到的税费返还	2		
收到其他与经营活动有关的现金	3		
经营活动现金流入小计	4		
购买商品、接受劳务支付的现金	5		
支付给职工以及为职工支付的现金	6		
支付的各项税费	7		
支付其他与经营活动有关的现金	8		
经营活动现金流出小计	9		
经营活动产生的现金流量净额	10		
二、投资活动产生的现金流量：			
收回投资收到的现金	11		
取得投资收益收到的现金	12		
处置固定资产、无形资产和其他长期资产收回的现金净额	13		
处置子公司及其他营业单位收到的现金净额	14		
收到其他与投资活动有关的现金	15		
投资活动现金流入小计	16		
购建固定资产、无形资产和其他长期资产支付的现金	17		
投资支付的现金	18		
取得子公司及其他营业单位支付的现金净额	19		
支付其他与投资活动有关的现金	20		
投资活动现金流出小计	21		
投资活动产生的现金流量净额	22		
三、筹资活动产生的现金流量：			
吸收投资收到的现金	23		
取得借款收到的现金	24		
收到其他与筹资活动有关的现金	25		

（续表）

项　　目	注释	本期金额	上期金额
筹资活动现金流入小计	26		
偿还债务支付的现金	27		
分配股利、利润或偿付利息支付的现金	28		
支付其他与筹资活动有关的现金	29		
筹资活动现金流出小计	30		
筹资活动产生现金流量净额	31		
四、汇率变动对现金及现金等物价的影响	32		
五、现金及现金等价物净增加额	33		
加：期初现金及现金等价物余额	34		
六、期末现金及现金等价物余额	35		

单位负责人：　　会计主管：　　复核：　　制表：

三、现金流量表的编制方法

根据《企业会计准则》的规定，现金流量表是建立在收付实现制的基础上编制的，具体编制方法通常有直接法和间接法两种方法。

直接法是通过现金收入和现金支出的主要类别反映来自企业经营活动的现金流量。这种方法以营业收入为起算点，调整与经营有关的增减变动，再计算出经营活动的现金流量。而间接法是以企业本期实现的净利润为起算点，调整不涉及现金的收入、费用、营业外收支等项目的增减变动，再计算出经营活动的现金流量。我国《企业会计准则》规定，现金流量表的主表采用直接法编制，补充资料则采用间接法编制，将净利润调整为经营活动现金流量。

第五节　所有者权益变动表

所有者权益变动表是指反映企业在某一会计期间所有者权益各组成部分的构成及增减变动情况的报表。

所有者权益变动表，能为财务会计报表的使用者提供所有者权益总量增减变动的信息，也能为其提供所有者权益增减变动的结构性信息，让财务报表使用者理解所有者权益增减变动的原因，为其决策提供参考信息。

所有者权益变动表以矩阵的形式列示，主要列示两个方面的内容：一是列示导致所有者权益变动具体的交易或事项，也是导致所有者权益变动的来源；二是按照所有者权益的组成内容列示，即按照实收资本、其他权益工具、资本公积、库存股、其他综合收益、盈余公积、未分配利润进行列示，反映具体交易或事项对所有者权益各部分的影响。

我国企业所有者权益变动表的内容及格式如表 8-8 所示。

表 8-8

所有者权益变动表

会企 04 表

编制单位：__________　　　　202　年　　　　单位：元

项目	本年金额											上年金额										
	实收资本（或股本）	其他权益工具			资本公积	减：库存股	其他综合收益	专项储备	盈余公积	未分配利润	所有者权益合计	实收资本（或股本）	其他权益工具			资本公积	减：库存股	其他综合收益	专项储备	盈余公积	未分配利润	所有者权益合计
		优先股	永续债	其他									优先股	永续债	其他							
一、上年年末余额																						
加：会计政策变更																						
前期差错更正																						
其他																						
二、本年年初余额																						
三、本年增减变动金额（减少以“—”号填列）																						
（一）综合收益总额																						
（二）所有者投入和减少资本																						
1. 所有者投入的普通股																						
2. 其他权益工具持有者投入资本																						
3. 股份支付计入所有者权益的金额																						
4. 其他																						
（三）利润分配																						
1. 提取盈余公积																						
2. 对所有者（或股东）的分配																						
3. 其他																						
（四）所有者权益内部结转																						
1. 资本公积转增资本（或股本）																						
2. 盈余公积转增资本（或股本）																						
3. 盈余公积弥补亏损																						
4. 设定受益计划变动额结转留存收益																						
5. 其他综合收益结转留存收益																						
6. 其他																						
四、本年年末余额																						

本章练习题

一、单选题

1. 下列报表中,是静态会计报表的是(　　)。

A. 现金流量表　　B. 资产负债表

C. 利润表　　D. 所有者权益变动表

2. 反映企业在某一时日财务状况的报表是(　　)。

A. 资产负债表　　B. 利润表

C. 现金流量表　　D. 所有者权益变动表

3. 下列选项中,不应该在资产负债表中单独列示的是(　　)。

A. 交易性金融资产　　B. 应收票据

C. 应收利息　　D. 应交税费

4. 资产负债表中的(　　)需要依据几个总账账户的期末余额汇总填列。

A. 应付职工薪酬　　B. 短期借款

C. 应付账款　　D. 货币资金

5. 202×年10月31日,企业“应付账款”总账账户贷方的期末余额28 000元,其下属两个明细账户,其中一个明细账账户有借方余额5 000元,另一个明细账账户有贷方余额33 000元;“预付款项”总账账户借方的期末余额22 000元,其下属两个明细分类账户,其中一个明细账户有借方余额30 000元,另一个明细账户有贷方余额8 000元,该公司在资产负债表中,“应付账款”和“预付款项”两个项目的期末数分别为(　　)。

A. 28 000元和22 000元　　B. 33 000元和30 000元

C. 5 000元和30 000元　　D. 41 000元和35 000元

6. 反映企业在某一时期的经营成果的会计报表是(　　)。

A. 现金流量表　　B. 资产负债表

C. 利润表　　D. 所有者权益变动表

7. 我国利润表采用(　　)格式。

A. 账户式　　B. 报告式　　C. 单步式　　D. 多步式

二、多选题

1. 企业会计报表可以分为(　　)报表。

A. 月度　　B. 季度　　C. 半年度　　D. 年度

2. 下列会计报表中属于动态会计报表的有(　　)。

A. 现金流量表　　B. 资产负债表

C. 利润表　　D. 所有者权益变动表

3. 账户式资产负债表的结构分为左右两方,其中右方包括(　　)。

A. 资产项目　　B. 费用项目

C. 负债项目　　D. 所有者权益项目

4. 资产负债表中“存货”项目包括(　　)。

A. 在途物资　　B. 原材料　　C. 库存商品　　D. 生产成本

E. 工程物资

5. 资产负债表中的下列项目，需要根据总账在余额减去其备抵项目后的净额填列的有(　　)。
   A. 应收账款　　B. 无形资产　　C. 存货　　D. 固定资产
6. 利润表中至少应当单独列示反映的项目有(　　)。
   A. 主营业务收入　　B. 税金及附加
   C. 销售费用　　D. 投资收益
7. 资产负债表中，属于非流动资产项目的有(　　)。
   A. 无形资产　　B. 存货　　C. 开发支出　　D. 在建工程
8. 利润表中的“营业收入”项目应该根据(　　)科目的本期发生额填列。
   A. 主营业务收入　　B. 其他业务收入
   C. 营业外收入　　D. 投资收益
9. 利润总额包括的内容有(　　)。
   A. 营业利润　　B. 投资收益　　C. 期间费用　　D. 营业外收支净额
10. 会计期末能计入利润表中“营业利润”的项目有(　　)。
   A. 主营业务收入 B. 管理费用　　C. 投资收益　　D. 其他业务收入

三、判断题

1. 资产负债表是反映企业在某一会计期间的财务状况报表。(　　)
2. 资产负债表中的资产项目是按各项目变现能力的大小排列的。(　　)
3. 资产负债表中长期借款项目应该依据“长期借款”账户期末余额填列。(　　)
4. 小企业编制的会计报表可以不包括现金流量表。(　　)
5. 利润表中的“投资收益”项目应根据“投资收益”账户的借方发生额填列。(　　)

四、业务题

业务题一

(一) 目的：练习资产负债表部分项目的填制。

(二) 资料：长江公司 202×年 5 月 31 日有关资料如下：

“原材料”账户借方余额 50 000 元　　流动资产合计 188 000 元

“库存商品”账户借方余额 52 500 元　　“短期借款”账户贷方余额 68 000 元

“固定资产”账户借方余额 325 000 元　　流动负债合计 112 500 元

“累计折旧”账户贷方余额 58 000 元

(三) 要求：计算下列表内各项目数字并将结果填列在表 8-9 中。

表 8-9　　资产负债表(简表)

编制单位：长江公司　　202×年 5 月 31 日　　金额：元

资　产	金　额	负债及所有者权益	金　额
货币资金		短期借款	
存货		应付账款	
流动资产合计		流动负债合计	
固定资产		所有者权益合计	
资产合计		负债及所有者权益合计	

业务题二

(一) 目的:练习编制资产负债表。

(二) 资料:湘南公司202×年9月30日有关账户的余额如表8-10所示。

表 8-10　　湘南公司总分类账户期末余额表

202×年9月30日　　单位:元

账户名称	借方余额	贷方余额
库存现金	5 000	
银行存款	150 000	
应收账款	20 000	
其中:应收账款——甲*	25 000	
应收账款——乙*		5 000
预付账款	8 000	
其中:预付账款——丙*	8 000	
原材料	60 000	
库存商品	76 000	
固定资产	1 400 000	
累计折旧		220 000
短期借款		100 000
应付账款		70 000
其中:应付账款——丁*		85 000
应付账款——戊*	15 000	
应交税费		6 000
预收账款		15 000
其中:预收账款——戊*		15 000
实收资本		1 000 000
盈余公积		70 000
本年利润		288 000
利润分配	50 000	
合计(标*为明细金额,不计入合计)	1 769 000	1 769 000

该公司202×年10月发生如下经济业务:(原材料按照实际成本核算)

(1) 2日,接受A公司投入资金500 000元,款项已存入银行;

(2) 3 日,购入全新设备一台,价值 15 000 元(不考虑增值税及其他因素),款项已用银行存款支付;

(3) 5 日,从银行借入偿还期为六个月的借款 120 000 元,款项已到账;

(4) 6 日,以银行存款偿还前欠丁公司 45 000 元;

(5) 7 日,向甲公司销售产品一批,售价 10 000 元,增值税销项税额 1 300 元,全部款项尚未收到;

(6) 7 日,从银行提取现金 3 000 元备用;

(7) 8 日,以现金支付公司办公用品费 600 元;

(8) 9 日,预收庚公司货款 6 000 元,款项已存入银行;

(9) 10 日,以银行存款偿还已经到期的短期借款 50 000 元;

(10) 12 日,向丁公司购入一批原材料,不含税价款 10 000 元,增值税进项税额 1 300 元,全部款项暂欠,材料已经验收入库;

(11) 13 日,以银行存款向辛公司预付购买材料款 30 000 元;

(12) 20 日,收到辛公司发来的材料,不含税价款 30 000 元,增值税进项税额 3 900 元,余款以银行存款结清,材料已经入库;

(13) 21 日,向庚公司销售产品,不含税单价 6 000 元,增值税销项税额 780 元,扣除9 日已经预收的货款,差额 780 元暂欠;

(14) 26 日,以银行存款支付销售产品的广告费 8 000 元;

(15) 30 日,结转本月已销售产品的销售成本共计 7 000 元。

(三) 要求:

1. 根据上述经济业务分别编制会计分录;

2. 编制湘南公司 202×年 10 月 31 日的资产负债表。

业务题三

(一) 目的:练习编制利润表。

(二) 资料:湘南公司 202×年 12 月份有关收支项目的发生额如表 8-11 所示。

表 8-11　　长江公司各损益账户发生额

201×年 12 月　　单位:元

账户名称	本月借方发生额	本月贷方发生额
主营业务收入		1 200 000
其他业务收入		83 000
其他业务成本	50 000	
主营业务成本	880 000	
税金及附加	20 000	
销售费用	6 000	
管理费用	45 000	
财务费用	3 800(利息费用)	1 000(利息收入)
投资收益	2 000	36 000

（续表）

账户名称	本月借方发生额	本月贷方发生额
营业外收入		9 800
营业外支出	3 000	
合　计	1 009 800	1 329 800

（三）要求：根据上列资料编制湘南公司202×年12月份利润表，公司所得税率为25%。

第九章　账务处理程序

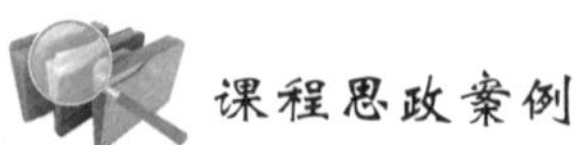

课程思政案例

华为CFO孟晚舟2017年新年致辞：打开五个边界，像刀像剑

孟晚舟在华为技术有限公司（以下简称华为）内部2017年新年致辞中，提出打开5个“边界”，即打开“作业边界”“管理边界”“组织边界”“思想边界”“能力边界”。

孟晚舟指出，在华为，财务的账务核算已经实现了全球7×24小时循环结账机制，充分利用了共享中心的时差优势，在同一数据平台、同一结账规则下，共享中心接力传递结账作业，极大缩短了结账的日历天数。系统24小时自动滚动调度结账数据，170多个系统无缝衔接，每小时处理4 000万行数据，共享中心“日不落”地循环结账，以最快的速度支撑着130多个代表处经营数据的及时获取。全球259家子公司均要按照本地会计准则、中国会计准则、国际会计准则的要求，分别出具三种会计准则下的财务报告。同时，共享中心按产品、区域、BG、客户群等维度分别出具责任中心经营报告，这些报告都可以在5天之内高质量输出。

在会计核算领域，华为积极尝试自动化、智能化，将标准业务场景的会计核算工作交给机器完成。华为年平均约有120万单的员工费用报销，员工在自助报销的同时，机器根据既定规则直接生成会计凭证；华为在98个国家的746个账户实现互联互通，支付指令可以在2分钟内传递至全球任一开户银行；付款准确率高于银行；在AP领域的4个业务场景上，华为启用了计算机自行处理，试点半年来，通过手工作业进行并行校验，其结果证明准确率为100%。在全球实施的RFID物联资产管理方案，目前已经覆盖52个国家、2 382个场地、14万件固定资产。RFID标签贴在需要管理的固定资产上，每5分钟自动上报一次位置信息，每天更新一次固定资产的使用负荷（或者闲置）情况。部署RFID后，固定资产盘点从历时数月下降为只需数分钟，每年减少资产盘点、资产巡检的工作量9 000人天。

与机器共舞如此美妙！数字予机器以温度，其惊喜犹如燃情的岁月。财经团队的每个成长脚印里，总有说不完、数不清的动人故事，锲而不舍、艰苦奋斗、精益求精的工匠精神，支撑着整个组织的前进。

反思：技术的创新带来行业的革命，现在的会计早已不是过去的账房先生。华为财务团队引进信息化管理工具，实现了作业的自动化、智能化，提高了效率，质量与速度并行。在账务处理程序的基本框架下，实现会计的业务流程再造。全面的内控管理体系、正确的核心价值观、高效的业务执行力和强大的财税人才团队再一次证明，华为的成功不是偶然。

同时，华为财务团队的工匠精神也值得我们学习，爱岗，敬业，把可控费用降到最低。纵观华为的财务体系，其伟大的壮举让我们感到很渺小。一个优秀的财务人应当是能预算、能管理的工作者，作为大学生的你们，离华为财务的高度还很远，这值得反思。

第一节　账务处理程序概述

一、账务处理程序的意义

账务处理程序，又称会计核算程序，是指会计凭证、会计账簿、会计报表相结合的方式。具体来讲，其是指从原始凭证的整理、汇总，记账凭证的填制、汇总，日记账、明细分类账、总分类账的登记，到最后编制会计报表的步骤和方法。

在会计日常业务中，我们不仅要了解如何填制记账凭证、设置和登记账簿，编制财务报表，还要必须明确三者之间的关系。不同单位由于性质、业务、规模不同，其所采用的账务处理程序也不相同。每个单位应该科学合理地选择适用于本单位的账务处理程序，这样可以规范会计工作程序，保证会计数据加工过程的严密性，提高会计信息质量；确保了会计记录的完整性、正确性，增强会计信息的可靠性；减少不必要的会计核算环节，提高会计工作效率，保证会计信息的及时性。

二、账务处理程序的种类

企业应根据自身的组织结构特点，规模和业务等，选择不同的账务处理程序。目前常用的账务处理程序主要有记账凭证账务处理程序、科目汇总表账务处理程序和汇总记账凭证账务处理程序（其他账务处理程序略）。这三者之间的主要区别在登记总分类账时所采用的依据和方法不同。

1. 记账凭证账务处理程序

记账凭证账务处理程序，是指根据发生的会计业务，根据原始凭证或汇总原始凭证编制记账凭证，再根据记账凭证逐笔登记总分类账的一种账务处理程序。

其特点是直接根据记账凭证登记总分类账，在记账凭证和总分类账之间没有其他环节，它是最基本的账务处理程序，其他账务处理程序是在此基础上发展而来的。

2. 科目汇总表账务处理程序

科目汇总表账务处理程序（即记账凭证汇总表账务处理程序），是根据原始凭证或汇总原始凭证编制记账凭证，再根据记账凭证定期编制科目汇总表，根据科目汇总表登记总分类账的一种账务处理程序。

其特点是在记账凭证和总分类账之间多了一个环节，即定期编制科目汇总表，这也是登记总分类账的依据。

3. 汇总记账凭证账务处理程序

汇总记账凭证账务处理程序，是指根据原始凭证或汇总原始凭证编制记账凭证，再定期将所有记账凭证分类编制成汇总收款凭证、汇总付款凭证和汇总转账凭证，然后再根据汇总记账凭证登记总分类账的账务处理程序。

其特点是在记账凭证和总分类账之间多了一个定期编制汇总记账凭证环节，汇总记账凭证也是登记总分类账的依据。

第二节　记账凭证账务处理程序

一、记账凭证账务处理程序的一般步骤

记账凭证账务处理程序，是指根据发生的会计业务，根据原始凭证或汇总原始凭证编制记账凭证，再依据记账凭证逐笔登记总分类账的一种账务处理程序。

在记账凭证账务处理程序下，会计核算步骤如下：

(1) 根据原始凭证或原始凭证汇总表编制记账凭证；

(2) 根据收款凭证和付款凭证逐日逐笔登记现金日记账和银行存款日记账；

(3) 根据原始凭证、汇总原始凭证、记账凭证登记各类明细账；

(4) 根据记账凭证登记总分类账；

(5) 期末，将现金日记账、银行存款日记账和明细分类账的余额分别与有关总分类账的余额进行核对；

(6) 期末，根据核对无误的总分类账和明细分类账，编制会计报表。

记账凭证账务处理程序，如图 9-1 所示。

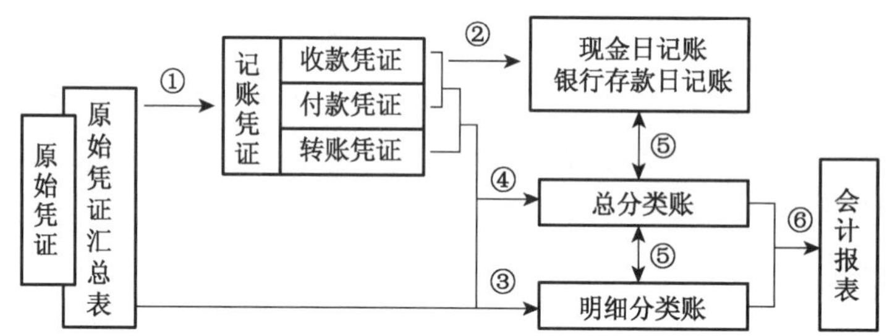

图 9-1　记账凭证账务处理程序

二、记账凭证账务处理程序的特点、优缺点和适用范围

特点：记账凭证账务处理程序根据原始凭证或汇总原始凭证编制记账凭证，再直接根据记账凭证逐笔登记总分类账。在记账凭证和总分类账之间没有其他环节，它是最基本的账务处理程序，其他账务处理程序是在此基础上发展而来的。

优点：简单明了，易于理解。总分类账是直接根据记账凭证逐笔登记，因此总分类账能比较详细地反映各项经济业务的来龙去脉，便于查账。

缺点：如果企业业务较多，根据记账凭证登记总分类账的工作量较大。

适用范围：适用于规模较小、经济业务量较少，记账凭证不多的单位。

【例 9-1】 鑫达公司为一般纳税人，适用增值税税率为 13%。该公司采用记账凭证账务处理程序，存货的发出采用先进先出法。该公司 202×年 10 月 1 日期初相关科目余额如

表 9-1 所示。

表 9-1　　科目余额表

202×年 10 月 1 日　　　　单位:元

会计科目	借方余额	贷方余额
库存现金	1 200	
银行存款	460 000	
应收账款	40 000	
原材料 A(100 千克)	2 000	
库存商品	24 000	
周转材料	20 000	
固定资产	400 000	
累计折旧		180 000
短期借款		10 000
应付账款		60 000
应付职工薪酬		2 000
应交税费		1 200
应付利息		2 000
长期借款		40 000
实收资本		600 000
盈余公积		28 000
本年利润		20 000
利润分配		4 000
合　计	947 200	947 200

鑫达公司 202×年 10 月份发生经济业务如下:

(1) 1 日,购买 A 材料 1 000 千克,货款 20 000 元,增值税 2 600 元;B 材料 4 000 千克,货款 40 000 元,增值税 5 200 元,均以银行存款支付。

(2) 2 日,上述原材料验收入库,按实际采购成本结转。

(3) 5 日,生产甲产品领用 A 材料 600 千克,车间一般耗用领用 B 材料 100 千克。

(4) 7 日,销售甲产品 1 000 件,货款 140 000 元,增值税 18 200 元,款收到存入银行。

(5) 10 日,以银行存款支付甲产品广告费 1 600 元。

(6) 11 日,向银行提取现金 100 000 元,备发工资。

(7) 11 日,以现金 100 000 元支付上月职工工资。

(8) 12 日,以现金 1 000 元购买办公用品。

(9) 31 日,分配本月职工工资 100 000 元,其中,生产甲产品工人工资 40 000 元,车间管理人员工资 20 000 元,行政部门人员 40 000 元。

(10) 31 日,按工资总额的 14%计提工资福利费。

(11) 31 日,提取本月固定资产折旧 20 000 元,其中车间固定资产折旧 14 000 元,行政部门固定资产折旧 6 000 元。

(12) 31 日,结转本月产品负担的制造费用。

(13) 31 日,本月投产的甲产品全部完工入库,结转其生产成本。

(14) 31 日,结转销售甲产品 1 000 件的生产成本 84 000 元。

(15) 31 日,结转损益。

根据鑫达公司 10 月份发生的经济业务,按时间顺序编制记账凭证,如表 9-2 至表 9-21 所示。(为便于理解,附件均为 1 张)

表 9-2

付 款 凭 证

贷方科目:银行存款　　　　202×年 10 月 1 日　　　　银付　字第 1 号

摘　要	借方科目		借方金额										记账
	总账科目	明细科目	千	百	十	万	千	百	十	元	角	分	
购买原材料	在途物资	A				2	0	0	0	0	0	0	
		B				4	0	0	0	0	0	0	
	应交税费	应交增值税(进)					7	8	0	0	0	0	
合　计					¥	6	7	8	0	0	0	0	

附件 1 张

会计主管　　记账　　出纳:王晓　　审核:李湘　　制单:张琳

表 9-3

转 账 凭 证

202×年 10 月 2 日　　　　转　字　第 1 号

摘　要	会计科目		借方金额										贷方金额										记账
	总账科目	明细科目	千	百	十	万	千	百	十	元	角	分	千	百	十	万	千	百	十	元	角	分	
材料验收入库	原材料	A				2	0	0	0	0	0	0											
		B				4	0	0	0	0	0	0											
	在途物资	A														2	0	0	0	0	0	0	
		B														4	0	0	0	0	0	0	
合　计					¥	6	0	0	0	0	0	0			¥	6	0	0	0	0	0	0	

附件 1 张

会计主管　　记账　　审核:李湘　　制单:张琳

表 9-4

转 账 凭 证

202×年 10 月 5 日　　　　转　字　第 2 号

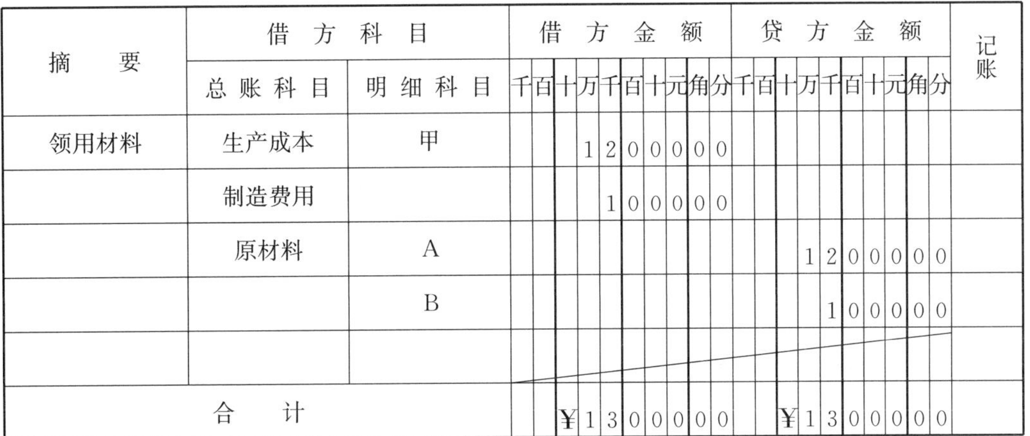

摘要	借方科目		借方金额										贷方金额										记账
	总账科目	明细科目	千	百	十	万	千	百	十	元	角	分	千	百	十	万	千	百	十	元	角	分	
领用材料	生产成本	甲				1	2	0	0	0	0	0											
	制造费用						1	0	0	0	0	0											
	原材料	A														1	2	0	0	0	0	0	
		B															1	0	0	0	0	0	
合　　计					¥	1	3	0	0	0	0	0			¥	1	3	0	0	0	0	0	

附件 1 张

会计主管　　记账　　审核:李湘　　制单:张琳

表 9-5

收 款 凭 证

借方科目:银行存款　　202×年 10 月 7 日　　银收　字第 1 号

摘要	贷方科目		贷方金额										记账
	总账科目	明细科目	千	百	十	万	千	百	十	元	角	分	
销售商品	主营业务收入				1	4	0	0	0	0	0	0	
	应交税费	应交增值税(销)				1	8	2	0	0	0	0	
合　　计				¥	1	5	8	2	0	0	0	0	

附件 1 张

会计主管　　记账　　出纳:王晓　　审核:李湘　　制单:张琳

表 9-6

付 款 凭 证

贷方科目:银行存款　　202×年 10 月 10 日　　银付　字第 2 号

摘要	借方科目		借方金额										记账
	总账科目	明细科目	千	百	十	万	千	百	十	元	角	分	
支付广告费	销售费用						1	6	0	0	0	0	
合　　计						¥	1	6	0	0	0	0	

附件 1 张

会计主管　　记账　　出纳:王晓　　审核:李湘　　制单:张琳

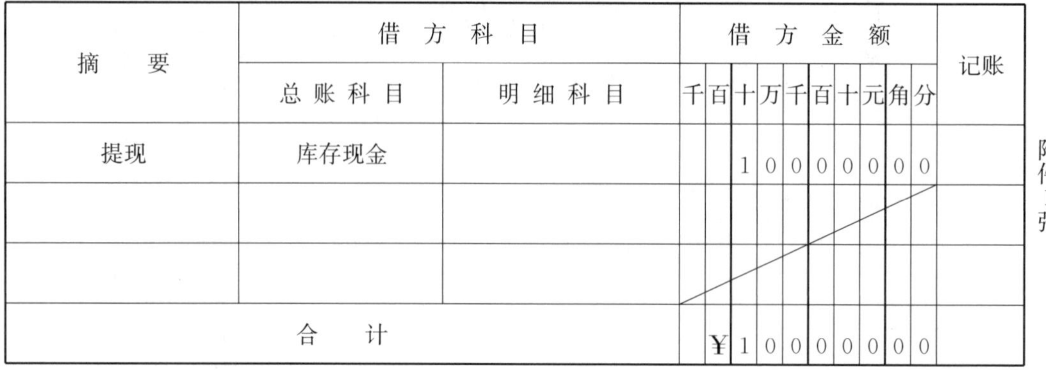

表 9-7

付款凭证

贷方科目:银行存款　　202×年 10 月 11 日　　银付　字第 3 号

摘要	借方科目		借方金额										记账
	总账科目	明细科目	千	百	十	万	千	百	十	元	角	分	
提现	库存现金				1	0	0	0	0	0	0	0	
合计				¥	1	0	0	0	0	0	0	0	

附件 1 张

会计主管　　记账　　出纳:王晓　　审核:李湘　　制单:张琳

表 9-8

付款凭证

贷方科目:库存现金　　202×年 10 月 11 日　　现付　字第 1 号

摘要	借方科目		借方金额										记账
	总账科目	明细科目	千	百	十	万	千	百	十	元	角	分	
发放工资	应付职工薪酬				1	0	0	0	0	0	0	0	
合计				¥	1	0	0	0	0	0	0	0	

附件 1 张

会计主管　　记账　　出纳:王晓　　审核:李湘　　制单:张琳

表 9-9

付款凭证

贷方科目:库存现金　　202×年 10 月 12 日　　现付　字第 2 号

摘要	借方科目		借方金额										记账
	总账科目	明细科目	千	百	十	万	千	百	十	元	角	分	
购买办公用品	管理费用						1	0	0	0	0	0	
合计						¥	1	0	0	0	0	0	

附件 1 张

会计主管　　记账　　出纳:王晓　　审核:李湘　　制单:张琳

表 9-10

转 账 凭 证

202×年 10 月 31 日　　　　转　字　第 3 号

摘要	会计科目		借方金额										贷方金额										记账
	总账科目	明细科目	千	百	十	万	千	百	十	元	角	分	千	百	十	万	千	百	十	元	角	分	
分配本月工资	生产成本	甲				4	0	0	0	0	0	0											
	制造费用					2	0	0	0	0	0	0											
	管理费用					4	0	0	0	0	0	0											
	应付职工薪酬	工资													1	0	0	0	0	0	0	0	
合　计				¥	1	0	0	0	0	0	0	0		¥	1	0	0	0	0	0	0	0	

附件 1 张

会计主管　　　　记账　　　　审核：李湘　　　　制单：张琳

表 9-11

转 账 凭 证

202×年 10 月 31 日　　　　转　字　第 4 号

摘要	会计科目		借方金额										贷方金额										记账
	总账科目	明细科目	千	百	十	万	千	百	十	元	角	分	千	百	十	万	千	百	十	元	角	分	
分配本月福利费	生产成本	甲					5	6	0	0	0	0											
	制造费用						2	8	0	0	0	0											
	管理费用						5	6	0	0	0	0											
	应付职工薪酬	福利费														1	4	0	0	0	0	0	
合　计					¥	1	4	0	0	0	0	0			¥	1	4	0	0	0	0	0	

附件 1 张

会计主管　　　　记账　　　　审核：李湘　　　　制单：张琳

表 9-12

转 账 凭 证

202×年 10 月 31 日　　　　转　字　第 5 号

摘　要	会　计　科　目		借　方　金　额										贷　方　金　额										记账
	总账科目	明细科目	千	百	十	万	千	百	十	元	角	分	千	百	十	万	千	百	十	元	角	分	
计提折旧	制造费用					1	4	0	0	0	0	0											
	管理费用						6	0	0	0	0	0											
	累计折旧															2	0	0	0	0	0	0	
合　计					¥	2	0	0	0	0	0	0			¥	2	0	0	0	0	0	0	

附件 1 张

会计主管　　　　记账　　　　审核：李湘　　　　制单：张琳

表 9-13

转账凭证

202×年 10 月 31 日　　　　转　字　第 6 号

摘要	会计科目		借方金额										贷方金额										记账
	总账科目	明细科目	千	百	十	万	千	百	十	元	角	分	千	百	十	万	千	百	十	元	角	分	
结转制造费用	生产成本	甲				3	7	8	0	0	0	0											
	制造费用															3	7	8	0	0	0	0	
合计					¥	3	7	8	0	0	0	0			¥	3	7	8	0	0	0	0	

附件 1 张

会计主管　　　　记账　　　　审核:李湘　　　　制单:张琳

表 9-14

转账凭证

202×年 10 月 31 日　　　　转　字　第 7 号

摘要	会计科目		借方金额										贷方金额										记账
	总账科目	明细科目	千	百	十	万	千	百	十	元	角	分	千	百	十	万	千	百	十	元	角	分	
结转完工产品成本	库存商品	甲				9	5	4	0	0	0	0											
	生产成本	甲														9	5	4	0	0	0	0	
合计					¥	9	5	4	0	0	0	0			¥	9	5	4	0	0	0	0	

附件 1 张

会计主管　　　　记账　　　　审核:李湘　　　　制单:张琳

表 9-15

转账凭证

202×年 10 月 31 日　　　　转　字　第 8 号

摘要	会计科目		借方金额										贷方金额										记账
	总账科目	明细科目	千	百	十	万	千	百	十	元	角	分	千	百	十	万	千	百	十	元	角	分	
结转销售成本	主营业务成本					8	4	0	0	0	0	0											
	库存商品	甲														8	4	0	0	0	0	0	
合计					¥	8	4	0	0	0	0	0			¥	8	4	0	0	0	0	0	

附件 1 张

会计主管　　　　记账　　　　审核:李湘　　　　制单:张琳

表 9-16

转 账 凭 证

202×年 10 月 31 日　　　　转　字　第 9 号

摘　要	会计科目		借方金额										贷方金额										记账
	总账科目	明细科目	千	百	十	万	千	百	十	元	角	分	千	百	十	万	千	百	十	元	角	分	
结转收入	主营业务收入				1	4	0	0	0	0	0	0											
	本年利润	甲													1	4	0	0	0	0	0	0	
合　计				¥	1	4	0	0	0	0	0	0		¥	1	4	0	0	0	0	0	0	

附件 1 张

会计主管　　　　记账　　　　审核:李湘　　　　制单:张琳

表 9-17

转 账 凭 证

202×年 10 月 31 日　　　　转　字　第 10 号

摘　要	会计科目		借方金额										贷方金额										记账
	总账科目	明细科目	千	百	十	万	千	百	十	元	角	分	千	百	十	万	千	百	十	元	角	分	
材料验收入库	本年利润				1	3	8	2	0	0	0	0											
	管理费用															5	2	6	0	0	0	0	
	销售费用																1	6	0	0	0	0	
	主营业务成本															8	4	0	0	0	0	0	
合　计				¥	1	3	8	2	0	0	0	0		¥	1	3	8	2	0	0	0	0	

附件 1 张

会计主管　　　　记账　　　　审核:李湘　　　　制单:张琳

根据收款凭证和付款凭证登记现金日记账和银行存款日记账(仅以银行存款日记账为例)

表 9-18

银行存款日记账

第　　页

开户行: 中国工商银行潇湘支行

账　号: 6557890236547891158

202×年		凭证		摘　要	借方											贷方											余额										
月	日	种类	号数		亿	千	百	十	万	千	百	十	元	角	分	亿	千	百	十	万	千	百	十	元	角	分	亿	千	百	十	万	千	百	十	元	角	分
10	1			承前页			2	3	4	0	0	0	0	0	0			1	5	6	0	0	0	0	0	0				7	8	0	0	0	0	0	0
10	1	银付	001	购买原材料																6	7	8	0	0	0	0				7	1	2	2	0	0	0	0
10	7	银收	001	销售商品				1	5	8	2	0	0	0	0															8	7	0	4	0	0	0	0
10	10	银付	002	支付广告费																	1	6	0	0	0	0				8	6	8	8	0	0	0	0
10	11	银付	003	提现															1	0	0	0	0	0	0	0				7	6	8	8	0	0	0	0
10	31			本月合计				1	5	8	2	0	0	0	0				1	6	9	4	0	0	0	0				7	6	8	8	0	0	0	0

根据公司原始凭证和记账凭证登记明细分类账(仅以原材料 A 材料明细账为例)

表 9-19

原材料明细账

分页 ________ 总页 ________

最高存量5000
最低存量100　储备天数 ________　存放地点 仓库　计量单位 公斤　编号、名称 A材料　规格 ________　类别 原料及主要材料

202×年		凭证字号	摘要	收入			付出			结存		
月	日			数量	单价	金额（亿千百十万千百十元角分）	数量	单价	金额（亿千百十万千百十元角分）	数量	单价	金额（亿千百十万千百十元角分）
10	1		承前页							100	20.00	200000
10	2	转1	材料入库	1000	20.00	2000000				1100	20.00	2200000
10	5	转2	领用材料				600	20.00	1200000	500	20.00	1000000
10	31		本月合计	1000		2000000	600		1200000	500	20.00	1000000

根据记账凭证登记总分类账（仅以银行存款、制造费用总账为例）

表 9-20

分页:　　　总页:

总分类账

科目:银行存款

202×年		凭证		摘要	借方	贷方	借或贷	余额
月	日	字	号		亿千百十万千百十元角分	亿千百十万千百十元角分		亿千百十万千百十元角分
10	1			承前页	234000000	156000000	借	78000000
10	1	银付	001	购买原材料		6780000	借	71220000
10	7	银收	001	销售商品	15820000		借	87040000
10	10	银付	002	支付广告费		160000	借	86880000
10	11	银付	003	提现		10000000	借	76880000
10	31			本月合计	15820000	16940000	借	76880000

表 9-21

分页:　　　总页:

总分类账

科目:制造费用

202×年		凭证		摘要	借方	贷方	借或贷	余额
月	日	字	号		亿千百十万千百十元角分	亿千百十万千百十元角分		亿千百十万千百十元角分
10	5	转	2	领用材料	100000		借	100000
10	31	转	3	分配本月工资	2000000		借	2100000
10	31	转	4	提取本月福利费	280000		借	2380000
10	31	转	5	计提折旧	1400000		借	3780000
10	31	转	6	结转本月制造费用		3780000	平	000
10	31			本月合计	3780000	3780000	平	000

核对总分类账和日记账以及总分类账和所属的明细账(略)

根据总分类账和明细分类账编制会计报表(略)

第三节 汇总记账凭证账务处理程序

一、汇总记账凭证账务处理程序的特点

汇总记账凭证账务处理程序,是指根据原始凭证或汇总原始凭证编制记账凭证,再定期将所有记账凭证分类编制成汇总收款凭证、汇总付款凭证和汇总转账凭证,然后再根据汇总记账凭证登记总分类账的账务处理程序。

其特点是:在记账凭证和总分类账之间多了一个定期编制汇总记账凭证环节,汇总记账凭证也是登记总分类账的依据。

二、汇总记账凭证的编制

汇总记账凭证可分为汇总收款凭证、汇总付款凭证和汇总转账凭证三种。

(一) 汇总收款凭证的编制

汇总收款凭证是依据“库存现金”“银行存款”账户的借方设置,按对应贷方科目进行归类汇总的一种汇总凭证。编制时可以按照5天、10天汇总一次,每月末编制一次。其格式如表9-22所示。

表9-22 汇总收款凭证

借方科目: 年 月 汇收 号

贷方科目	金额				总账页数	
	1～10日	11～20日	21～31日	合计		
合计						

期末,计算出汇总收款凭证的合计数,据以登记“库存现金”“银行存款”总分类账的借方,同时将有关账户的贷方合计数计入相关总分类账的贷方。

(二) 汇总付款凭证的编制

汇总付款凭证是依据“库存现金”“银行存款”账户的贷方设置,按对应借方科目进行归类汇总的一种汇总凭证。编制时可以按照5天、10天汇总一次,每月末编制一次。其格式如表9-23所示。

期末,计算出汇总付款凭证的合计数,据以登记“库存现金”“银行存款”总分类账的贷方,同时将有关账户的借方合计数计入相关总分类账的贷方。

表 9-23　　汇总付款凭证

贷方科目：　　年　月　　汇付　号

借方科目	金额				总账页数	
	1～10 日	11～20 日	21～31 日	合 计		
合　计						

(三) 汇总转账凭证的编制

汇总转账凭证是根据转账凭证中的相关贷方账户设置，按对应借方账户归类汇总的一种汇总记账凭证。编制时可以按照 5 天、10 天汇总一次，每月末编制一次。其格式如表 9-24 所示。

表 9-24　　汇总转账凭证

贷方科目：　　年　月　　汇转　号

借方科目	金额				总账页数	
	1～10 日	11～20 日	21～31 日	合 计		
合计						

月末，计算出汇总转账凭证的合计数，分别计入各个借方账户的总分类账的借方，同时计入这些账户对应贷方账户的贷方。倘若某一月份某一贷方科目的转账凭证不多时，可以不编制汇总转账凭证，直接根据转账凭证记入总分类账。

由于汇总转账凭证的格式是一个贷方几个借方，为了方便填制汇总转账凭证，这就要求在平时填制转账凭证时只能一贷一借或一贷多借，不能一借多贷。

三、汇总记账凭证账务处理程序的步骤

汇总记账凭证账务处理程序的基本内容如下：

(1) 根据原始凭证或原始凭证汇总表编制记账凭证；

(2) 根据收款凭证和付款凭证逐笔登记现金日记账和银行存款日记账；

(3) 根据原始凭证、原始凭证汇总表或记账凭证登记各种明细分类账；

(4) 根据记账凭证定期编制各种汇总记账凭证；

(5) 期末，根据汇总记账凭证登记各种总分类账；

(6) 期末，将现金日记账、银行存款日记账以及各种明细分类账的余额同相关总分类账的余额进行核对；

(7) 期末，根据总分类账和明细分类账，编制财务报表。

上述程序可用图 9-2 表示。

【例 9-2】 根据本章[例 9-1]鑫达公司 10 月份发生的经济业务，进行如下账务处理：

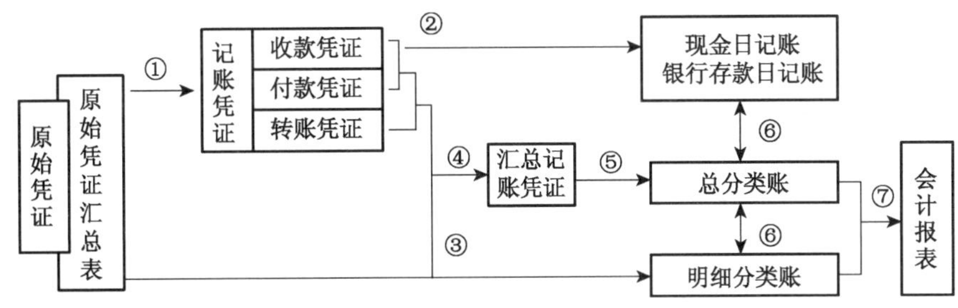

图 9-2　汇总记账凭证账务处理程序流程

（1）按时间顺序编制记账凭证，见表 9-2 至表 9-17。

（2）根据收款凭证和付款凭证登记现金日记账和银行存款日记账（以银行存款日记账为例，见表 9-18）。

（3）根据原始凭证和记账凭证登记明细分类账（以原材料 A 明细账为例，见表 9-19）。

（4）根据记账凭证编制汇总记账凭证（以银行存款汇总收款凭证、银行存款汇总付款凭证、现金汇总付款凭证、原材料汇总转账凭证为例，见表 9-25、表 9-26、表 9-27 和表 9-28，其余略）。

表 9-25　　**汇总收款凭证**

借方科目：银行存款　　202×年 10 月　　汇收 1 号

贷方科目	金额				总账页数	
	1 日～10 日银行收款凭证 1 号至 1 号	11 日～20 日银行收款凭证 号至 号	21 日～31 日银行收款凭证 号至 号	合计	借方	贷方
主营业务收入	140 000			140 000		
应交税费	18 200			18 200		
合　计	158 200			158 200		

会计主管：　　记账：　　复合：　　出纳：　　制证：

表 9-26　　**汇总付款凭证**

贷方科目：银行存款　　202×年 10 月　　汇付 2 号

借方科目	金额				总账页数	
	1 日～10 日现金付款凭证 1 号至 2 号	11 日～20 日现金付款凭证 3 号至 3 号	21 日～31 日现金付款凭证 号至 号	合计	借方	贷方
在途物资	60 000			60 000		
应交税费	7 800			7 800		
销售费用	1 600			1 600		
库存现金		100 000		100 000		
合　计	69 400	100 000		169 400		

会计主管：　　记账：　　复合：　　出纳：　　制证：

表 9-27 **汇总付款凭证**

贷方科目:库存现金　　202×年 10 月　　汇付 1 号

借方科目	金额				总账页数	
	1 日～10 日现金付款凭证 号至 号	11 日～20 日现金付款凭证 1 号至 2 号	21 日～31 日现金付款凭证 号至 号	合计	借方	贷方
应付职工薪酬		100 000		100 000		
管理费用		1 000		1 000		
合　计		101 000		101 000		

会计主管:　　记账:　　复合:　　出纳:　　制证:

表 9-28 **汇总转款凭证**

贷方科目:原材料　　202×年 10 月　　汇转 1 号

借方科目	金额				总账页数	
	1 日～10 日转账凭证 2 号至 2 号	11 日～20 日转账凭证 号至 号	21 日～31 日转账凭证 号至 号	合计	借方	贷方
生产成本	12 000			12 000		
制造费用	1 000			1 000		
合　计	13 000			13 000		

会计主管:　　记账:　　复合:　　出纳:　　制证:

(5) 根据汇总记账凭证登记总分类账(以银行存款为例,见表 9-29)。

表 9-29

分页:	总页:

总分类账

科目:银行存款

202×年		凭证		摘要	借方											贷方											借或贷	余额										
月	日	字	号		亿	千	百	十	万	千	百	十	元	角	分	亿	千	百	十	万	千	百	十	元	角	分		亿	千	百	十	万	千	百	十	元	角	分
10	1			承前页			2	3	4	0	0	0	0	0	0			1	5	6	0	0	0	0	0	0	借				7	8	0	0	0	0	0	0
10	31	汇收	001	本月 1～31 日发生额				1	5	8	2	0	0	0	0												借				9	3	8	2	0	0	0	0
10	31	汇付	001	本月 1～31 日发生额															1	6	9	4	0	0	0	0	借				7	6	8	8	0	0	0	0
10	31			本月合计				1	5	8	2	0	0	0	0				1	6	9	4	0	0	0	0	借				7	6	8	8	0	0	0	0

(6) 核对总分类账与日记账核对以及总账与所属明细分类账(略)。

(7) 根据总分类账和明细分类账编制会计报表(略)。

四、汇总记账凭证账务处理程序的优缺点和使用范围

优点：汇总记账凭证账务处理程序是按照会计科目的对应关系归类汇总编制的，因此能够明确反映相关账户之间的对应关系，了解业务的来龙去脉。在该程序下，企业在日常将记账凭证分类汇总，期末一次记入总分类账，在一定程度上减轻了总分类账的记账工作。

缺点：汇总转账凭的编制时按照每一个贷方科目编制汇总，没有考虑经济业务的性质，不利于会计核算工作的分工。同时对于转账凭证较多的企业来讲，编制汇总转账凭证的工作量也较大。

适用范围：汇总记账凭证账务处理程序一般适用于规模较大，业务量较多的企业。

第四节　科目汇总表账务处理程序

一、科目汇总表账务处理程序的特点

科目汇总表账务处理程序(即记账凭证汇总表账务处理程序)，是根据原始凭证或汇总原始凭证编制记账凭证，再根据记账凭证定期编制科目汇总表，根据科目汇总表登记总分类账的一种账务处理程序。

其特点是：在记账凭证和总分类账之间多了一个环节，即定期编制科目汇总表，这也是登记总分类账的依据。

二、科目汇总表的编制

科目汇总表，即记账凭证汇总表，是企业定期对记账凭证进行汇总后，再按照不同会计科目分别记录其借方发生额和贷方发生额合计数的一种汇总凭证。

科目汇总表的编制，不按照会计业务的对应关系进行汇总，而是根据一定时期内所有的记账凭证，按照会计科目进行汇总。即按照每一个账户汇总该时期的所有借方发生额和贷方发生额，并填写在科目汇总表的相关栏目内，然后据以登记总账。

科目汇总表的编制可以每月一次，业务量较多的企业也可以每旬汇总编制一次，编制期限的长短则按照企业业务量来确定。这样也可以对发生额进行试算平衡，了解资金运动状况如表 9-30 和表 9-31 所示。

表 9-30　　　　**科目汇总表(按旬)**

年　　月　　　　　　　　第　号

会计科目	1～10 日		11～20 日		21～31 日		合计		总账页码
	借方	贷方	借方	贷方	借方	贷方	借方	贷方	
合　计									

会计主管：　　　　会计：　　　　复核：　　　　制表：

表 9-31　　科目汇总表(按月)

年　月　日至　日　　第　号

会计科目	总账页码	本期发生额	
		借方	贷方

会计主管：　　会计：　　复核：　　制表：

三、科目汇总表账务处理程序的编制步骤

科目汇总表账务处理程序如下：

(1) 根据原始凭证或汇总原始凭证，编制记账凭证；

(2) 根据收款凭证、付款凭证逐日逐笔登记现金日记账和银行存款日记账；

(3) 根据原始凭证(或原始凭证汇总表)、记账凭证逐笔登记相关明细分类账；

(4) 根据各种记账凭证编制科目汇总表；

(5) 根据科目汇总表登记总分类账；

(6) 期末，根据现金日记账、银行存款日记账和各种明细分类账与总分类账进行核对；

(7) 根据总分类账和明细账编制财务报表。

上述程序可用图 9-3 表示。

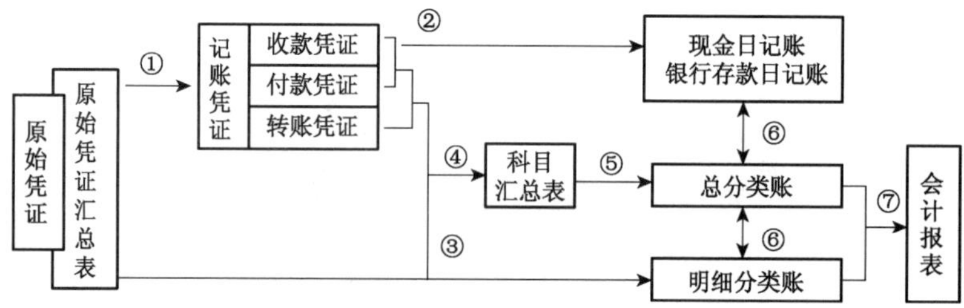

图 9-3　科目汇总表账务处理程序流程

四、科目汇总表账务处理程序的优缺点和使用范围

优点：科目汇总表账务处理程序按照科目汇总表据以登记总分类账，减少了总分类账的登记工作量，方法简单，易于学习。同时也可以定期进行试算平衡，方便了解企业的资金运动。

缺点：科目汇总表只能反映科目借贷发生额合计数，不能反映相关账户的对应关系，不便于查账。

适用范围：其一般适用于业务量大、记账凭证较多的企业。

【例 9-3】 根据本章[例 9-1]鑫达公司 10 月份发生的经济业务：

(1) 按时间顺序编制记账凭证，见表 9-2 至表 9-17。

(2) 根据收款凭证和付款凭证登记现金日记账和银行存款日记账(以银行存款日记账为例，见表 9-18)。

(3) 根据原始凭证和记账凭证登记明细分类账(以原材料 A 明细账为例，见表 9-19)。

(4) 根据记账凭证编制科目汇总表(见表 9-32)。

表 9-32

编号:01		附件共 16 张
凭证号数		第 01 号至 16 号共 16 张
		第 号至 号共 16 张
		第 号至 号共 张

科目汇总表

202×年 10 月 01 日至 10 月 31 日

会计科目	总页	借方金额												贷方金额												会计科目	总页	借方金额	贷方金额
		十	亿	千	百	十	万	千	百	十	元	角	分	十	亿	千	百	十	万	千	百	十	元	角	分			十亿千百十万千百十元角分	十亿千百十万千百十元角分
库存现金						1	0	0	0	0	0	0	0					1	0	1	0	0	0	0	0				
银行存款						1	5	8	2	0	0	0	0						1	6	9	4	0	0	0				
在途物资							6	0	0	0	0	0	0						6	0	0	0	0	0	0				
原材料							6	0	0	0	0	0	0						1	3	0	0	0	0	0				
库存商品							9	5	4	0	0	0	0						8	4	0	0	0	0	0				
累计折旧																			2	0	0	0	0	0	0				
应付职工薪酬						1	0	0	0	0	0	0	0					1	1	4	0	0	0	0	0				
应交税费								7	8	0	0	0	0						1	8	2	0	0	0	0				
本年利润						1	3	8	2	0	0	0	0					1	4	0	0	0	0	0	0				
生产成本							9	5	4	0	0	0	0						9	5	4	0	0	0	0				
制造费用							3	7	8	0	0	0	0						3	7	8	0	0	0	0				
主营业务收入						1	4	0	0	0	0	0	0					1	4	0	0	0	0	0	0				
主营业务成本							8	4	0	0	0	0	0						8	4	0	0	0	0	0				
销售费用								1	6	0	0	0	0							1	6	0	0	0	0				
管理费用							5	2	6	0	0	0	0						5	2	6	0	0	0	0				
合　计					1	1	3	1	0	0	0	0	0				1	1	3	1	0	0	0	0	0	合　计			

财会主管:王成　　记账:李甜　　复核:陈红　　制表:王丽

本章练习题

一、单选题

1. 各种账务处理程序之间的主要区别是(　　)。
   A. 凭证及账簿组织不同　　B. 登记总账的依据和方法不同
   C. 记账程序不同　　D. 记账方法不同
2. 科目汇总表账务处理程序(　　)。
   A. 便于分析经济业务　　B. 可以看清经济业务的来龙去脉
   C. 清楚反映账户对应关系　　D. 不能反映账户对应关系
3. 汇总记账凭证与科目汇总表账务处理程序的相同点是(　　)。
   A. 记账凭证都需要汇总　　B. 汇总凭证的格式相同
   C. 登记总账的依据相同　　D. 记账凭证汇总方法相同
4. 科目汇总表账务处理程序适用于(　　)单位。
   A. 规模较小、业务较少的单位　　B. 规模较大、业务较少的单位
   C. 规模较大、业务较多的单位　　D. 会计科目不多的单位
5. 记账凭证账务处理程序的适用范围是(　　)。
   A. 规模较大、业务较多的单位　　B. 规模较小、业务较少的单位
   C. 规模较大、业务较少的单位　　D. 规模较小、业务较多的单位
6. 各种账务处理程序中,最基本的是(　　)。
   A. 日记总账账务处理程序　　B. 汇总记账凭证账务处理程序
   C. 记账凭证账务处理程序　　D. 科目汇总表账务处理程序
7. 在汇总记账凭证账务处理程序下,对于平时所编的转账凭证上的科目对应关系应保持(　　)。
   A. 一借二贷　　B. 一借多贷
   C. 多借多贷　　D. 一借一贷或多借一贷
8. 编制科目汇总表直接依据的凭证是(　　)。
   A. 原始凭证　　B. 汇总原始凭证
   C. 记账凭证　　D. 汇总记账凭证
9. 汇总付款凭证的贷方科目可能是(　　)。
   A. 应收账款或应付账款　　B. 固定资产或实收资本
   C. 管理费用或待摊费用　　D. 现金或银行存款
10. 汇总收款凭证是依据(　　)汇总编制而成的。
    A. 原始凭证　　B. 汇总原始凭证
    C. 付款凭证　　D. 收款凭证

二、多项选择题

1. 科学适用的账务处理程序能够(　　)。
   A. 减少会计人员工作量　　B. 不需登记总账
   C. 节约人力和物力　　D. 提高会计工作的质量和效率
2. 各种账务处理程序下,登记明细账的依据可能有(　　)。

A. 原始凭证　　　　　　　　B. 汇总原始凭证
C. 记账凭证　　　　　　　　D. 汇总记账凭证

3. 记账凭证账务处理程序下,登记总账的依据有(　　)。
A. 收款凭证　　B. 付款凭证　　C. 转账凭证　　D. 原始凭证

4. 在汇总记账凭证账务处理程序下,应设置的凭证及账簿有(　　)。
A. 收、付款凭证　　　　　　B. 汇总的收、付款凭证
C. 转账凭证及汇总转账凭证　　D. 现金、银行存款日记账

5. 在各种账务处理程序中,能够减少登记总账工作量的账务处理程序有(　　)。
A. 多栏式日记账账务处理程序　　B. 科目汇总表账务处理程序
C. 汇总记账凭证账务处理程序　　D. 记账凭证账务处理程序

6. 在记账凭证账务处理程序下,不能作为登记总账直接依据的有(　　)。
A. 原始凭证　　　　　　B. 记账凭证
C. 汇总记账凭证　　　　D. 科目汇总表

7. 在不同的账务处理程序下,登记总账的依据可以有(　　)。
A. 记账凭证
B. 汇总记账凭证
C. 科目汇总表
D. 多栏式现金日记账、多栏式银行存款日记账

8. 各种账务处理程序中,其账务处理程序相同的有(　　)。
A. 根据原始凭证编制汇总原始凭证
B. 根据原始凭证或汇总原始凭证编制记账凭证
C. 根据原始凭证、汇总原始凭证、记账凭证登记总账
D. 根据明细账及总账记录编制会计报表

9. 科目汇总表能(　　)。
A. 起到试算平衡的作用　　　　B. 反映各科目的借、贷方本期发生额
C. 不反映各科目之间的对应关系　　D. 反映各科目的期末余额

三、业务题

(一) 目的:练习记账凭证账务处理程序

(二) 资料:

宏达工厂202×年7月发生的部分经济业务如下:

(1) 1日预付下年财产保险费7 200元。

(2) 5日提现备用500元。

(3) 6日领用价值2 100元的甲材料,用于生产A产品。

(4) 10日摊销管理部门财产保险费600元。

(5) 20日销售A产品收入30 000元,增值税销项税金3 900元,款项已收到并存入银行。

(6) 31日结转销售成本18 000元。

(7) 31日以存款支付销售运费100元。

(8) 31日预提借款利息1 500元。

(9) 31日一笔920元的无法收回应收账款,冲销账面数并冲减坏账准备。

(10) 31日结转损益至"本年利润"账户。

(三) 要求:

1. 根据上述资料编制收款凭证、付款凭证和转账凭证。

2. 根据上述资料开设相应三栏式总账,将凭证逐笔记入总账。

参考文献

[1] 中华人民共和国财政部. 企业会计准则[M]. 北京:经济科学出版社,2006.
[2] 田家富. 基础会计[M]. 北京:高等教育出版社,2014.
[3] 会计从业资格无纸化考试教研组. 基础会计[M]. 上海:立信会计出版社,2016.
[4] 张流柱. 基础会计[M]. 长沙:湖南大学出版社,2014.
[5] 陈强. 财务会计[M]. 北京:高等教育出版社,2016.
[6] 陈小刚,肖庆. 会计基础[M]. 北京:人民邮电出版社,2015.